Pauline

LE BESCHERELLE 2

l'art de l'orthographe

LES 26 PIEGES DE L'ORTHOGRAPHE
LEXIQUE DE 2000 HOMONYMES
DICTIONNAIRE ORTHOGRAPHIQUE

ÉDITIONS HURTUBISE HMH Ltée - Tél. 364-0323
7360 boul. Newman, Ville LaSalle, Québec H8N 1 X 2

© HURTUBISE HMH 1980

ISBN 2 - 89045 - **462** - 2

Avertissement

Il est difficile d'apprendre l'orthographe, mais il est également difficile de l'oublier, car l'acquisition de l'écriture correcte est le fruit d'une investigation et d'un investissement qui n'ont rien de mécanique. Aujourd'hui, à l'époque du traitement de l'information, une erreur de virgule dans un texte pourra être aussi grave qu'une erreur de virgule dans un calcul. L'orthographe était déjà une politesse sociale, elle devient une nécessité technique.

L'étude statistique des fautes d'orthographe permet de répartir les fautes courantes en trois groupes, selon qu'elles concernent :
- la formation et l'emploi des formes verbales,
- la forme des mots en eux-mêmes, l'orthographe d'usage,
- la forme prise par les mots dans la phrase, l'orthographe d'emploi.

Les trois volumes **Bescherelle** correspondent à cette répartition :

B1	**L'art de conjuguer**	Étude grammaticale du verbe Tableaux de conjugaison des verbes types Liste alphabétique des verbes usuels.
B2	**L'art de l'orthographe**	Les raisons des difficultés L'alphabet des pièges L'index des homonymes Dictionnaire orthographique.

B3	**L'art de bien écrire**	La formation des mots
		Catalogue de 600 préfixes, suffixes et racines
		La grammaire de l'accord et de la ponctuation
		Lexique des principales difficultés de genre,
		    de nombre et d'accord et des difficultés
		    classiques de l'orthographe grammaticale
		L'encyclopédie du trait d'union.

Les **Bescherelle** sont des outils de consultation. Ils apportent des réponses ponctuelles à des questions précises, sans négliger cependant les explications indispensables ou utiles.

Le **Bescherelle 2** donne l'orthographe de près de dix-huit mille mots que l'on sait prononcer et dont on connaît le sens. La source des difficultés est le désaccord entre la prononciation et l'orthographe, certaines lettres ne représentant aucun son, tandis qu'un même son est représenté par des lettres différentes. La prononciation a beaucoup évolué, l'orthographe maintient la transparence des mots. On n'écrit pas pour l'oreille, mais pour l'œil. Si l'on écrivait comme l'on prononce, on n'aurait pas mille mots équivoques, mais vingt mille.

Table des matières

	Pages
Les raisons des difficultés	**4** à **9**
L'alphabet des pièges	**10** à **37**
Légende et code phonétique	11
A. Voyelles en finale	12
B. Voyelle + **e muet** en finale et **e muet** dans les noms en -ment..	13
C. Le **e** ouvert [ɛ] et sa nasalisation	14
D. Comment écriro [ɑ̃] : **an** ou **on** ?	15
E. Les lettres **s** et **x** en finale.............................	16
F. Les lettres **t** et **d** en finale	17
G. Le **r** final sonore	18
H. Finale en -**re**..	19
I. **r** prononcé + consonne muette et redoublement du **r**	20
J. **f**, **ff** ou **ph** ; **d** ou **dd** ; **g** ou **gg** ?.........................	21
K. Comment écrire le son [**k**]	22
L. **l** ou **ll** ?	23
M. **m** ou **mm**, **n** ou **nn** ?	24
N. **t** ou **tt** ?..	25
O. **p** ou **pp**, **b** ou **bb** ?	26
P. Les pièges de la ressemblance........................	27
Q. Les formes du féminin des adjectifs	28
R. Les formes du pluriel	29
S. Les sifflantes sonores (**s**, **z**) et sourdes (**s**, **ss**, **sc**, **c**, **ç**)	30
T. Le raccordement des finales [sjɔ̃] et [sjø] : -**sion**, -**ssion**, -**tion**, -**xion** ; -**cieux**, -**tieux**................	31
U. L'accent aigu..	32
V. L'accent grave.......................................	33
W. L'accent circonflexe	34
X. Le **h** intérieur ou final, la rencontre des voyelles et le tréma...	35
Y. Les rencontres avec les **y**	36
Z. Les redoublements multiples de consonnes et les originaux irréductibles	37
L'index des homonymes	**38** à **74**
Dictionnaire orthographique	**75** à **191**

    Légende des renvois du dictionnaire :
chiffres, p. ex. **19** ——————➤ L'index des homonymes
lettre et chiffre, p. ex. C4 ——————➤ L'alphabet des pièges

| La réserve personnelle .... | **191-192** |

Les raisons des difficultés

Les difficultés de l'orthographe proviennent d'une part de l'écart entre la prononciation et l'écriture (**1** à **12**) et d'autre part des écueils que l'on rencontre dans la recherche de la solution correcte (**13** à **20**).

L'ÉCART ENTRE LA PRONONCIATION ET L'ÉCRITURE

1 Certains « mots » sont écrits de la même manière et prononcés différemment. En dehors de la différence de prononciation due à la liaison, par exemple :

les trains arrivent	ils arrivent	un hibou	un homme

cette disparité est rare :

un **os** à moelle	le **ferment** lactique	ses **fils** et filles	un type **négligent**
des **os** de poulet	ils **ferment** la porte	des **fils** de cuivre	ils le **négligent**

2 Il y a parfois hésitation sur la prononciation :

but [by(t)]	jungle [zœ̃ːgl, zɔ̃ːgl]	mas [ma(s)]	succincte [syksɛ̃ː(k)t]

3 L'hésitation concerne parfois l'orthographe elle-même, la prononciation restant inchangée :

dénouement / dénoûment	galéace / galéasse	sitelle / sittèle
erminette / herminette	grateron / gratteron	tabar / tabard
fantasme / phantasme	pageot / pajot	tacon / taquon
gabare / gabarre	parafe / paraphe	tanin / tannin
gable / gâble	rotangle / rotengle	traveling / travelling
gaiement / gaîment	salonard / salonnard	tremolo / trémolo

Mais cette *pagaïe* (ou *pagaille* ou *pagaye*) est surtout le fait de mots familiers (*gnaule, gniole, gnole, gnôle, niole*) ou étrangers (*skif* et *skiff, pogrom* et *pogrome, schako* et *shako, talweg* et *thalweg, tsar* et *tzar*).
L'hésitation peut affecter à la fois l'orthographe et la prononciation :

boutargue / poutargue	**séis**mographe / **sis**mographe	**tré**pang / **tri**pang
étisie / hectisie	tartare / tatare	troussequin / trusquin

4 Cependant, l'orthographe de l'immense majorité des mots est définie, notamment par les soins de l'Académie française (fondée par Richelieu en 1635), p. ex. :

affaiblissement	hémisphère	ordonnancement	usurairement
betteravier	imprégnation	phénoménalement	velléitaire
chanoinesse	jusquiame	quarantenaire	warrantage
déférence	lemniscate	rhétoriqueur	xénophobie
embauchoir	micocoulier	sécessionniste	ypérite
filandreux	nécessité	titularisation	zéphyr
grelottement			

5 Nombreux sont malgré tout les « mots » différents qui s'écrivent et se prononcent de la même manière. Parfois, il n'est pas facile de voir ou de savoir qu'il s'agit de plusieurs mots, formés à des époques différentes, d'origines différentes, p. ex. :

emploi	origine
1. une **rame** de barque	**remus**, latin
2. une **rame** de haricots	**ramus**, latin
3. une **rame** de papier	**rizma**, arabe
4. une **rame** de séchage	**Rahmen**, allemand

Dans *une **rame** de métro*, il s'agit du troisième de ces quatre mots (au sens de convoi, série, groupe, ensemble) ; mais peut-on encore dire qu'il s'agit du même « mot » pour *une **rame** de papier de luxe* et *une **rame** de péniches* ? Jusqu'où la différence entre les sens d'un mot permet-elle de maintenir son unité, p. ex. pour **façon** (du latin *factio*) pour *un travail à **façon**, d'une **façon** générale* et *une personne sans **façons*** ? Les mots **raison** et **ration** provenant du même mot latin *ratio* — lequel avait une douzaine de sens ou d'emplois —, on pourrait se demander s'il s'agit de deux mots distincts ou de deux variantes du même mot dans *l'âge de* **raison**, *la **raison** du plus fort, en **raison** inverse* et *la **ration** alimentaire* ? Si la **parabole** *de l'Évangile* et *une **parabole** de géomètre* dérivent bien du même mot, qui signifiait *comparaison*, dira-t-on que ce sont deux mots ou deux sens différents du même mot ? La différence entre *les **lunettes*** et *la **lunette*** invite à poser la même question. Comme ce pluriel, le féminin peut réserver des surprises : *la **servante*** n'est pas le féminin de *le **servant*** ni *la **sauteuse*** (casserole) celui de *le **sauteur*** (athlète). L'histoire des mots et leur sens jouent un rôle décisif.

6

marron	« caillou » cf. marelle	fruit d'un arbre	**marron** glacé **marron** d'Inde tirer les **marrons** du feu une jupe **marron** clair
		jeton de présence	
		coup de poing	
	« cimarron » = esclave fugitif (hispano- amér.)	nègre **marron** (en Louisiane)	
		médecin **marron** (qui exerce clandestinement)	
	2 MOTS	SENS ⟶	

Pour la suite des six lettres m-a-r-r-o-n, l'historien découvre à l'origine deux mots totalement étrangers l'un à l'autre : *caillou* et *esclave en fuite*, ces deux mots ont pris des sens nombreux, propres ou figurés.

7 Des « mots » d'origine différente dont l'écriture et la prononciation sont identiques peuvent se distinguer par le genre :

le ou **la** barde, livre, mousse, platine, ponte, somme, tour, vase

Des « mots » de même origine, mais de genre différent, ont en général des significations fortement apparentées :

le ou **la** cache, garde, manche, mode, pendule, secrétaire, solde

8 Les « mots » de même forme, de même genre, mais d'origines et de sens différents, ne posent pas directement de problèmes d'orthographe. Cependant, ils multiplient les problèmes de vocabulaire, faisant croire qu'il s'agit du même mot. La
consultation d'un dictionnaire étymologique donnera les clés des mots suivants [il
s'agit le plus souvent de mots assez courts et d'apparence simple, p. ex. *pignon*,
sol, *vague* (chaque fois trois mots), *panne* (quatre mots)] :

grillage	pépin	quille	safran	test
gruau	pieu	rate	saie	tourbe
merlin	pile	rayon	slip	tourteau
pastel	plage	riflard	souci	treillis
patinage	quête	risée	tamarin	usure

9 Lorsque des mots s'opposent, à l'écriture comme à la prononciation, par des différences faibles, les risques de confusion augmentent quand la signification de l'un
des deux mots n'est pas bien connue :

colli**s**ion / collu**s**ion	habile**t**é / habili**t**é
conje**c**ture / conj**on**cture	**para**phrase / **péri**phrase
éristique / **eu**ristique	enfant prodi**ge** / fils prodi**gue**
ésotérique / **exo**térique	**sou**scription / **su**scription

Chacun a ainsi ses paronymes. Dans un manifeste électoral, on a pu lire *Mobilisation des énergies pour la **postérité*** au lieu de *Mobilisation des énergies pour la
prospérité*.

10 Le genre permet souvent de résoudre les problèmes d'orthographe. Connais-
sant le féminin, on trouvera l'écriture de la finale du masculin de la grande majorité
des adjectifs, mais pas pour *frais, coi, bénin, esquimau / fraîche, coite, bénigne,
esquimaude.*

froid/e	sanguin/e	petit/e	**et même**
blond/e	mondain/e	conscient/e	
paillard/e	plein/e	fort/e	bon / bonne
chaud/e	commun/e	coupé/e	vif / vive
laid/e	mormon/e	élu/e	partiel / partielle
grand/e	délicat/e	vrai/e	léger / légère
campagnard/e	prêt/e	moisi/e	sec / sèche
lourd/e	béant/e	ambigu/ë	**mais** mû / mue !

11 Le -e muet final est un symptôme du féminin, mais il n'est pas décisif :
Entre *rai* et *raie, avaloir* et *avaloire, but* et *bute, ru* et *rue, gaz* et *gaze, sol* et
sole, moi et *moie*, on choisira la seconde graphie pour le mot féminin.

Féminin :	bile	malle	requête	œillère	goutte
Masculin :	exil	choc	ténor	loisir	journal

Mais pour *foi* et *foie*, c'est l'inverse qui convient ! Le collectionneur et l'observateur savent qu'il ne faut pas être présomptueux dans ce domaine ; en effet, on note dans les deux genres la présence et l'absence de -**e** final :

Masculins :	repère	lampadaire	verre	renne	lycée
Féminins :	enchère	file	guerre	benne	corvée

Masculins :	fer	dompteur	déboire	scandale	cliché
Féminins :	mer	teneur	histoire	rafale	beauté

Il y a également les erreurs classiques de genre :

Masculins :	épicycle	épiderme	épilogue	épimère	épisode
	épithélium	épithème			
Féminins :	épiglotte	épiphyse	épitaphe	épitase	épithète

Sans parler des pronoms : *le leur* (le train) / *la leur* (l'adresse) !

12 Le caractère essentiellement graphique du pluriel réduit le problème du pluriel à une question de grammaire (cf. l'accord, *Bescherelle 3*). On n'a généralement qu'à ajouter un **s** sauf dans les cas du type -**al**/-**aux**. Le -**s** et le -**x** du pluriel ne s'entendent pas, ils s'écrivent. Mais il y a bien des mots qui ont dès le singulier un -**s** ou un -**x** final, prononcé ou non (cas le plus fréquent) :

atlas	blocus	crocus	hiatus	vis
bis	corpus	cumulus	sinus	volubilis
bras	jus	pays	poids	talus
corps	lilas	pertuis	souris	tracas
hapax	larynx	latex	silex	thorax
choix	croix	poix	portefaix	prix

LES ÉCUEILS DE LA RECHERCHE

13 La recherche opérationnelle doit donc se garder de prendre des indices pour des preuves.

Que faut-il donc faire pour résoudre un problème d'orthographe ?

— Consulter les *Bescherelle,* fréquemment, inlassablement ;
— Réfléchir, raisonner, analyser ;
— Être sensible aux bonnes analogies et se méfier des mauvaises.

---

14 Pour une forme verbale, on consultera le *Bescherelle 1* ; pour l'orthographe d'usage, le *Bescherelle 2* ; pour l'orthographe d'emploi, la grammaire et la ponctuation, ainsi que pour les « mots composés », le *Bescherelle 3*.

Il faudrait toujours avoir les **Bescherelle** sous la main, et, à chaque consultation, recopier le mot, l'écrire plusieurs fois, car la **main** participe à la décision, au moins autant que l'œil. En revanche, la mémoire auditive est peu secourable, et conduit bien souvent à multiplier les questions, si du moins l'on n'est ni naïf ni présomptueux.

15 Il faut réfléchir, examiner l'environnement, notamment pour faire surgir les consonnes devenues muettes en position finale :

brigand(**age**)	guet(**teur**)	océan(**ique**)
débarras(**ser**)	lot(**erie**)	parrain(**age**)
flot(**ter**)	magistrat(**ure**)	pin(**ède**)

16 Les difficultés n'augmentent pas avec la longueur du mot. Car le « mot » peut souvent se décomposer et ses morceaux peuvent alors ne pas poser de problèmes :

baisemain	correspondancier	pneumogastrique	tirelire
bénévolement	croquembouche	portefeuille	transplantation

Mais tous les mots ne sont pas transparents aux yeux du profane :

courcaillet	tallipot	téocalli	tupinambis
mercaptan	tamanoir	toboggan	vasistas

C'est le cas de mots étrangers, de mots techniques, de mots altérés, de néologismes et de contractions. La coexistence de mots tels que *péroné*, *erroné* et *péronnelle* n'est pas faite pour dissiper le trouble.

17 Néanmoins, l'existence de nombreuses familles régulières permet de reconnaître des parentés et de prévoir l'orthographe, p. ex. pour *barrage*, *barre*, *barreau*, *barrette*, *barreur*, *barrière*, *débarras*, *embarras*. Mais certaines familles sont désunies, « irrégulières », parfois pour des raisons accidentelles :

siffler	sifflet	siffloter	**ff/f**	persifler
souffle	souffleter	essouffler	**ff/f**	boursoufler
collet	décolleté	collier	**ll/l**	colis
homme	hommage	hommasse	**mm/m**	homicide
consonne	résonner	malsonnant	**nn/n**	résonance
donnée	donneur	pardonnable	**nn/n**	donataire
honneur	honnêteté	malhonnête	**nn/n**	honorable
tonnerre	étonnant	étonnement	**nn/n**	détoner
charrue	charrette	charron	**rr/r**	chariot
courir	coureur	parcourir	**r/rr**	courrier

patte	empattement	**tt/t**	pataud	patin	épatant

L'existence de quelques familles irrégulières fait que le risque de l'exception ou la crainte de l'accident pèsent sur le raisonnement.

18 La difficulté la plus connue, et la moins maîtrisée, c'est le redoublement de certaines consonnes, ce qu'on appelle la **gémination**. La gémination est rarement prononcée (p. ex. dans *nous courrons plus vite*). Mais on dispose souvent d'indications « fortes », p. ex. dans *enneigement, glass, innovation, maisonnette, resserre, rondelle*, il faut donc demeurer vigilant :

agressivité	adoucissement	cale	clientèle	opossum
agglomération	adduction	dalle	vaisselle	oppidum

19 La technique principale de la « recherche opérationnelle » de l'orthographe demeure la **mémoire**. Il s'agit tantôt de souvenirs isolés, précis, abrités, et tantôt de souvenirs répertoriés, catalogués, cimentés. Les deux principes ordinairement respectés dans ces regroupements sont l'organisation **du mot** et l'analogie **des mots**. Lorsque ces principes entrent en conflit, les troubles naissent, croissent et se multiplient. Dans un grand quotidien du soir, on a relevé en première page, dans le même article, *la non-ingérance dans les affaires intérieures* et *le déclanchement des opérations*, alors qu'*ingérence* ne doit pas s'écrire comme *gérance*, et que *déclencher* et *enclencher* contiennent *clenche* (du picard *clenque* qui adopta et adapta le francique *klinka*) et n'ont rien à voir avec *engranger, enchanter, enfanter* ou *embrancher*, ni avec *cran* ou *clan* !

20 Il faut comprendre que **l'orthographe française** n'est pas un code de notation des sons, mais un **système d'écriture et de lecture des mots enraciné dans l'histoire de la langue**. De ce point de vue, elle remplit assez bien son office. Apprendre l'orthographe et la respecter, c'est quitter dans une certaine mesure le monde des sons pour l'univers du langage. Si l'orthographe française était une écriture phonétique, elle serait désastreuse : pour [ã] : *-an, -am, -en, -em, -ans, -ant, -end, -emps*, etc. ; pour [r] et [s] : *r, rr, rh, rrh* ; *s, ss, sc, c, ç* ! Et si quelqu'un s'avisait de ne plus écrire les mots, mais de noter les sons : *On prendrait un so, on ferait un so, le garde des so prendrait la ligne de so ; tout cela est-il vraiment si so* ?

La reconnaissance des fautes chez autrui (dans la vie sociale plus encore qu'à l'école) en apprend autant sur les difficultés internes du système que sur les capacités de leur auteur (connaissances, pouvoir de concentration, raisonnement, esprit critique). Ignorance, négligence ou fantaisie surréaliste ? Dans une copie de bachelier, on a pu lire *la pensée cartésienne est une fosse septique*, au lieu de *fausse sceptique*, et *la recrue d'essence de la violence*, au lieu de *recrudescence*. Mais toutes les fautes ne sont pas aussi peu tristes.

L'expérience révèle l'existence d'un trésor commun de « pièges », c'est-à-dire de difficultés tellement partagées qu'on peut les appeler objectives ; elles ont toutes leurs raisons, mais ces raisons ne sont pas toujours bonnes. Dans le chapitre suivant, on trouvera un choix de pièges classiques en matière d'orthographe d'usage, sans commentaires. Le correcteur qui analyse les fautes cas par cas s'interroge constamment sur leur cause : négligence, mauvaise habitude, erreur d'analyse, défaut de transparence, proximité excessive ? Tout lecteur est amené spontanément à juger un auteur à ses fautes, c'est une raison supplémentaire de ne pas se moquer de l'orthographe, outre sa convenance et sa nécessité.

Les pièges de A à Z

LA SÉLECTION DU BESCHERELLE 2

L'orthographe d'un mot peut présenter simultanément plusieurs difficultés. Par reclassement des types de difficultés, on obtient les « pièges ». Leur grand nombre n'a au fond rien d'étonnant.

Les difficultés pratiques ont bien souvent un caractère subjectif : souvenirs déformés, inattention momentanée, préjugés et présomptions, erreurs d'analyse (pour les préfixes), connaissances confuses (pour les paronymes), relecture distraite. Parmi toutes les difficultés, ce sont les plus objectives qui relèvent des pièges. Il y a piège lorsque l'attention portée à la **prononciation,** l'intérêt suscité par l'**analogie** et l'argumentation esquissée dans la **réflexion** risquent d'induire en erreur, lorsqu'on applique un principe qui ne devrait pas être appliqué à cet endroit, lorsqu'on se laisse tenter par un modèle inadéquat, et à la limite, lorsque menace l'homonymie. Ce dernier piège, auquel est consacrée la deuxième partie du *Bescherelle 2,* est bien singulier : commettre la faute d'écrire sans faute le faux mot, p. ex. *capitaine au long court !*

Les pièges de A à Z recensent des problèmes orthographiques classiques qui peuvent tous se poser à propos d'un seul mot, par exemple *pénicilline, permanganate, pithécanthrope, protectorat* ou *pythagoréen,* mais que l'on a avantage à poser et à traiter séparément, à savoir :

    — **L'écriture des lettres muettes ;**
    — **Le choix entre les différentes écritures d'un même son ;**
    — **Le redoublement des consonnes ;**
    — **Les accents.**

Les variantes et les subdivisions de ces pièges finissent par constituer deux centaines de types, dont chacun est identifié par la lettre de la page et le numéro de la liste d'exemples, plus ou moins longue, p. ex. D11, F4 ou V12. C'est à ces pièges que renvoient les indications de ce type qui sont fournies dans le Dictionnaire orthographique à propos de chaque mot.

MODE D'EMPLOI

Comment déjouer les pièges, puisqu'on ne peut guère les éviter ? Sauf si l'on veut se livrer à une étude systématique, ou, à la limite, à un apprentissage programmé, on consultera le **Dictionnaire orthographique** en cas d'hésitation. En suivant le renvoi, constitué d'une lettre et d'un chiffre, on trouvera une série de mots qui relèvent du même type de difficulté formant une liste. L'association du mot recherché avec les mots présentés a une grande vertu mnémotechnique, qu'il s'agisse du souvenir visuel ou de la mémoire de la main. Chaque page de pièges comporte un court texte de quelques paragraphes explicatifs pourvus d'exemples et donnant d'abord une définition générale du piège ou montrant en quoi le piège ne peut être réduit à quelques règles simples, ensuite quelques **repères** à retenir pour éviter de renouveler la même erreur ( ) et enfin les exceptions et difficultés particulières auxquelles il faut faire très **attention** (●).

Les quatre colonnes de mots de l'**Alphabet des pièges** n'abritent qu'une partie des mots du dictionnaire. Même lorsque le mot recherché dans les **Pièges** à partir d'un renvoi du dictionnaire ne figure pas « personnellement » à l'endroit indiqué, on peut l'ajouter « en esprit » à la liste. Il est très recommandé de ne pas se contenter de cette localisation abstraite de la difficulté, mais de recopier la liste correspondante, ou un extrait de cette liste, après y avoir intégré le mot qui fut la cause de la consultation du dictionnaire, ou de la consultation de l'**Alphabet des pièges** ou de l'**Index des homonymes, la main étant le gardien le plus sûr de l'orthographe.**

LÉGENDE DES SIGNES UTILISÉS

 repères

● attention

1, 2, 3 liste de mots

▷ Au bas de chaque page de pièges, ce signe invite à consulter également plus particulièrement tel ou tel autre piège. Il s'agit à la fois de satisfaire les curiosités nouvelles suscitées par les premiers renvois et d'élargir et d'approfondir la connaissance de l'orthographe.

CODE PHONÉTIQUE

[a]	lac	[œ]	peuple	[w]	**oui**	[s]	**si**
[ɑ]	âme	[ø]	peu	[p]	**appui**	[z]	maison
[e]	**été**	[ə]	sera	[b]	**bébé**	[ʒ]	cage
[ɛ]	**sec**	[ɑ̃]	**en**	[t]	**théâtre**	[ʃ]	chou
[i]	**iris**	[ɛ̃]	**fin**	[d]	**dedans**	[l]	lilas
[ɔ]	bonne	[ɔ̃]	**non**	[k]	**qui**	[r]	rare
[o]	baume	[œ̃]	**un**	[g]	goût	[m]	**mammifère**
[y]	rue	[j]	**lion**	[f]	**phare**	[n]	**nénuphar**
[u]	**coucou**	[ɥ]	**nuit**	[v]	**verve**	[ɲ]	**digne**

11

A Voyelles en finale

Les mots non féminins s'achevant par un son-voyelle (**a, ai, ou** : *bas, fait, vous*) s'écrivent généralement avec une consonne terminale non prononcée (*ba-s, fai-t, vou-s*). Un mot terminé par un son-consonne s'achève souvent sur un **e muet** : *barqu-e, lott-e, rar-e*.

➡️ On ne peut généralement rien dériver des mots s'achevant sur **-a, -o** et **-u** (*1, 4, 7*). ◇ Les participes passés se reconnaissent au sens : *brûlé, puni, venu*.

⬤ Le procédé de la dérivation est parfois trompeur : ◇ le mot dérivé aurait pu vous inciter à terminer par une consonne : *abri / abriter* ; *ami / amical* ; *caillou / caillouteux* ; *écu / écuyer* ; ◇ le radical du mot change en dérivant : *cheveu / chevelu* (*2*) ; *ciseau / ciseler* (*5*) ; *étai / étayer* (*9*) ; *renvoi / renvoyer* (*10*).

1 acacia	*3* abasourdi	*4* aviso	*7* absolu
agenda	abri	brasero	ardu
aléa	ainsi	cargo	bru
alinéa	alcali	casino	cossu
boa	alibi	domino	cru
camélia	ampli	duo	féru
caméra	apprenti	dynamo	glu
choléra	appui	écho	tissu
cinéma	autrui	halo	tribu
cobra	bailli	imbroglio	vertu
colza	bistouri	lavabo	
delta	canari	memento	*8* clou
extra	candi	quiproquo	écrou
gala	charivari	recto	gnou
mimosa	colibri	scénario	sou
opéra	épi	verso	
pampa	étui	virago	*9* balai
panorama	fourmi		chai
tapioca	gui	*5* bateau	déblai
tombola	ici	cadeau	délai
véranda	jeudi	coteau	essai
visa	kaki	eau	minerai
	képi	escabeau	quai
2 adieu	macaroni	fardeau	
cheveu	oui	niveau	*10* convoi
enjeu	parmi	oiseau	désarroi
épieu	pilori	peau	émoi
essieu	pli		foi
lieu	qui	*6* étau	loi
neveu	safari	fabliau	paroi
pieu	tri	gruau	pourvoi
vœu	voici	préau	tournoi

▷ Le son-voyelle de la finale n'exclut pas la présence d'une dernière lettre muette, p. ex. **e** (cf. B) ou une consonne, p. ex. **t** (cf. E) ou **s** (cf. F). Pour les mots qui se terminent sur **é(e)**, voir U.

Voyelle + e muet en finale et e muet dans les noms en -ment **B**

Le **e muet** se trouve généralement en finale d'un nom féminin (*1* à *9*) ou à l'intérieur avant -**ment** (*10* à *14*).

▶▶ La grande majorité des mots terminés par **e muet** sont du féminin (*1* à *9*).
◇ Devant -**ment**, l'**e muet** peut être remplacé par un accent circonflexe dans les noms dérivés des verbes en -**ayer**, -**ier**, -**oyer**, -**uyer** (*10* à *14*).

● Quelques masculins s'achèvent par un **e muet** (*coolie, foie, génie, messie, sosie*). ◇ Quelques féminins n'ont pas d'**e muet** final (*une bru, peau, photo, tribu, véranda*). ◇ Quelques féminins se terminent par une consonne muette (*fois, nuit, paix, perdrix, souris*). ◇ Le **e** intérieur est muet devant une voyelle après **g** (*15*). ◇ Le **e** intérieur n'est pas prononcé : *rouerie, scierie, tuerie, féerie ; bouledogue, boulevard, dureté.*

1 baie	**5** avenue	**9** accalmie	**10** -aie (ou aye) ment
craie	berlue	aciérie	bégaiement
effraie	bienvenue	agonie	déblaiement
futaie	cohue	allergie	paiement
ivraie	déconvenue	amnésie	
monnaie	étendue	apoplexie	**11** -ie (ou i) ment
pagaie	fondue	aporie	licenciement
palmeraie	mue	avanie	ralliement
plaie	retenue	bougie	remerciement
raie	survenue	écurie	
roseraie	tenue	effigie	**12** -oue (ou oû) ment
sagaie	verrue	euphorie	dénouement
taie		galaxie	dévouement
	6 autarcie	jalousie	engouement
2 courroie	chiromancie	librairie	
joie	éclaircie	loterie	**13** -oîment (rare)
lamproie	pharmacie	lubie	aboiement
oie	superficie	modestie	déploiement
proie		névralgie	rudoiement
soie	**7** asepsie	nostalgie	
voie	autopsie	ortie	**14** -ue (ou û) ment
	biopsie	panoplie	dénuement
3 bajoue	catalepsie	pénurie	éternuement
gadoue		phobie	remuement
houe	**8** argutie	plaidoirie	
joue	autocratie	poulie	**15** -ge + a, o et u
moue	bureaucratie	prairie	bougeoir
proue	calvitie	tautologie	esturgeon
	facétie	théorie	gageure
4 banlieue	ineptie	toupie	geai
lieue	inertie	vigie	geôle
queue	minutie	zizanie	orangeade

▷ Pour les mots (féminins et masculins) en -**ée**, cf. U.
Pour les adverbes en -**ment**, cf. F.

C Le e ouvert [ɛ] et sa nasalisation

Le son **è** ouvert [ɛ] peut s'écrire **ai** (*1* à *3*) ; **e** devant **-n** final (*4*) ; **ei** (*5* à *7*) ; **e** devant une consonne double (*8* à *11*).
Le son **è** nasalisé [ɛ̃] peut s'écrire **ain (t)** (*12, 13*) ; **ein (t)** (*14* et *16*) ; **en** (*15*) ; **in (t)** (*17* à *20*).

▶▶ La parenté du mot peut aider : *plaine* et *planisphère*, *peine* et *pénible*, *grain* et *granulé*, *plein* et *plénitude*. ◇ Les diminutifs en **-ette** s'écrivent toujours avec un **e**. ◇ Le féminin permet de retrouver un adjectif masculin (*fine / fin*, *maligne / malin*).

● La terminaison **en** a des prononciations différentes (*4* et *15*). ◇ La même prononciation peut s'écrire différemment (*18*, *19* et *20* ainsi que *diabète*, *squelette*, *racket* et *raquette*). ◇ Attention au **t** final non prononcé (*13*, *16*, *20*).

1 aide	*5* beige	*12* bain	*17* butin
aigle	enseigne	gain	colin
aigre	neige	levain	déclin
aile	peigne	main	enfin
araignée	seigle	nain	engin
glaive		quatrain	escarpin
maigre	*6* baleine	sain	jardin
raide	haleine	souterrain	larcin
	peine	terrain	matin
2 aine	reine	train	raisin
aubaine	veine		ravin
fontaine		*13* contraint	romarin
gaine	*7* seize	maint	vilebrequin
migraine	treize	saint	
rengaine			*18* besoin
vingtaine	*8* aisselle	*14* chanfrein	coin
	crécelle	frein	foin
3 aise	étincelle	plein	groin
braise	querelle	rein	loin
cimaise	vaisselle	sein	témoin
falaise			
fraise	*9* dilemme	*15* aryen	*19* baragouin
glaise	gemme	doyen	bédouin
malaise	lemme	examen	pingouin
mortaise		mitoyen	
	10 antenne	rien	*20* adjoint
4 abdomen	benne		appoint
amen	persienne	*16* éteint	conjoint
dolmen		feint	contrepoint
hymen	*11* houlette	peint	embonpoint
pollen	raquette	restreint	oint
spécimen	squelette	teint	point

▷ Ne pas oublier, pour l'écriture de [ɛ], l'accent grave (cf. V), l'accent circonflexe (cf. X) et certains emplois de **y** (cf. Y).

Comment écrire [ã] : **an** ou **en** ? D

Seul l'usage commande l'orthographe. Comparer *1* à *4* et *5* à *8* : [ã] suivi d'une consonne prononcée ; *9, 10, 11* : [ã] finale ; *12, 13* : [ã] début ou milieu du mot.

▶ Le n se transforme en m devant b et p (*alambic, ambre, ensemble, ample, camp, tempe, temps*) **sauf** dans em**bon**point et *bonbonne*.

● Le son [ã] s'écrit parfois -**aon** : *faon, paon, taon.* ◇ Certains noms et adjectifs diffèrent du participe présent correspondant : *résident / résidant* ; *négligent / négligeant* ; *excellent / excellant* ; *différent / différant.* ◇ Attention aux homonymes : *tante / tente* ; *amande / amende* ; *sang / sans / cent* ; *camp / quant / quand.* ◇ Attention aux consonnes muettes finales : *10* et *11,* ainsi que *banc, chaland, goéland, étang, rang.*

1 commande	**5** commende	**9** artisan	**12** ancre
contrebande	dividende	cardan	antre
demande	légende	divan	avalanche
guirlande	prébende	écran	banque
offrande	provende	océan	calandre
		ruban	céans
2 amiante	**6** attente	slogan	chanvre
bacchante	charpente	volcan	dans
brocante	descente		esclandre
dilettante	détente	**10** aimant	handicap
épouvante	entente	auparavant	langage
jante	fente	carburant	manche
plante	pente	croissant	manque
soixante	trente	fabricant	méandre
variante	vente	piquant	rançon
		stimulant	scaphandre
3 abondance	**7** absence	volant	
alliance	adhérence		**13** attention
ambiance	affluence	**11** absent	calendrier
assistance	concurrence	argent	cendre
circonstance	contingence	arpent	centre
croissance	décence	dent	commentaire
distance	différence	divergent	entité
finance	évidence	équivalent	envie
nuance	indigence	expédient	gendre
substance	influence	insolent	menthe
tolérance	urgence	négligent	penderie
		précédent	pervenche
4 danse	**8** dense	récipient	tendre
ganse	dépense	relent	tension
panse	immense	urgent	ustensile
transe	intense	violent	ventre

▷ Pour l'écriture de la finale [ã] pour les noms, voir B ; et pour les adverbes, voir F.

15

E Les lettres s et x en finale

Généralement, on ne prononce ni **-s** (*dans, hormis, verglas*) ni **-x** (*mieux, prix*) : **1** à **8**. Mais dans bien des mots, **-s** se prononce (*as, cactus, lis* ou *lys, os* au singulier, *sinus, tous* pronom, *virus*) ainsi que **-x** (*furax, index, latex*).

➡️ La finale **-ss** n'est jamais muette (*loess, mess, schuss, strass, stress*). ◇ L'**-s** et l'**-x** du pluriel ne se prononcent pas (*aléas, gens, égaux, yeux*).

⬤ Attention à la liaison (*deux‿hommes‿illustres*). ◇ On prononce [s] final pour **-x** dans *coccyx*. ◇ Ne pas confondre *exprès* (**-s** muet) et *express*.

---

1 bras
cabas
canevas
cas
chas
choucas
contrebas
coutelas
débarras
échalas
embarras
fatras
fracas
frimas
galetas
glas
lilas
matelas
repas
sassafras
taffetas
trépas

2 abus
inclus
intrus
jus
obtus
obus
pus
refus
talus

3 dos
enclos
endos
héros
propos
repos
tournedos

4 anglais
biais
dais
désormais
engrais
jais
jamais
laquais
mais
marais
niais
rabais
relais

5 anchois
autrefois
bois
bourgeois
chamois
fois
minois
mois
quelquefois
toutefois

6 appentis
avis
brebis
buis
cambouis
colis
coloris
compromis
coulis
devis
éboulis
frottis
hachis
huis
lacis
lavis
logis
mépris
paradis
parvis
permis
pertuis
pilotis
puis
radis
roulis
rubis
salmigondis
salmis
semis
souris
sursis

7 aurochs
corps
fonds
legs
mets
poids
remords
temps

8 afflux
choix
croix
deux
époux
faix
faux
flux
houx
influx
mirepoix
noix
paix
perdrix
poix
portefaix
prix
queux
redoux
saindoux
taux
toux
voix

▷ Pour le redoublement éventuel du **-s** final et pour le traitement du **-x** dans la formation du féminin, voir Q.

Les lettres **t** et **d** en finale **F**

Les **t** et **d** en finale sont muets (*1* à *18* et *B 10* à *15* pour les substantifs en -ment).

● Le **t** se prononce dans les mots comme : *brut, chut !, déficit, dot, exeat, fat, huit, mat, prétérit, prurit, rut, spot, transit, zut !*. ◇ Le son [t] final s'écrit diversement : -te (*comète, culbute, litote, névrite, rate*) ; -tte (*aigrette, botte, lutte, mélitte, natte*) ; -th (*bismuth, luth, mammouth, vermouth, zénith*) ; -the (*acanthe, cœlacanthe, jacinthe, menthe, plinthe*). ◇ Attention à la formation du féminin et à la conjugaison : *idiot / idiote* mais *sot / sotte* ; *acheter / achète* mais *jeter / jette*. ◇ Noter l'orthographe de l'avant-dernière syllabe des adverbes (*12* à *17*).

1 achat	*4* attrait	*8* acabit	*12* diversement
candidat	bienfait	appétit	frugalement
carat	extrait	circuit	tellement
climat	tait	conflit	
format	forfait	crédit	*13* assurément
grenat	portrait	débit	carrément
lauréat	retrait	délit	uniformément
magistrat	souhait	édit	
magnat		fortuit	*14* gentiment
odorat	*5* alphabet	fruit	poliment
plagiat	bouquet	gabarit	quasiment
plat	budget	lit	
reliquat	chevet	produit	*15* éperdument
résultat	couplet	profit	prétendument
scélérat	filet		résolument
syndicat	guet	*9* argot	
thermostat	guichet	complot	*16* couramment
	muguet	escargot	notamment
2 artichaut	pamphlet	lingot	nuitamment
assaut	quolibet	matelot	
défaut	rivet	rabot	*17* ardemment
saut	volet	sabot	patiemment
soubresaut		tricot	prudemment
sursaut	*6* adroit		
	détroit	*10* chahut	*18* bond
3 bout	endroit	début	crapaud
debout	exploit	institut	friand
égout	toit	raffut	gland
embout		statut	gond
faitout	*7* affront	tribut	nid
partout	amont		nœud
surtout	entrepont	*11* défunt	pied
tout	front	emprunt	réchaud

▷ Pour le redoublement éventuel du **t** dans la conjugaison, on consultera le *Bescherelle 1*. Pour la formation du féminin et le redoublement éventuel, cf. Q *19* et *20*.

17

G Le r final sonore

La lettre **r** est prononcée à la fin du mot. Les mots en **-er** font toutefois exception : le **r** final après **e** n'est généralement pas prononcé : *atelier, boucher, danger, ménager, panier.*

▶ Les mots en **-ar** (*1*), **-ir** (*3*), **-ur** (*7, 8*), **-or** (*9*) sont tous du masculin, mais les mots en **-er** (*5*), **-air** (*6*), **-eur** (*12, 13, 14*), **œur** (*4*), et **-our** (*11*) peuvent être masculins ou féminins (*le fer / la mer, le flair / la chair, le cœur / la sœur, le tour / la tour*).

● Le son [r] final peut être suivi d'un **e muet** ou d'une consonne muette. Voir ▷. ◇ Tous les mots masculins en **-eur** ne font pas leur féminin en **-eure** : *vendeur / vendeuse, vengeur / vengeresse.*

1 avatar	**5** amer	**9** butor	**13** masculins
bar	cancer	castor	assureur
bazar	cher	corridor	auteur
car	enfer	décor	bonheur
cauchemar	éther	essor	compteur
caviar	fier	major	échangeur
hangar	hier	quatuor	écouteur
millibar	hiver	stentor	fauteur
nectar	mer	ténor	malheur
nénuphar	reporter	toréador	radiateur
	revolver	trésor	remorqueur
2 masculins	ver		sauveur
arrosoir		**10** saur	sculpteur
couloir	**6** chair		tailleur
dépotoir	clair	**11** contour	vecteur
embauchoir	éclair	détour	veneur
entonnoir	flair	four	
espoir	impair	labour	**14** féminins
éteignoir	pair	pourtour	fraîcheur
miroir	vair	séjour	frayeur
peignoir		tambour	fureur
	7 azur	vautour	grosseur
3 désir	deleatur		horreur
loisir	fémur	**12** -eur → -eure	lenteur
plaisir	futur	antérieur	lueur
soupir	imprimatur	extérieur	odeur
tir	mur	inférieur	pesanteur
	obscur	majeur	peur
4 chœur	sur	meilleur	primeur
cœur		mineur	rigueur
rancœur	**8** mûr	postérieur	stupeur
sœur	sûr	supérieur	vigueur

▷ La lettre **-r** qui correspond au son [r] peut être suivie d'un **e muet** (cf. H) ou d'une consonne muette (cf. I *1* à *9*).
Pour les féminins des mots en **-eur**, cf. Q *27* à *29*.

Les mots terminés en -re sont aussi bien féminins que masculins (*1* à *6*). Il ne faut donc pas se fier au genre du mot pour mettre ou non un **e muet**. Ainsi sont masculins : *hectare, square, empire, navire, mercure, parjure, calcaire, corollaire, store, pandore.*

▶️ Les mots en -**oir** sont tous du masculin. Les mots en -**oire** sont soit des adjectifs (*8*), soit des noms masculins (*9*) ou féminins (*10*).

⬤ Le son [r] en finale peut s'écrire **r, rre, rrhe,** ou **r** + une consonne : *voire* n'a rien à «voir» avec *voir; paire, père / pair, perds, pers; cire, sire / cirrhe; faire / fer / ferre.*

1 **are**	*4* acc**ore**	*6* aug**ure**	*8* **adjectifs**
ava**re**	ac**ore**	bord**ure**	dilat**oire**
carra**re**	anaph**ore**	capt**ure**	illus**oire**
citha**re**	b**ore**	carb**ure**	libérat**oire**
cura**re**	carniv**ore**	chlor**ure**	mérit**oire**
fanfa**re**	chl**ore**	coiff**ure**	opérat**oire**
ga**re**	commod**ore**	ép**ure**	probat**oire**
guita**re**	folkl**ore**	fluor**ure**	provis**oire**
isoba**re**	incol**ore**	gage**ure**	respirat**oire**
ma**re**	inson**ore**	gerç**ure**	
pha**re**	matam**ore**	incult**ure**	*9* **masculins**
ra**re**	métaph**ore**	iod**ure**	audit**oire**
squa**re**	météore	lém**ure**	débo**ire**
sudoripa**re**	omniv**ore**	lev**ure**	direct**oire**
vivipa**re**	passifl**ore**	mange**ure**	exut**oire**
	phosph**ore**	merc**ure**	grim**oire**
2 cachem**ire**	sémaph**ore**	mes**ure**	infus**oire**
emp**ire**		murm**ure**	interrogat**oire**
hég**ire**	*5* aliment**aire**	nerv**ure**	iv**oire**
l**ire**	annivers**aire**	ord**ure**	laborat**oire**
m**ire**	dent**aire**	parj**ure**	pourb**oire**
nav**ire**	émiss**aire**	pel**ure**	réfect**oire**
p**ire**	estu**aire**	rogn**ure**	territ**oire**
r**ire**	fauss**aire**	saum**ure**	vomit**oire**
sat**ire**	lapid**aire**	sci**ure**	
sour**ire**	mol**aire**	sil**ure**	*10* **féminins**
tirel**ire**	nucl**éaire**	sinéc**ure**	baign**oire**
vamp**ire**	ov**aire**	soud**ure**	balanç**oire**
	pol**aire**	sulf**ure**	échappat**oire**
3 cent**aure**	sal**aire**	verge**ure**	écrit**oire**
dinos**aure**	scal**aire**		nage**oire**
roquel**aure**	sol**aire**	*7* dem**eure**	préhist**oire**
t**aure**	volont**aire**	h**eure**	vict**oire**

▷ Pour les finales en -**rre,** cf. I *10.*

r prononcé + consonne muette et redoublement du r

Les consonnes qui suivent le [r] final prononcé sont **d** (*1* à *3*), **t** (*4* à *6*), **s** (*7* à *9*).
◇ Pour le [r] à l'intérieur d'un mot, la connaissance des préfixes (cf. *Bescherelle 3*) aide à choisir entre **r** et **rr** (*12* à *16*).

▶ Pour identifier la consonne muette qui suit le [r] final, recourir à d'autres mots de la même famille : *hasard / hasarder ; accord / accorder ; écart / écarter ; expert / expertise ; tors / torsion ; recours / course.*

● Différencier les mots en **-rre** (*10*) et **-rrhe** (*11*). ◇ Le redoublement du **r** s'entend rarement, même dans les formes verbales (cf. *Bescherelle 1*).

---

1 brouillard
canard
dossard
épinard
hasard
lézard
standard

2 accord
bord
désaccord
record

3 balourd
lourd
sourd

4 art
départ
écart
essart
plupart
rempart

5 concert
désert
dessert
transfert

6 confort
effort
support
tort

7 divers
envers
pervers
tiers
univers

8 alors
dehors
détors
retors
tors

9 concours
discours
parcours
secours
toujours
velours

10 amarre
babeurre
bagarre
beurre
bizarre
bourre
escarre
leurre
mourre
serre
tintamarre

11 catarrhe
cirrhe

12 amarrage
arrangement
arrière
arrosoir
carrière
débarras
embarras
narration

13 derrière
erreur
ferraille
perruche
sierra
terrible
verrou

14 cirrus
irrespect
irritable

15 correct
corrélatif
corrida
horrible
lorrain
torrent
torride

16 bourrade
fourré
fourrure
surrénal

17 irascible
mirage
oracle
panorama
parage

18 béret
bureau
direct
hérédité
intérêt
parenté
véreux

19 carillon
coriace
dérision
iris
sourire

20 carotte
corolle
déroute
féroce
héron
ironie
parole
zéro

21 cérumen
féru
férule
parure

▷ Pour les familles de mots dont certains membres seulement redoublent la lettre **r**, cf. P *7* et *14*.

f, ff ou ph; d ou dd; g ou gg ?   J

Le [f] se transcrit par **ff** (*1*), **f** (*2*) ou **ph** (*3*) tandis que les redoublements du **d** (*5*, *6*) et du **g** (*7*, *8*) sont rares.

▶ Le son [f] s'écrit **ph** dans les mots ou composants de mots tirés du grec (*3*) (cf. *Bescherelle 3*). Cependant on écrit *fantaisie* et *fantastique* et, indifféremment, *phantasme* ou *fantasme*.

● Le son [f] s'écrit **v** dans *leitmotiv* (origine allemande). ◇ La prononciation du **d** incite souvent à écrire **-de** (*raide*), au lieu de **-d** (*raid*) (*4*).

1 affaire	*2* africain	*3* amorphe	*4* caïd
affection	agrafe	amphibie	celluloïd
affluent	balafon	amphitryon	fiord
affreux	balafre	amphore	fjord
affront	calife	aphone	lad
affût	carafe	apocryphe	stand
bluff	chef	bibliographie	tweed
bouffon	défait	bibliophile	
buffle	défunt	calligraphie	*5* adoption
chauffage	esbroufe	catastrophe	code
chiffon	fantassin	doryphore	édit
chiffre	fantastique	emphase	poudingue
coffre	faufil	géographe	redite
diffus	fifre	morphologie	
effacement	filtre	néophyte	*6* addenda
effet	gaufre	œsophage	addition
effigie	gifle	ophtalmie	adduction
effort	girafe	paragraphe	haddock
étoffe	girofle	paraphe	paddock
étouffoir	infâme	phalange	pudding
gaffe	infamie	pharmacie	reddition
gouffre	mufle	phase	
griffe	nèfle	philatélie	*7* agrandissement
offense	neuf	phonographe	agrégat
office	œuf	phoque	agression
offrande	pantoufle	phrase	bagage
raffiné	parafe	physique	baguage
skiff	rafle	polymorphe	
souffle	soif	porphyre	*8* agglomération
souffrance	soufre	siphon	agglutiné
staff	tafia	strophe	aggravation
suffisant	tarif	triomphe	leggin(g)s
truffe	veuf	typhon	**suggestion**

▷ Pour le **-d** final muet, cf. F *18*.
   Pour les familles de mots dont certains membres seulement redoublent la lettre **f**, cf. P *2* et *9*.

K Comment écrire le son [k]

Seule l'étymologie permet de s'orienter un peu dans les très nombreuses transcriptions du son [k] : **c** (*1* et *6*) ; **qu** (*2*, *10* et *14*) ; **k** (*4*, *11* et *12*) ; **ch** (*3*, *8*, *9*) ; **cc** (*7*) ; **ck** (*5*, *13*) ; **cqu** (*acquis, grecque*).

▶ La lettre **q** est toujours suivie par un **u** non prononcé (*qui, que, quoi, quant*, *14*), sauf en finale, où le **q** s'écrit seul (*coq, cinq*), ou dans *piqûre*, qui se décompose en *piq-ûre*. ◇ Le **ch** signale presque toujours des mots ou composants d'origine grecque (*8* et *9*). ◇ Le son [k] n'est jamais transcrit par la lettre **c** devant **e** et **i**.

● Après **c** il faut écrire **-ueil** au lieu de **-euil** : *accueil, cueillette*. ◇ Dans certains noms et adjectifs dérivés de participes présents on a **c** au lieu de **qu** : *fabricant / fabriquant*.

1 ave**c**	*6* a**c**abit	*9* **ch**aos	*11* **k**aléidoscope
chi**c**	a**c**acia	**ch**itine	**k**angourou
fis**c**	a**c**ajou	**ch**iton	**k**ermesse
fo**c**	a**c**oustique	**ch**lore	**k**ilo
la**c**	bi**c**orne	**ch**œur	**k**imono
pi**c**	bu**c**olique	**ch**olémie	**k**iosque
plasti**c**	é**c**aille	**ch**oléra	**k**yrielle
	é**c**orce	**ch**olestérol	**k**yste
2 chi**que**	o**c**ulaire	**ch**orale	
dis**que**	sa**c**oche	**ch**orégraphe	*12* an**k**ylose
évê**que**	va**c**ant	**ch**rome	**k**aki
la**que**	va**c**arme	**ch**ronique	mo**k**a
pho**que**		**ch**rysalide	
pi**que**	*7* a**cc**ablement	**ch**rysanthème	*13* co**ck**er
plasti**que**	a**cc**ord		co**ck**pit
ro**que**	a**cc**roc	*10* **qu**adrillage	co**ck**tail
ventrilo**que**	a**cc**usation	**qu**ai	ge**ck**o
	ba**cc**alauréat	**qu**alité	jo**ck**ey
3 kra**ch**	ba**cc**hanale	**qu**and	ni**ck**el
lo**ch**	ba**cc**hante	**qu**ant	te**ck**el
loo**ch**	e**cc**lésial	**qu**art	ti**ck**et
ma**ch**	o**cc**asion	**qu**asi	
molo**ch**	o**cc**ulte	**qu**enelle	*14* anti**qu**aire
	sa**cc**ade	**qu**enouille	atta**qu**ant
4 anora**k**	su**cc**ursale	**qu**estion	car**qu**ois
bati**k**		**qu**inine	délin**qu**ant
mar**k**	*8* ar**ch**ange	**qu**iproquo	mousti**qu**aire
sou**k**	é**ch**o	**qu**oi	pi**qu**ant
	fu**ch**sia	**qu**olibet	prati**qu**ant
5 bifte**ck**	i**ch**tyosaure	**qu**orum	reli**qu**aire
bo**ck**	or**ch**estre	**qu**otidien	reli**qu**at
sti**ck**	or**ch**idée	**qu**otient	remar**qu**able
sto**ck**	psy**ch**iatre	**qu**otité	trafi**qu**ant

▷ Pour la transformation de **-euil** en **-ueil** après **c**, cf. L *13*.
Pour le **c** à valeur de [s], cf. S.

Il est difficile de savoir comment écrire le son [l] : en finale, on peut trouver -l (*1*), -le (*2*), -lle (*3* et *4*) ; à l'intérieur des mots, on trouve tantôt -ll (*11*), tantôt -l (*12*) ; aux deux extrémités des mots, **ll** ne se rencontre que dans quelques rares mots étrangers (*llanos, lloyd ; atoll, hall, pull, troll, football*).

▶ Les mots en -**ail** (*5*), -**eil** (*7*), -**euil** (*9*) et -**ueil** (*13*) sont masculins. ◇ Les mots en -**aille** (*6*), -**eille** (*8*), -**euille** sont féminins, sauf *chèvrefeuille, millefeuille, portefeuille*.

● Les finales en -**illier** (*coquillier, groseillier, joaillier, marguillier*) sont plus fréquentes que les finales en -**iller** (*conseiller, poulailler*). ◇ Le **l** simple final est prononcé dans : *col, exil, mal, nul, sel, seul* mais non dans *fusil* et pas toujours dans *soûl*. ◇ Noter l'orthographe -**ueil** (*13*) concurrençant -**euil** (*9*).

1 alcool	*2* alvéole	*5* ail	*11* alliance
baril	babiolo	bail	allitération
bol	cabale	bétail	allô !
calcul	cymbale	soupirail	ballast
campagnol	domicile	vitrail	belladone
cil	fiole		belliqueux
civil	fossile	*6* bataille	callipyge
consul	frivole	faille	cellier
cordial	gaule	maille	cellophane
crawl	gracile	taille	cellule
criminel	pétale	volaille	collation
cul	rafale		collège
cumul	timbale	*7* appareil	collision
égal		éveil	colloque
formol	*3* balle	orteil	fallacieux
fournil	barcarolle	pareil	palliatif
gentil	bulle	réveil	pellicule
journal	colle		pollution
label	corolle	*8* abeille	sollicitation
légal	dalle	corneille	tellurique
licol	halle	groseille	trolley
linceul	idylle	oreille	
menthol	intervalle	treille	*12* balai
naturel	malle		coloris
pastel	pupille	*9* cerfeuil	hélas !
péril	sibylle	chevreuil	palier
pistil	stalle	fauteuil	rouleau
pluriel	tranquille	seuil	
poil	vaudeville	treuil	*13* accueil
rituel			cercueil
sial	*4* aiguille	*10* chèvrefeuille	écueil
total	fille	feuille	orgueil
vitriol	pupille	millefeuille	recueil

▷ Pour les familles de mots dont certains membres seulement redoublent la lettre **l**, cf. P *3* et *10*.

M m ou mm, n ou nn?

Les formes **m** (*1*) et **mm** (*2*), **n** (*3*) et **nn** (*4*) sont toutes aussi fréquentes.

▶ Après un **i** initial, on trouve plus souvent **mm** et **n** que **m** et **nn**.

● Attention aux familles irrégulières de mots fréquents, cf. P (*homme* / *homicide*). ◊ Attention aux féminins des adjectifs, cf. Q (*sain* / *saine*, *bon* / *bonne*). ◊ Se garder des pièges de la prononciation : *ennemi* s'ouvre sur [ɛ] mais *ennobli* et *enivré* sur |ɑ̃|. ◊ Le **e** qui précède **mm** et **nn** se prononce parfois |ɑ| (*femme, solennel* mais *gemme*). ◊ Dans *automne* le groupe **mn** se prononce [n] alors que les deux consonnes s'articulent dans *hym-ne* et *indem-ne*. ◊ Attention aux finales en **me** ou **ne** prononcées comme si la consonne était double, notamment dans le midi de la France : *La bonne mère !*.

1 amertume	**2** ammonite	**3** angine	**4** abonnement
axiome	commandement	anodin	anneau
azyme	commentaire	anomalie	année
brome	commerçant	anormal	annexe
brume	commère	arcane	annonce
centime	comminatoire	artisanal	annotation
coma	commis	avoine	annulation
comédie	commissure	banal	antenne
comestible	commode	cabine	antienne
comète	commotion	canal	bonnet
comité	dommage	canonique	canne
costume	emmagasinage	carbone	colonne
crime	emménagement	chicane	connaissance
drame	gemme	douane	connecteur
économie	gramme	énergie	connétable
écume	hammam	enivré	connexion
émanation	immanence	énormité	connivence
escrime	immangeable	épigone	connotation
estime	immédiat	finance	ennemi
hématite	immémorial	fortune	fennec
hémisphère	immense	gentiane	finnois
hémorragie	immergé	idoine	géhenne
idiome	immérité	liane	henné
image	immeuble	minois	honni
imitation	immigration	mutinerie	inné
légume	imminent	profane	innocent
mamelle	immobile	prune	innocuité
mamelon	immuable	romanesque	innombrable
omelette	mammaire	routine	maldonne
omission	mammifère	tisane	mannequin
primevère	nummulite	trombone	panne
pseudonyme	pomme	volcanique	tennis
rhume	somme	zone	vanneau

▷ Pour **m**, devant **b** et **p**, cf. D.
Pour les familles de mots dont certains membres seulement redoublent la lettre **m**, cf. P *4* et *11*; ou le **n**, cf. P *5* et *13*.

On entend le même son pour **t** et **tt**. Le **t** final est très fréquemment muet : *agent, brillant, debout, défaut, écart, emprunt, filet, fruit, mont, odorat, portrait, rebut, toit, tricot, adverbes en -ment, verbes conjugués* (cf. *Bescherelle 1*).

On a toujours **t** après **é, i, o** à l'initiale (*6*). ◊ On a presque toujours **tt** après **a** à l'initiale (*7*). ◊ Le choix entre **at-** et **att-** est facilité par la connaissance de la structure du mot (cf. *Bescherelle 3*).

La lettre **t** ne note pas toujours le son [t] (par exemple : *initiation, partielle*).
◊ Attention aux difficultés particulières des finales en **-tte** (*5*) et en **-te** (*6*).

1	4	6	7
abject	chott	acolyte	acquittement
aspect	watt	alphabétique	attachant
compact		aromate	attaque
contact	**5** biscotte	atavisme	atteinte
correct	blatte	atelier	attelage
direct	bouillotte	atonal	attente
distinct	butte	atour	attirail
exact	cagnotte	âtre	attitude
impact	calotte	atrophie	attraction
inexact	carotte	banditisme	attrayant
intact	chatte	butoir	attribut
intellect	crotte	cahute	attristant
irrespect	culotte	culbute	ballottage
respect	flotte	dispute	buttoir
strict	gavotte	égoutier	confetti
suspect	goutte	étanche	coquetterie
	griotte	éternel	dilettante
2 abrupt	hotte	étymologie	égouttoir
concept	hulotte	faillite	flatterie
exempt	hutte	gargote	flatteur
prompt	latte	hirsute	flottaison
rapt	marmotte	italique	guetteur
transept	mascotte	itinéraire	guttural
	mélitte	note	lettre
3 ballast	menotte	otage	littéral
compost	natte	otarie	lutteur
est	polyglotte	otite	netteté
lest	quenotte	pamphlétaire	nettoyage
ouest	quitte	pelote	pittoresque
test	roulotte	quitus	quittance
toast	sciotte	savate	robinetterie
trust	sotte	strate	setter
whist	vieillotte	utopique	sottise

▷ Pour le **-t** muet après voyelle, cf. F.
Pour les familles de mots dont certains membres seulement redoublent la lettre **t**, cf. P *8* et *15*.

O p ou pp, b ou bb ?

Entre **p** et **pp** le choix est souvent facilité par la connaissance de l'étymologie : *a-praxie*, *a-pologie*, *épi-phénomène* ; *sup-pôt*, *ap-pétit* ; *hippo-potame*, *hypo-crite* (cf. *Bescherelle 3*).

▶ Les voyelles initiales **é** et **i** sont toujours suivies d'un **p** simple (*épatant*, *ipéca*).
◇ Devant un **-e** muet en finale on trouve aussi bien **pp** (*3*) que **p** (*4*). A l'intérieur des mots on trouve tantôt **p** (*6*) tantôt **pp** (*5*).

● Le **-p** final est tantôt prononcé (*1*) tantôt muet (*2*).
◇ Le **-b** final n'est pas prononcé dans *plomb*, mais il l'est dans *club*, *job*, *nabab*, *radoub*, *snob*, *toubib*, *tub*. ◇ Dans certains mots on écrit **b** tout en prononçant [p] : par exemple, *absent*, *absolu*, *obscur*, *obsession*, *obsidienne*, *obtention*, *obtus*.
◇ **bb** est très rare (*abbaye*, *abbé*, *rabbin*, *sabbat*).

1 cap	*4* antilope	*5* appareil	*6* apanage
cep	cape	apparence	aparté
clip	coupe	apparition	apathie
croup	croupe	appartement	apatride
gallup	dupe	appât	apepsie
hanap	écope	appendice	apéritif
handicap	étape	appétit	apex
ketchup	groupe	application	apiculture
scalp	jupe	apport	aplomb
vamp	myope	apposition	apogée
	pipe	apprenti	apoplexie
2 beaucoup	polype	apprêt	aporie
camp	pompe	approbation	apostrophe
coup	poupe	approche	apothéose
drap	principe	approximation	épargne
loup	râpe	appui	épée
sirop	satrape	hippique	épi
trop	soucoupe	hippodrome	épineux
	soupe	hippophagique	épique
3 cippe	stéréoscope	hippopotame	épouvante
échoppe	syncope	houppelande	épuisant
enveloppe	taupe	mappemonde	ipéca
frappe	télescope	oppidum	lapin
grappe	tempe	opportun	lapon
grippe	trempe	opposition	opale
houppe	trompe	oppression	opaque
lippe	trope	opprobre	opéra
nippe	troupe	supplice	opinion
schappe	tulipe	uppercut	opulent
steppe	type		superbe
trappe	vape		superficie
varappe	varlope		tapioca

▷ Pour les familles de mots dont certains membres seulement redoublent la lettre **p**, cf. P *6* et *13*.

La ressemblance aiderait si elle était simple : un mot peut s'écrire autrement que d'autres mots de la même famille, un mot peut s'écrire comme un mot d'une autre famille. Ainsi on a d'une part *tonal, entonner, monotone* et *détonner* (chanter faux) et d'autre part *tonner, tonnerre, tonitruant* et *détoner* (exploser).

▶▶ Il n'y a pas d'accent circonflexe sur les mots de la liste **1**. ◇ Faut-il ou non redoubler la consonne : f (**2** et **9**), l (**3** et **10**), m (**4** et **11**), n (**5** et **12**), p (**6** et **13**), r (**7** et **14**), t (**8** et **15**) ?

● Exig**eant** / exig**ence** ; volat**ile** / volat**il** (adj.) ; s**oie**rie mais plaid**oie**rie et v**oie**rie. ◇ Les verbes en **-ier** donnent ral**lie**ment, re**nie**ment, licen**cie**ment à l'exception de châti**ment**, tandis que les verbes en **-ir** donnent blanchi**ment**, fourni**ment**.

Pas de ^ ?	Doubler ou ne pas doubler la **consonne** ?		
1 acrimonie	*2* boursouflure	*6* attrape	*11* bonhomme
aromate	persiflage	escalope	hommage
accurance			renommée
bagou(t)	*3* accolade	*7* barème	
bateau	annulation	baril	*12* cantonnier
chalet	balai	chariot	débonnaire
chapitre	balance	coureur	donneur
cime	colis	guère(s)	honnête
conique	encolure		honneur
coteau	folie	*8* bataille	millionnaire
crue	grivèlerie	chaton	monnaie
déjeuner	oculaire	combatif	patronnesse
diplomate	polaire	courbatu	rationnel
drolatique		gratin	savonneux
due	*4* bonhomie	pataud	sonnerie
égout	homicide	patin	tyrannie
encablure	nominal	potier	
fantomatique	nomination		*13* enveloppe
futaie		*9* sifflement	trappeur
futaille	*5* bonification	sifflet	
futé	cantonade	soufflerie	*14* barrage
gracieux	cantonal	soufflet	barrique
infamie	donateur		charretier
intronisation	honorable	*10* ballade	concurrent
mue	honoraire	ballet	courrier
polaire	limoneux	collier	
raffut	millionième	follement	*15* batterie
ratissage	monétaire	médullaire	battoir
symptomatique	patronat	moellon	bottier
tatillon	rationalité	nullement	cachotterie
tempétueux	résonance	nullité	grattoir
zone	sonore	stellaire	pattu

▷ Pour le comportement des consonnes finales dans la formation du pluriel, cf. R. Pour les accents circonflexes corrects, cf. W.

Q Les formes du féminin des adjectifs

On obtient le féminin des adjectifs en ajoutant un -e (ou le masculin en retranchant ce -e) (*1, 2, 3, 4, 11, 19, 21, 23, 24*). Cependant un très grand nombre d'adjectifs se terminent déjà par un -e au masculin : *calme, fossile, morne, rude, troisième, vivace.*

● Le -e prend un tréma pour conserver le son [gy] (*3*). ◇ *4* : -er devient -ère avec un accent grave. ◇ -et devient -ète (*19*) ou -ette (*20*). ◇ Les adjectifs en -s, -t, -l, -n, peuvent doubler leur consonne finale (*14, 15, 20, 22, 25, 26*). ◇ Noter les féminins irréguliers et notamment *12* (*andalou*), *18* (*beau, fou, vieux*), *13, 16, 17* (-*aux*, -*eux*, -*oux*), *27, 28, 29* (-*eur*), ainsi que *bénin / bénigne, malin / maligne, bref / brève, coi / coite, favori / favorite, frais / fraîche, tiers / tierce.*

1 gai	*6* grec	*13* heureux	*19* ardent	*24* brun
gaie	**grecque**	**heureuse**	**ardente**	**brune**
nu		jaloux	droit	latin
nue	*7* blanc	**jalouse**	**droite**	**latine**
poli	**blanche**		idiot	mormon
polie	franc	*14* bas	**idiote**	**mormone**
	franche	**basse**	inquiet	plein
2 dur	sec	épais	**inquiète**	**pleine**
dure	**sèche**	**épaisse**		roman
lourd		gros	*20* muet	**romane**
lourde	*8* long	**grosse**	**muette**	sain
majeur	**longue**		net	**saine**
majeure		*15* métis	**nette**	
	9 explosif	**métisse**	sot	*25* ancien
3 aigu	**explosive**		**sotte**	**ancienne**
aiguë	neuf	*16* faux		bon
exigu	**neuve**	**fausse**	*21* décimal	**bonne**
exiguë	sauf	roux	**décimale**	
	sauve	**rousse**	seul	*26* gentil
4 amer			**seule**	**gentille**
amère	*10* naïf	*17* doux		
dernier	**naïve**	**douce**	*22* annuel	*27* → -euse
dernière			**annuelle**	ment-eur
étranger	*11* gaulois	*18* (beau)	nul	tromp-eur
étrangère	**gauloise**	bel	**nulle**	
	gris	**belle**	pareil	*28* → -trice
5 ammoniac	**grise**	(fou)	**pareille**	séduct-eur
ammoniaque	ras	fol		tentat-eur
caduc	**rase**	**folle**	*23* subtil	
caduque		(vieux)	**subtile**	*29* → -eresse
franc	*12* andalou	vieil	volatil	chass-eur
franque	**andalouse**	**vieille**	**volatile**	veng-eur

▷ Pour -**eur** → -euse, cf. G *12*.
Pour les mots qui ne s'emploient qu'au pluriel, cf. R *10* pour le masculin et R *11* pour le féminin.
Pour les mots en -**eur** et leur genre, consulter G *13* et G *14*.
Pour les mots en -**oire** et leur genre, consulter H *9* et H *10*.

La plupart des noms et des adjectifs prennent un **-s** au pluriel.

▶ Les mots s'achevant par **-s** (*1* et *3*), **-x** (*2* et *4*), **-z** (*5*) ne changent pas au pluriel.

● Certains mots ne sont utilisés qu'au pluriel, du moins pour certaines de leurs acceptions (*10* et *11*). ◇ Certains mots ont deux pluriels : *aïeuls/aïeux* ; *ails/aulx* ; *ciels/cieux* ; *œils/yeux* ; *travails/travaux*.

◇ Font leur pluriel en **-x** :
Quelques mots en **-ail** (**-aux**), *6* ; quelques mots en **-ou** (**-oux**), *7* ; les mots en **-al** (**-aux**), sauf quelques-uns (**-als**), *8* ; les mots en **-au** et en **-eu** (**aux** et **eux**), sauf quelques-uns (**-aus** et **-eus**), *9*.

◇ **Chaque** n'a pas de pluriel ; pris comme adjectif, **tout** a pour pluriel **tous** (*tout usage / tous usages*).

1 adjectifs	**3** noms	**6** → -aux	**10** masculins
abscons	avis	bail	agissements
bas	bois	corall	agrès
clos	bras	émail	aguets
confus	enclos	soupirail	alentours
dispos	fils	travail	appointements
divers	minois	vantail	arrérages
exprès	prospectus	vitrail	bestiaux
gros	radis		confins
niais	secours	**7** → -x	décombres
métis	succès	bijou	dépens
précis	talus	caillou	ébats
ras	univers	chou	effluves
relaps	vers	genou	gravats
tors		hibou	mânes
vaudois	**4** noms	joujou	pourparlers
	choix	pou	sévices
2 adjectifs	cortex		vivres
chanceux	époux	**8** → -als	
crasseux	flux	bal	**11** féminins
doux	freux	cal	affres
ennuyeux	lux	carnaval	alluvions
épineux	lynx	chacal	arrhes
fameux	poix	festival	calendes
faux	prix	pal	doléances
hargneux	télex	régal	entrailles
harmonieux	thorax	**idéals / idéaux !**	guenilles
minutieux			hardes
noueux	**5** noms	**9** → -aus, -eus	immondices
orageux	ersatz	bleu	mœurs
précieux	gaz	landau	obsèques
roux	hertz	pneu	prémices
savonneux	riz	sarrau	ténèbres

▷ Pour les mots en **-s** et en **-x**, voir aussi E, ainsi que I *7* à *9*.

S Les sifflantes sonores (s, z) et sourdes (s, ss, sc, c, ç)

Au son [z] correspondent les lettres :
z : *zéro, azur, bazar, fez, muezzin* (**1**) ; s intérieur : *aise, blason, hasard* (**2**), et même x entre deux voyelles : *deuxième.*

Le son [s] peut s'écrire :
s au début d'un mot (*soleil*) ; s à l'intérieur d'un mot après une nasale (*chanson*), un l (*impulsif*), un r (*course*) ; s dans des composés, même s'il se trouve entre deux voyelles (*aseptique, contresens, cosinus, havresac, parasol, présalé, soubresaut, tournesol, vraisemblable*) ; c devant e et i (**4** et **7** à **11**) ; ç devant les autres voyelles (**4**) ; sc (**3**) ; ss (**6** et **12** à **18**) ; t devant i (*essentiel*) (**5**).

⬤ Il reste des orthographes originales : *tocsin, loess, isthme, spatial.*

---

1 alizé
amazone
azote
azur
bazar
bizarre
bronze
byzantin
colza
dizaine
gaz
gaze
gazelle
gazette
gazon
horizon
lézard
luzerne
onze
rizière
topaze
zoo

2 bisannuel
blasé
busard
cousette
disette
musée
myosotis
raison
risible
visage

3 adolescent
conscient
convalescence
descendance
discipline
faisceau
fascicule
irascible
piscine
plébiscite

4 ceci
concert
façade
leçon
merci
océan
soupçon
tronçon

5 argutie
captieux
partial
partiel
ration

6 boisson
esseulé
essor
issue
osseux
tissu
tressaillement

7 audace
bonace
contumace
efficace
fugace
perspicace
préface
race
sagace
vorace

8 appendice
bénéfice
caprice
indice
notice
préjudice

9 atroce
féroce
négoce
précoce

10 astuce
capuce
prépuce
puce

11 once
pince
ponce
pouce
sauce

12 bécasse
bonasse
brasse
cocasse
crevasse
impasse
liasse

13 baisse
bouillabaisse
encaisse
graisse

14 adresse
détresse
gentillesse
promesse

15 écrevisse
esquisse
pelisse
saucisse

16 brosse
colosse
cosse

17 russe

18 brousse
causse
secousse
trousse

▷ Pour l'écriture **-èce**, cf. V.
 Pour la lettre **c** prononcée [k], voir K.

Le raccordement des finales
en -(s)sion, -tion, -xion, [sjõ], -cieux, -tieux [sjø]

La finale [sjõ] se transcrit soit par **-sion** (*1* et *2*), soit par **-ssion** (*3* à *5*), soit par **-tion** (*6* à *10*), tandis que la finale [ksjõ] se note **-ction** (*16*) ou **-xion** (*17*).

▶ Après **l** on écrit toujours **-sion** (*11*). ◇ On écrit toujours **-tion** après **au** et **o** (*13* et *14*) et après **p** (*15*) ainsi qu'après **a** sauf dans *passion* et ses composés (*compassion, dépassionner*). ◇ Pour la finale [sjø] on peut se reporter au **nom** correspondant : *minutieux/minutie, consciencieux/conscience* (et non *conscient*). ◇ La finale [zjõ] se transcrit par **-sion** : *évasion, incision, lésion, vision...* sauf dans *chalazion* !

● Orthographes particulières : *succion, suspicion, alcyon.*

1 ascension	**6** attention	**11** convulsion	**18** ambitieux
dimension	convention	émulsion	captieux
extension	intention	expulsion	contentieux
pension	mention	propulsion	facétieux
recension	prétention	pulsion	factieux
tension	prévention	révulsion	infectieux
			minutieux
2 aversion	**7** assertion	**12** adjudication	prétentieux
contorsion	désertion	fondation	séditieux
conversion	insertion	glaciation	superstitieux
excursion	portion	indication	
version	proportion	ration	**19** chassieux
3 agression	**8** concrétion	**13** caution	**20** astucieux
digression	discrétion	précaution	audacieux
impression	indiscrétion		capricieux
obsession	réplétion	**14** lotion	fallacieux
procession	sécrétion	notion	gracieux
sécession	sujétion		judicieux
		15 absorption	licencieux
4 concussion	**9** destitution	inscription	malicieux
discussion	diminution	option	officieux
fidéjussion	exécution	perception	pernicieux
percussion	locution		précieux
répercussion	solution	**16** action	sentencieux
		miction	silencieux
5 admission	**10** abolition	perfection	soucieux
émission	apparition	section	spacieux
fission	coalition		spécieux
omission	inanition	**17** annexion	tendancieux
scission	nutrition	connexion	vicieux
soumission	position	flexion	cieux

▷ Pour la formation du féminin **-ieux** → **-ieuse**, cf. O *13*.

U L'accent aigu

L'écriture **é** correspond presque toujours à la prononciation [e], mais la prononciation [e] ne correspond pas toujours à l'écriture **é** : *pied de nez, j'ai, les*.

▶ Pour distinguer les participes en **é** des infinitifs en **-er** (*jeté-jeter, volé-voler*), remplacer ce verbe par un verbe du troisième groupe (*mordre, prendre,* etc.), exemple : *j'ai* **volé/mordu** *une* pomme, *il ne faut pas* **voler/prendre** : *une pomme.* ◇ Ne jamais mettre d'accent sur un **e** suivi de deux consonnes ou d'**x** (*10* et *11*).

● Certains mots s'écrivent avec un **é** alors qu'on attendrait **ê** (*12*) ou **è** (*13*). ◇ Dans certains mots figurent plusieurs **e** portant le même accent ou des accents différents (*5* à *8*). ◇ Ne pas se fier au genre des noms pour la terminaison des mots : l'ét**é**, le lyc**ée**, la facult**é**, la drag**ée** (*1* à *4*).

1 masculins	3 féminins	5 plusieurs é	9 é-à l'initiale
alizé	acidité	bénédicité	éclat
aparté	acné	célébrité	éclectique
attaché	beauté	déréglé	éclipse
chimpanzé	cherté	désespéré	écrin
chiqué	communauté	déshérité	épreuve
comité	faculté	ébriété	éthique
comté	fierté	éméché	
côté	gaîté	généralité	10 e- = [e]
fourré	piété	hébété	effarant
gré	pitié	récépissé	effroi
gué	primauté	témérité	ellipse
maté	qualité		
pâté	quantité	6 fée	11 e- = [ɛ]
pavé	quotité	féerie	eczéma
pré		féerique	ennemi
soluté	4 féminins	téléscripteur	espace
thé	bouchée	téléspectateur	ethnie
traité	bouée	télescopique	examen
velouté	buée		
	chaussée	7 é - è	12 é d'alternance
2 masculins	cuvée	délétère	bétail
apogée	durée	démantèlement	conquérant
caducée	épée	ébène	crépu
coryphée	fusée	élève	extrémité
lycée	idée	hétérogène	mélange
mausolée	marée		
musée	orchidée	8 é - ê	13 é inattendu
périgée	pâtée	arrêté	allégrement
périnée	percée	démêlé	hébétement
propylée	plongée	dépêche	prévenance
pygmée	potée	évêché	réglementation
scarabée	risée	intérêt	sécheresse

▷ Pour l'alternance **ê**/**é**, cf. P *1*.

Il y a un accent grave sur le **e** devant une syllabe finale terminée par un -**e muet** (*plèbe, espèce, sèche; 3* à *19*). ◇ L'accent grave peut faciliter la distinction de mots homophones : *dès/des; lès/les.* Il peut également être mis sur **a** et **u** : *à/a; où/ou* (*1, 2*).

▶▶ Il n'y a jamais d'accent grave sur le **e** devant une lettre double (*benne, pelle, verre, vessie*), une consonne finale (*bec, mer*) et devant certains groupes de consonnes (*geste, herbe, verve*). ◇ Noter les accents graves devant -**s** final, muet ou prononcé (*20, 21*).

● Remarquer les transcriptions du son [ɛ] : — par **é** : *céleri, émeri, événement, réglementaire;* — par **ai, aî, ei, ê, ë** : *caisse, fraîche, neige, forêt, Noël.*

---

1 à (qui ?)
ça (et là)
déjà
holà
là
pietà
voilà
cela !

2 où

3 nèfle
siècle
trèfle

4 algèbre
cèdre
chèvre
fièvre
intègre
lèpre
lèvre
mètre
orfèvre
piètre
polyèdre
urètre
zèbre

5 éphèbe
glèbe
grèbe

6 espèce
nièce
pièce

7 brèche
crèche
flèche
mèche

8 pinède
remède
tiède

9 liège
piège
siège
solfège

10 clientèle
fidèle
modèle
stèle
zèle

11 anathème
blasphème
crème
emblème
poème
stratagème
système
théorème

12 arène
ébène
gangrène
homogène
hygiène
obscène
oxygène
pathogène
phénomène
scène
sirène

13 cèpe
nèpe

14 bibliothèque
chèque
pastèque

15 artère
chimère
critère
mystère
naguère

16 dièse
diocèse
genèse
hypothèse
obèse
parenthèse
synthèse

17 ascète
athlète
comète
diabète
diète
exégète
interprète
poète
prophète

18 fève
grève
relève
sève

19 mélèze
trapèze

20 abcès
accès
après
cyprès
excès
progrès
succès

21 aloès
cacatoès
ès
faciès
palmarès
xérès

▷ Pour les finales en -**aine**, -**aise**, -**eine**, -**eize**, -**elle**, -**en**, -**esse** et -**ette**, cf. C *2* à *11.*

W L'accent circonflexe

L'accent circonflexe se marque parfois par l'allongement d'une voyelle (**a**, *1*; **e**, *2*; **i**, *3*; **o**, *10*; **u**, *8*). Il est souvent le témoignage d'un son disparu : **s** dans *hôpital / hospitalier*, *épître / épistolaire*, **e** dans *gaîment / gaiement*.

▶ L'accent circonflexe peut faciliter la distinction de mots très voisins : *nôtre / notre*; *dû / du*. Il sert aussi dans la conjugaison (cf. *Bescherelle 1*).

● L'accent circonflexe ne se met pas nécessairement sur tous les mots d'une même famille (*diplôme / diplomatie*; *suprême / suprématie*). ◇ Il y a un accent circonflexe sur la terminaison des mots en **-âtre** (*opiniâtre, pâtre, théâtre, verdâtre*) alors que la terminaison **-iatre** (du grec = médecin) ne prend pas d'accent circonflexe (*pédiatre, psychiatre*).

1 acariâtre	*2* alêne	*3* abîme	*8* assidûment
âcre	ancêtre	bélître	continûment
albâtre	apprêt	dîme	crûment
âme	arête	dîner	dûment
âne	arrêt	épître	goulûment
âpre	baptême	gîte	
âtre	bêche	huître	*9* jeûne
bâbord	benêt	île	
bâillement	bête	presqu'île	*10* allô
bât	carême	puîné	apôtre
bâtiment	champêtre		arôme
bâton	chêne	*4* aîné	aussitôt
blâme	conquête	chaîne	bientôt
câble	enquête	faîte	chômage
câpre	extrême	maître	clôture
châssis	fêlure	traîne	cône
châtain	fenêtre	traître	contrôle
château	fête		côte
crâne	forêt	*5* reître	dépôt
débâcle	frêle		enjôleur
gâche	frêne	*6* boîte	fantôme
grâce	genêt	cloître	geôle
hâte	grêle	noroît	hôte
infâme	guêpe	surcroît	icône
mâchefer	hêtre		môle
mâle	honnête	*7* coût	monôme
pâture	pêche	croûte	pôle
râle	prêt	dégoût	pylône
râteau	prêtre	goût	rôdeur
relâche	rêve	moût	rôle
saumâtre	revêche	ragoût	rôti
tâche	salpêtre	soûl	symptôme
théâtre	trêve	voûte	tôle

▷ Pour la perte de l'accent circonflexe, cf. P *1*.

Le **h** intérieur ou final, la rencontre des voyelles et le tréma **X**

On trouve souvent la lettre **h** dans des mots issus du grec (*panthéon*, *synthèse*) et du latin (*inhumer*) ; d'autres mots s'écrivent avec un **h** intérieur : *menhir* (bas breton), *souhait* (vieux français), *dahlia* et *silhouette* (noms propres).

▶ Noter le *-h* final après voyelle des interjections (*8*) et quelques combinaisons rares énumérées ci-dessous (*3* et *4*).

● La rencontre de deux voyelles est relativement rare (*5*). Elle peut exiger un **tréma** — sur la seconde voyelle — pour distinguer leur prononciation : ainsi il faut une intervention du tréma pour empêcher la fusion de **o** et **in** en **oin**, de **a** et **i** en **ai**, de **gu** et **e** en **gue** : coïncider, haïssable, aiguë (*6* et *7*). Cette fusion peut également être évitée par un **h** intérieur (*2*).

1	*2*	*5*	*6*
adhérent	ahan	accordéon	aïeul
adhésif	ahuri	aérophagie	ambiguïté
antipathie	appréhension	annuaire	capharnaüm
arithmétique	bohème	aorte	ciguë
arthrite	cahot	archéologie	coïncidence
athée	cahute	aréopage	cycloïde
athlète	cohabitation	auréole	exiguïté
authentique	cohérent	baobab	faïence
bonheur	cohorte	bioxyde	glaïeul
déshonneur	cohue	brouette	haïkaï
esthétique	déhanché	cacao	haïssable
exhalaison	déhiscent	chaotique	héroïque
exhibition	ébahi	cruel	inouï
exhortation	envahi	décaèdre	laïcité
gentilhomme	méhari	déontologie	maïs
inhabité	préhensile	éolien	mosaïque
inhabituel	préhistoire	éon	naïf
inhérent	prohibitif	européen	ouïe
inhibition	prohibition	fluide	païen
inhospitalier	réhabilitation	immuable	stoïque
inhumain	répréhensible	méandre	
kinésithérapie	trahison	muet	*7* féminins
lithiase	véhément	néant	aiguë
malhabile	véhicule	néon	ambiguë
malheur		pléonasme	contiguë
malhonnête	*3* flash	poème	exiguë
menhir	rush	poésie	
mythique	shampooing	polyèdre	*8* ah !
mythologie		préambule	bah !
posthume	*4* kirsch	prouesse	eh !
silhouette	putsch	séide	euh !
synthétique	schéma	tonitruant	peuh !
transhumance	schisme	truand	pouah !

▷ Pour *-uë*, cf. aussi A *7* et la légende de Q.

35

Y Les rencontres avec les **y**

La lettre **y** peut transcrire le son [i] : *lycée, jury* (**1, 4, 5, 6**) ou la rencontre de deux **i** : *nettoi-ieur = nettoyeur, attrai-iant = attrayant* (**7** à **11**).

▐▶Le pronom **y** vient du latin *hic* (ici). ◊ La lettre **y** se trouve le plus souvent dans des mots d'origine grecque (**1, 5, 6**). Elle est parfois combinée avec un **a** ou un **e** dans des mots d'origine anglaise (**2, 3** et **4**, sauf *tokay* et *puy*). Elle peut venir d'autres langues : *geyser, pyjama*.

● Certaines prononciations semblables correspondent à des orthographes différentes : *seyant / malveillant ; balayeur / veilleur*, etc. Comparer les listes **7** à **11** aux listes **12** à **16**. ◊ Certains mots anglais en -**y** font leur pluriel en -**ies** (*ladies, penalties, tories*), d'autres en **ys** (*jurys, tilburys*).

1 anhydre	**2** tokay	**7** attrayant	**12** accueillant
ankylose	tramway	bruyant	croustillant
apocalypse		clairvoyant	détaillant
apocryphe	**3** hockey	effrayant	grouillant
bombyx	jersey	payant	malveillant
cataclysme	poney	seyant	scintillant
collyre	trolley		
cycle		**8** balayeur	**13** aiguilleur
ecchymose	**4** derby	employeur	fouilleur
gypse	hobby	frayeur	gaspilleur
hydravion	penalty	mareyeur	resquilleur
hyperbole	puy	nettoyeur	tailleur
hypertension	rugby	payeur	veilleur
hypoténuse			
hypothèque	**5** hémicycle	**9** débrayage	**14** effeuillage
larynx	hiéroglyphe	essayage	empaillage
martyr	hybride	essuyage	feuillage
martyre	hygiène	nettoyage	habillage
myrrhe	hypocrisie	voyage	maquillage
mythe	idylle		
onyx	labyrinthe	**10** crayeux	**15** broussailleux
oxyde	libyen	ennuyeux	écailleux
paroxysme	lyrique	joyeux	orgueilleux
polygone	panégyrique	soyeux	sourcilleux
porphyre	sibylle		
pseudonyme	tricycle	**11** abbaye	**16** caille
psychose		crayon	fille
style	**6** hydrolyse	doyen	grille
symphonie	hyperglycémie	maya	maillet
syncope	hypophyse	moyen	nouille
thym	hypostyle	moyeu	oreille
tympan	psychanalyse	pays	taille
xylophone	synonyme	rayon	veille

▷ **i** ou **y** ? Consulter aussi A **3, 9, 10** ; B **6** à **9** et **11** ; L **4** à **10** et **13**.

Les redoublements multiples de consonnes et les originaux irréductibles Z

Il est particulièrement difficile d'écrire correctement des mots qui comprennent une ou plusieurs consonnes pouvant ou non être redoublées. L'étymologie des mots permet souvent de savoir s'il faut ou non redoubler telle ou telle consonne.

▶▶ Les mots types présentés ci-dessous sont classés d'après le nombre de syllabes et en fonction du redoublement de la consonne (1 = consonne simple, 2 = consonne redoublée). ◊ Les mots très complexes (de plus de quatre syllabes) peuvent être ramenés à des mots plus courts : *atterrissage* = *atterrir* = *terre* (**15**).

● Il y a des mots irréductibles et n'appartenant à aucune famille (**16**).

1 −1−	**5** −2−1−	**9** −1−2−1−	**13** −2−2−1−
alors	appareil	colonnade	accommodant
direct	essentiel	corollaire	affaissement
émoi	littoral	emballage	ballottage
quitus	netteté	nivellement	millionnaire
remous	occasion	palissade	occurrence
2 −2−	**6** −2−2−	**10** −1−2−2−	**14** −2−2−2−
correct	assaillant	concurremment	cressonnette
ennui	atterrant	épaississant	grassouillette
nenni	charrette	incessamment	mollassonne
scellé	commission	maisonnette	passionnelle
tollé	successif	professionnel	possessionnel
3 −1−1−	**7** −1−1−1−	**11** −2−1−1−	**15** plus complexes
combatif	antidote	assidûment	arrondissement
intérêt	aromate	cellulaire	atterrissage
minimal	émérite	enneigement	démissionnaire
solaire	intolérant	immensité	désappointement
uniment	numéraire	millénaire	développement
			intérimaire
4 −1−2−	**8** −1−1−2−	**12** −2−1−2−	involontairement
amarre	clarinette	attentionné	paresseusement
libelle	élégamment	différemment	pénicilline
prémisse	enveloppe	innocemment	rémunératoire
promesse	parabellum	occasionnel	rudimentaire
rationnel	tyrolienne	suffisamment	vitaminique

16 Certains mots sont à retenir pour eux-mêmes, soit qu'ils constituent des bases originales, soit qu'ils ne se laissent pas réduire. Les premiers sont souvent très simples, p. ex. *timbre*, *tombe*, *torche*, *tornade*, et ne créent guère d'occasions de se tromper. Les seconds sont généralement surprenants, p. ex. *ersatz*, *systyle*, *toboggan*, *volapük*, même s'ils sont assez connus, p. ex. *barème*, *caoutchouc*, *farniente*, *pouls*, *saynète* et *vilebrequin*. Les mots du répertoire qui renvoient à Z 16 sont donc traités comme des irréductibles : halte à l'analogie ! Voir aussi les remarques préliminaires p. 75 et 76.

▷ A propos de Z **16** : Pour le **-s** muet suivant une consonne, voir la collection hétéroclite E **7**. Exemple de difficulté : *aurochs* et *mastoc* proviennent tous deux de *ochs* (= bœuf) prononcé [ɔks], puis [ɔk] !

L'index des homonymes

Cet index présente les homonymes signalés dans le Dictionnaire orthographique par un numéro de renvoi. **Il s'agit des mots qui se prononcent de la même manière, mais qui ont des sens et s'écrivent en général différemment.** Selon les régions et les milieux, on ne distingue pas la prononciation du a de **sabord** de celui de **sablon**, du o de **ballot** de celui de **programme**, du e de **touché** de celui de **progrès**. Il fallait donc négliger certaines variantes de prononciation et réunir par exemple non seulement **ra** et **rat** d'une part et **ras** et **raz** d'autre part, mais les quatre mots, et ce en vertu de la proximité éventuelle de la prononciation. Le *Bescherelle 2* n'a d'autre ambition que de permettre la consultation à partir de la prononciation présumée d'un mot connu.

Lorsque le consultant connaît un seul mot parmi les homonymes, par exemple **pélagien** ou **pélasgien**, il doit trouver dans l'Index de quoi choisir : **pélagien** comme **pélagique** pour ce qui est relatif à la haute mer ; **pélagien** pour ce qui dérive, comme le **pélagianisme**, des doctrines du moine breton du Vᵉ siècle, Pélage ; mais **pélasgien** ou **pélasgique** pour ce qui concerne les Pélasges, un peuple de l'Antiquité préhellénique.

Donner la définition des deux mille homonymes retenus eût rempli le livre et dépassé sa finalité. En revanche, il fallait mettre **des mots en situation** pour permettre de reconnaître l'identité de ce que l'on cherche, et de retenir son orthographe. C'est pourquoi l'Index fournit, de la manière la plus économique, des emplois qui se retiennent aisément.

Les verbes et leurs formes étant présentés par le *Bescherelle 1*, l'Index se limite à une brève anthologie des verbes homonymes, mais évoque avec plus de prodigalité la rencontre de formes verbales avec des mots autres que des verbes, par exemple **le bois** et **il boit**, sans oublier **tu bois** !

Les homonymes dus au genre et au nombre ne sont évoqués dans le Dictionnaire orthographique du *Bescherelle 2* que pour les féminins et les pluriels rares et irréguliers.

Exemple : [kur]

verbe	adjectif	nom
je ⎫ cours	court	la cour pavée
tu ⎭	courts	la Cour de justice
que je ⎫ coure		la chasse à courre
il ⎭		le cours d'eau
que tu coures		le cours d'orthographe
qu'ils courent		le capitaine au long cours
cours !		le court de tennis

On trouvera dans les **88 rubriques** divers types de regroupement d'homonymes, par exemple selon la présence ou non d'une syllabe muette (45) à l'intérieur du mot, ou selon l'existence d'un -e en finale (33). Dans les cas simples, un titre donne la clef de la rubrique (9, 60). Si, souvent, les familles d'homonymes paraissent dépareillées, c'est qu'on a voulu favoriser au maximum la mémorisation, fût-ce en sautant du coq à l'âne.

1

Les verbes homonymes sont rares. En voici cependant quelques-uns :

aurifier une dent
horrifier et terrifier

buter contre un gros caillou
butter les carottes
(*au sens d'**assassiner** ou de **viser à**,
on peut écrire **buter** ou **butter** !*)

caner devant l'obstacle
canner un fauteuil
(*au sens populaire de **mourir**,
on rencontre **caner** et **canner** !*)

chaumer après la moisson
chômer en période de crise

choper un rhume
chopper, comme achopper, heurter

compter les coups
conter fleurette

dégoûter les convives
dégoutter de la voûte

délacer les chaussures
délasser le public

desceller une grille
desseller un cheval
(*mais **déceler** une inexactitude !*)

détoner avec un bruit inouï
détonner dans un décor discret

enter un arbre fruitier
hanter les mauvais lieux

épicer la matelote
épisser deux cordages

fréter un cargo
fretter un tube

goûter la soupe
goutter comme un robinet

lacer une chaussure
lasser ses admirateurs

panser une plaie
penser à l'avenir

pauser sur les finales
poser des jalons

taler les pommes
taller comme une mauvaise herbe

sceller une amitié
seller une mule
(*celer une tare, mais attention :
il **scelle**, il **selle**, il **cèle** !*)

teinter une feuille de papier
tinter le glas

vanter les mérites
venter et pleuvoir

2

Dans certains cas, on observe de légères différences de prononciation :

aller et venir
hâler la peau au soleil
(***haler**, dans **haler** une péniche,
s'entend avec **a** antérieur
ou postérieur !*)

la **bailler** belle
bayer aux corneilles
(***bâiller** d'ennui, **baîller** comme une
huître, confusion fréquente !*)

exaucer des prières
exhausser une digue

mater la mutinerie
mâter une frégate

pécher par omission
pêcher au harpon

résonner sourdement
raisonner lourdement

roder les soupapes
rôder dans les parages

tacher un pantalon
tâcher de le nettoyer

Quelques rares verbes différents s'écrivent et se prononcent de la même manière, et se conjuguent pareillement :

mater aux échecs	**ravaler** sa salive
mater (*aussi matir*), dépolir	**ravaler** une façade

Au sein de la conjugaison, certaines « formes différentes » s'écrivent et se prononcent de la même manière :

finissions	à l'imparfait ou au subjonctif présent
finit	au présent ou au passé défini
viens	à la première ou à la deuxième personne

Plus fréquentes sont les « formes différentes » d'un même verbe qui se prononcent de la même manière, mais qui s'écrivent différemment :

fais / fait	**ferais / ferait / feraient**	**ferons / feront**
bu / bus / but	**eu / eue / eus / eues / eus / eut / eût**	
fermer / fermé(s) / fermée(s) / fermai		
voire **fermais / fermait / fermaient**		

Peuvent se rencontrer ainsi des formes différentes de verbes différents :

es / est	**ai / aie / aies / ait / aient**	**hais / hait**

Ces homonymes partiels ou accidentels ne posent guère de problèmes dans la mesure où on peut retrouver l'infinitif par simple transformation et consulter alors le *Bescherelle 1*, par ex. **font** *mal* → *vont faire mal* et **fond** *au soleil* → *va fondre au soleil* :

allaite (< allaiter)	**poliçaient** (< policer)
halète (< haleter)	**polissaient** (< polir)
cru (< croire)	**serre** (< serrer)
crû (< croître)	**sert** (< servir)
dore (< dorer)	**sucent** (< sucer)
dort (< dormir)	**sussent** (< savoir)
lie (< lier)	**teint** (< teindre)
lit (< lire)	**tint** (< tenir)
pare (< parer)	**vainc** (< vaincre)
part (< partir)	**vint** (< venir)

Il arrive que des formes différentes de verbes différents aient même écriture et même prononciation :

murent (< murer ou < mouvoir)   **visse** (< visser ou < voir)

Lorsque le verbe est utilisé comme un nom, ce peut être l'infinitif ou l'un des participes qui est « substantivé », p. ex. *le lever et le coucher du soleil, on peut apporter son boire et son manger, l'être et l'avoir, le sourire* est-il de la famille de *rire* ? Oui, mais ce n'est pas le cas pour :

le **boucher** / **boucher** un trou dans le plafond
le **cocher** / **cocher** un article sur une liste
le **noyer** / **noyer** le poisson
le **pêcher** / **pêcher** au filet

Attention :
le **carrier** / **carier**
le **palier** / **pallier**
houiller / **ouiller**

Dans de nombreux noms et adjectifs, on reconnaît le verbe (participe) :

haché	armée	allant	aiguisé	agaçant
inné	dictée	battant	associé	angoissant
intitulé	entrée	démaquillant	cité	barbant
négligé	fumée	exploitant	consolidé	chantant
obligé	jetée	habitant	fourré	consistant
opéré	levée	levant	léché	harassant
passé	montée	négociant	rabattu	insultant
préjugé	pensée	passant	sacrifié	parlant
réfugié	portée	remplaçant	surmultiplié	probant
tracé	tranchée	restant	tassé	tonitruant

Mais les finales en **-é, -ée** et **-ant** ne renvoient pas toutes à un verbe. *Le carré* et *la carrée* remontent à un ancien participe passé, de même que *le curé*, contrairement à *la curée*. Mais *le musée* et *la cité* n'ont rien à voir avec les verbes *muser* et *citer*, pas plus que les mots *fossé, côté, beauté, athée* et *ailé* avec les verbes *fausser, coter, botter, hâter* et *héler*.

En revanche, certains participes présents ont subi une transformation en devenant nom ou adjectif :

le verbe à l'infinitif	au participe présent	le nom	l'adjectif
affluer	affluant	affluent	
exceller	excellant		excellent
expédier	expédiant	expédient	
précéder	précédant	précédent	précédent
présider	présidant	président	
somnoler	somnolant		somnolent
négliger	négligeant		négligent
communiquer	communiquant		communicant
fabriquer	fabriquant	fabricant	
suffoquer	suffoquant		suffocant
vaquer	vaquant		vacant
fatiguer	fatiguant		fatigant

Sur le modèle de *piquet* / *piquais, piquait, piquaient*, par rapport à des verbes en *-er* :

boulet	couplet	hochet	piquet	sommet
braquet	croquet	jouet	ricochet	tiret
briquet	fausset	livret	rivet	tranchet
cabriolet	flageolet	maillet	rouet	troquet
cornet	fumet	muret	signet	volet

Mais ne relèvent pas de ce modèle : *le foret* et *la forêt/forais ; le sonnet/saunais* et *sonnais ; le beignet/baignais ; le lacet/ laçais* et *lassais.*

Sur le modèle de *le pinçon* (marque sur la peau pincée), homonyme du passereau (*le pinson*), par rapport à *nous pinçons* (du verbe *pincer*), avec ou sans parenté de sens :

agression nocturne	quelle **mission**	un **glaçon**	une **somme**
nous **agressions**	que nous **missions**	nous les **glaçons**	nous y **sommes**
un **avion** à réaction	une **passion** fatale	du **savon** noir	le **tien**
nous **avions** peur	nous **passions**	nous le **savons**	**tiens** donc !

Sur le modèle de la *joue/il joue, tu joues, ils jouent* ou de *le chiffre/il chiffre, tu chiffres, ils chiffrent*, qu'il s'agisse de noms masculins ou de noms féminins, qu'il y ait ou non parenté sémantique entre le nom et le verbe :

abîme	chicane	enseigne	happe	pince
adresse	chope	enveloppe	hâte	pioche
agence	cloche	esquisse	hausse	porte
aide	colle	étoffe	jeûne	pose
amarre	concurrence	étrenne	lance	pratique
amorce	contrôle	fabrique	latte	prêche
attrape	cote	finance	leurre	presse
avance	crotte	flotte	lie	prône
balafre	dalle	force	mise	râle
balance	date	frappe	nappe	râpe
baratte	débauche	gâche	natte	rime
bascule	dispute	gaine	nippe	romance
bêche	distance	gare	note	rouille
blâme	divorce	gêne	œuvre, *m*	sape
botte	donne	gifle	œuvre, *f*	scie
brosse	dupe	gîte, *m*	pause	souffle
bûche	ébauche	gîte, *f*	paye	tonne
cale	échoppe	goutte	peigne	traite
capote	écope	graisse	peine	tremble
censure	enquête	grippe	pilote	vote

On trouve des homonymes de même statut parmi les adjectifs, par exemple : *corse(s)/corse, corses, corsent ; intègre, inverse, lâche, pratique.*

13

Sur le modèle de *le **pleur** / il **pleure**, tu **pleures**, ils **pleurent**,* on a par exemple :

ajour	clou	entour	labour	transit
appui	dot	flair	lof	tri
bluff	éclair	fleur	soupir	trou

14

On ne confondra pas :

la semaine du **cuir**
cuire un œuf

les miens, **voire** les tiens
voir le jour

le **visa** expiré
quoi qu'il **visât**

hum ! et **hem** !
hume et **aime**

tous et **but**
tousse et **bute**

le **verrat**
il **verra** bien

le **soir** venu
seoir qui donne sied

15

Dans les paires d'homonymes qui suivent, on n'a pas tenu compte des variantes de la conjugaison des verbes (*réveillent*) ou du pluriel des noms (*réveils*) :

une gousse d'**ail**
qu'il y **aille**

une **arête** de poisson
le train s'**arrête**

une **boîte** de carton
ce cheval **boite**

un **site** historique
il le **cite** à tout propos

dyne (unité de force)
qui dort **dîne**

un **emploi** inespéré
il **emploie** vingt personnes

du **flou** artistique
il **floue** son partenaire

le **four** électrique
il y **fourre** tout

le **loup** est là
elle **loue** une voiture

un **métis** brésilien
il **métisse** des plantes

du **nard** indien
il **narre** son enfance

une **noix** de coco
il s'y **noie**

de la **peille** à papier
on la **paye**

de la **perce** déliçate
il **perce** la foule

un **plaid** écossais
il **plaide** coupable

un **pouf** confortable
il **pouffe** de rire

un saut de **puce**
pusse (de *pouvoir*)

le **réveil** sonne
la sonnerie **réveille**

le **soufre** se sent
on en **souffre**

un(e) **tachine** (*mouche*)
on te **taquine** ?

le **trafic** intense
est-ce qu'il **trafique** ?

l'économie de **troc**
on **troque** et on rêve

Parfois, l'homonymie ne met en jeu qu'une seule forme verbale, p. ex. *la lyre du poète/lire un livre, bioxyde de chlore/clore le bec aux importuns;* parfois, on rencontre des variantes d'un côté, par ex. *le chat et la souris/tu me souris* et *je te souris, il leur sourit, ils lui sourient.* Assez souvent, il se présente des variantes du nom et du verbe, par ex. en face de *air, airs, aire, aires, erre, erres, haire, haires, hère* et *hères ; erre, erres, errent* !

ne pas bouger le petit **doigt**	il prit la **faux** avec son air **faux**
il te **doit** une fière chandelle	il **faut** éviter les fautes
il n'y a **plus** rien à faire	**on** n'en peut plus
il **plut** comme au déluge	ils n'**ont** plus de force
quel en est le **prix** de revient	le **riz** bien cuit ne colle pas
on leur **prit** tous leurs livres	la vache ne **rit** pas
le fameux petit chapeau **rond**	**son** sac de **son** pesait lourd
on ne **rompt** pas un serment	les bons exemples **sont** brefs
une **taie** d'oreiller brodée	le **tapis** volant des légendes
son ara se **tait** rarement	la lionne se **tapit** dans les herbes
le **vernis** montrait des craquelures	il fit le **vœu** de ne plus boire
le temps ne **vernit** pas tout	il ne **veut** plus rien boire

Les homonymes sont évidemment plus fréquents au sein des familles de mots, par ex. entre des noms et adjectifs issus de verbes et des formes verbales :

exclu	exclut	fini	finit	mue	mût	produit	produis
extrait	extrais	inclus	inclut	oint	oins	rôti	rôtit
fait	fais	joint	joins	ouïe	ouïs	rôtie	rôtis

Parfois, la provenance verbale est voilée, par ex. le participe passé dans *le recru de la dernière coupe* et *recru de fatigue;* parfois cependant la compréhension n'évite pas la confusion, par ex. *bien mal acquis* et *par acquit de conscience.* La différence de sens aide parfois à retenir une différence d'écriture : *la suie peut s'enflammer/je suis inquiet. Saie,* au féminin, peut signifier *un tissu* ou *une brosse,* ce sont deux mots différents, *je le sais.* L'assemblage mnémotechnique peut aider : *un pan du drap pend par terre.*

Les difficultés concrètes croissent lorsqu'en face de formes verbales d'un seul verbe, on a déjà tout un groupe de mots homonymes, ou inversement, des formes verbales issues de verbes différents en face d'un mot non verbal. Enfin l'embarras du choix devient extrême lorsque plusieurs formes de divers verbes s'opposent à divers mots et à leurs variantes. Les trois tableaux suivants présentent des regroupements de ce genre, mais sans offrir de contexte, les homonymes non verbaux étant repris plus bas. Voici cependant trois exemples explicites :

mauvais **signe** ⎫
cygne noir ⎭ ils **signent**   l'**ais** du relieur ⎰ qu'il **ait** ce qu'il demande
⎱ il **est** temps de terminer

un bon petit **cru** ⎫
la **crue** du Nil ⎬ on n'en **crut** pas un mot ⎫
la viande **crue** ⎭ moi aussi, j'ai **cru** cela ⎬ (<*croire*)
la rivière **crût** encore ⎭ (<*croître*)

atèle attelle	attellent	gauss gosse	gausse	pic pique	piquent
bah ! bas bât	bat	lai laid lais lait	laye	plaid plaie	plais
bourg bourre	bourrent	lice lis lisse lys	lissent	plastic plastique	plastiquent
boue bout	bous			pli plie	plient
sain saint sein seing	ceint	maître mètre	mettre	rauque roc roque	roquent
chaud chaux show	chaut	mi mie	mis	roue roux	rouent
cou coup coût	couds	maure mors mort	mord	sang sans cent	sent
crac crack craque krak	craquent	mou moue moût	mouds	soi soie	sois
étain éteint	éteins	ni nid	nie	saur sore sort	sors
faîte fête	faites	noue nous	nouent	ter terre	taire
face fasce	fasse	haute hôte	ôte	tan tant taon temps	tend
faim feint fin	feins	parti partie	partit	tic tique	tiquent
fil file	filent	peine pêne penne	peine	taure tors tort	tord
for fors fort	fore	pain peint pin	peins	vaux veau vos	vaut
frai frais fret	fraye	pair paire père pers	perds	van vent	vend
		peu peuh !	peut	voie voix	voit

croix	{ **croit** (croire) **croît** (croître)		**prix**	{ **prie** (prier) **pris** (prendre)
étang	{ **étend** (étendre) **étant** (être)		**pus**	{ **pue** (puer) **put** (pouvoir)
fer	{ **faire** (*infinitif*) **ferre** (ferrer)		**teinte**	{ **teintes** (teindre) (teinter) **tinte** (tinter)

bail **baille**	} { **baillent** (bailler) **bâillent** (bâiller) **bayent** (bayer)	**mur** **mûr** **mûre**	} { **murent** (mouvoir) **murent** (murer)
but **butte**	} { **butes** (buter) **bûtes** (boire) **buttes** (butter)	**par** **part** *m* **part** *f*	} { **pare** (parer) **part** (partir)
cerf **serre** **serf**	} { **serre** (serrer) **sert** (servir)	**celle** **sel** **selle**	} { **cèle** (celer) **scelle** (sceller) **selle** (seller)
compte **comte** **conte**	} { **comptent** (compter) **content** (conter)	**teint** **tin** **thym**	} { **teins** (teindre) **tins** (tenir)
fond **fonds** **fonts**	} { **fonds** (fondre) **font** (faire)	**vain** **vin** **vingt**	} { **vaincs** (vaincre) **vînt** (venir)
lut **luth** **lutte**	} { **lutent** (luter) **luttent** (lutter)	**vice** **vis**	} { **visses** (visser) **visses** (voir)

Le jeu des variations de forme selon le temps, le mode, la personne, le genre et le nombre conduit à des identités orthographiques fortuites, qu'il y ait ou qu'il n'y ait pas parenté de sens :

la vogue du **bois** blanc
je ne **bois** que de l'eau et du lait

est-ce un vrai kilt **écossais** ?
j'**écossais** des petits pois

une sauce **prête** à servir
prête-moi ce livre !

une **serre** tropicale
ce ceinturon me **serre** trop

de la cendre de **soude**
il **soude** les fils

un bruit **sourd** à la cave
l'eau **sourd** doucement de la paroi

la **souris** et le rat
est-ce que tu **souris** de la fable ?

le vol à la **tire**
il se **tire** mal d'affaire

la **voie** était enfin libre
mes lunettes, que je **voie** mieux !

à **tu** et à toi
il s'est **tu**

perdre une fortune au **baccara**
boire dans des flûtes de **baccarat**

le premier concerto en **fa** majeur
on prononce parfois le **t** de **fat**

l'heure de **ta** chance
un **tas** d'ennuis

et voici le paon et sa **paonne**
tomber régulièrement en **panne**

une énorme **tache** noire
la **tâche** quotidienne

l'hérésie **pélagienne** du V⁰ siècle
des vestiges **pélasgiens** préhelléniques

bah ! la chance finira bien par tourner !
le plafond des nuages était bien **bas**
l'économie du **bas** de laine
c'est là que le **bât** blesse !

le chat de **ma** voisine m'a griffé
un **mas** provençal (*-s parfois prononcé*)
le **mât** ne résista pas à l'ouragan

une robe de **bal** d'il y a cent ans
on écrit **bale** ou **balle** d'avoine
saisir la **balle** au bond
défaire une **balle** de coton

un fort en **math**, ou en **maths** !
échec et **mat**, en trois coups !
le fard **mat** fait la peau **mate** !

le **cal** de la paume (> callosité)
traverser à fond de **cale**
mettre une **cale** sous les roues

bien **mal** acquis ne profite jamais !
la politique du pire est un **mal**
les secrets de la **malle** du grenier
un vieux **mâle** solitaire

le **fard** a au moins l'âge des pyramides
le bon **fart** dépend de la neige
le **phare** d'Ouessant est puissant

lire dans le **marc** de café
les canards avaient leur **mare**
« Y en a **marre** ! » est familier

le **gal** mesure l'accélération (< Galilée)
on dit mauvais comme une **gale**
la noix de **galle** est riche en tanin

aux échecs, le **pat** entraîne la nullité
une **pâte** plus ou moins molle
traîner la **patte** les jours de pluie

car le **car** n'avait pas attendu
la **carre** du ski
un **quart** de litre

ça, c'est vilain (= *cela*)
çà et là, des arbres abattus
le regret de **sa** vie
le **sas** du satellite était bloqué

une bonne **cache**
un **cache** de photographe
payer **cash**

on dit parfois **flache** pour flaque
une **flache** dans le pavé
un **flash** électronique

l'enfant de **la** balle
je ne **la** vois pas arriver
elle ne vient pas par **là**

lacs et entrelacs
las d'avoir tant hésité
un **la** bémol

le **norois** (ou **noroît**) soufflait
un texte **norois** (ou **norrois**)

c'est **moi** qui vous le dis !
la fin du **mois** sera difficile
la **moye** (ou **moie**) de la pierre

ici, cela va de **soi** : on reste chez **soi**
un ruban de **soie**
soi-disant se compose de **soi** et de disant
une tonne, **soit** mille kilogrammes

il gardait la **foi** du charbonnier
son **foie** le faisait souffrir
il était une **fois**

nous, **toi** et moi
un **toit** de chaume à refaire

dans le sens du **poil**
les cordons du **poêle**
la **poêle** à frire
le **poêle** à mazout
aussi : le **poële** à mazout

une **voie** à sens unique
une **voix** éraillée et rauque

fermer le **ban**
mettre au **ban** de la nation
un **banc** de sable
un **banc** d'essai
un **banc** d'huîtres
un **banc** de jardin
publier les **bans**

le **flan** est encore au four
en rester comme deux ronds de **flan**
deux goélettes, **flanc** à **flanc**
à **flanc** de coteau
le **flanc** gauche de la brigade
prêter le **flanc** aux critiques
un tire-au-**flan**

un **pan** de son manteau
le **paon** faisait la roue

un **radian** est une unité de mesure
l'astronome scrutait le **radiant**
un ciel **radiant** (= *rayonnant, radieux*)

l'**autant** est un vent orageux
travaillez **autant** qu'il le faudra !

ce **tyran** semait la terreur
le **tirant** d'eau

le **cadran** de l'horloge
le **quadrant** est un quart de cercle

le **varan** est carnivore
le **warrant** est un effet de commerce

avoir un **plan** en tête
le **plan** de la localité
un miroir **plan**
un **plant** de tomates

le **tan** sert à préparer le cuir
le **taon** ne pique pas, il mord
tant s'en faut
tant pis ou **tant** mieux ?
en aura-t-on le **temps**
le **temps** s'améliorait
le **temps** du verbe

le **k(h)an** fit lever le **camp**
quand les animaux parlaient
quant à moi, je m'en vais !

une **mante** religieuse
une **menthe** à l'eau

le (ou la) **sandre** du Rhin
le feu sous la **cendre**

un **différend** les opposait
un aspect **différent**

il voulait lire un **roman** historique
un chapiteau **roman**
le pays **romand** sur la rive du Léman

payer **comptant**
il avait l'air **content**

un vieux peintre **flamand**
parlez-vous le **flamand** ?
le **flamant** est rose, écarlate ou noir

un **marchand** forain
le prix **marchand**
en **marchant** lentement

l'**ordinant** ordonne l'**ordinand**

en l'**an** mille
han ! fit le bûcheron

l'**amande** est riche en huile
faire **amende** honorable
être mis à l'**amende**
payer une bonne **amende**

lever l'**ancre**
une tache d'**encre**

un **antre** de bête féroce
entre deux portes

le premier dimanche de l'**avent**
les roues **avant**
l'**avant** du navire
avant l'orage

passer **commande**
il avait une abbaye en **commende**

une **danse** populaire
un brouillard très **dense**

un **pante** absolument quelconque
un toit en **pente** douce

un manoir au centre de son (sa) **manse**
la **mense** abbatiale n'était pas maigre

une vieille **tante** charmante
planter sa **tente** le **tente** toujours

le **van** du cheval de course
on vannait avec un **van** en osier
le **vent** se leva derechef

un **vantail** d'armoire tout vermoulu
le **ventail** laisse passer l'air, le vent

le **champ** de bataille
le **chant** du cygne

sans doute **cent** centilitres de **sang**

demander l'**aman** à l'**amman**
l'**amant** et sa maîtresse

les bonnes **gens**
les **gens** heureux
la **gent** ailée
un **jan** de trictrac

à son grand **dam**
il a perdu une **dent**
il la retrouva **dans** l'assiette

un **lob** superbe décida du set
le **lobe** de l'oreille

un **raid** aérien
tomber **raide** mort
une pente très **raide**

on arrêta le cerveau du **gang**
la **gangue** des épaves

un **fan** est toujours fanatique
la **fane** de radis ne se mange pas

un **group** avait disparu du sac postal
le **groupe** de tête ralentit

au quatrième **top**
tope ! j'accepte le pari

chut ! murmura-t-il
en **chute** libre
la **chute** des cheveux

le vent d'**est**
este se dit parfois pour estonien

les réserves de **gaz** naturel
l'infirmier demandait de la **gaze**

chaque cheval avait son **box**
les **boxes** de l'écurie de course
la **boxe** française

au terme **préfix**, nota le greffier
le **préfixe** s'oppose au suffixe

l'appareil **reflex** est plus précis
son **reflex** a deux objectifs
c'était un mouvement **réflexe**
il a eu un bon **réflexe**

le **mess** des officiers
une **messe** basse

le **strass** miroite au soleil
une poupée bourrée de **strasse**

un robre se dit parfois un **rob**
le **rob** a la consistance du miel
une **robe** de mariée

jouer au **golf**
le port se trouve au fond du **golfe**

tram est l'abréviation de tramway
un tapis usé jusqu'à la **trame**

maintenir le **cap**
une **cape** de matador

on mourait facilement du **croup**
la **croupe** du cheval

du champagne **brut** ou du sec ?
une véritable **brute**, cet ivrogne !
en poids **brut** ou en poids net ?

un **digest** peut être indigeste
les jurisconsultes discutaient du **digeste**
la bouillie d'avoine est **digeste**

lâcher du **lest**
avoir la main **leste**

le **rot** est une maladie de la vigne
la **rote** est un tribunal ecclésiastique
les cordes de la **rote** étaient pincées

1 **lux** = 1 lumen par mètre carré
avec un grand **luxe** de détails
le commerce des articles de **luxe**
les lois somptuaires combattaient le **luxe**

le **boss** avait perdu l'initiative
la **bosse** du dromadaire
une **bosse** de ris

un coureur de **cross** (-country)
la **crosse** de l'évêque
à qui cherches-tu des **crosses** ?

un **mas** à restaurer
une **masse** de documents

un argument **capital**
la peine **capitale**
le **capital** souscrit
la **capitale** fédérale

un **étal** de boucher
le vent **étale**
l'**étale** de la marée
la mer était **étale**

cela ne tient qu'à un **fil**
une longue **file** d'attente

le manteau **impérial**
une barbe à l'**impériale**
un autobus à **impériale**

le **vol** à voile
le **vol** à la tire
réussir la **vole** aux cartes

un produit **volatil**
un **volatile** lourdaud

le **spath** fluor
une **spathe** gauloise

faire un point **consol**
la **console** de l'orgue

le **drill** est un grand singe
un joyeux **drille**
forer à la **drille**

le **merl** se dit aussi maërl
siffler comme un **merle**

un vrai **régal**
l'eau **régale**
le **régale** de l'orgue (voix humaine)
la **régale** temporelle

un **troll** de légende
chasser le cerf à la **trolle**

le **viol** des consciences
un joueur de **viole** de gambe

un ressort **spiral**
un **spiral** de montre
la **spirale** d'Archimède
grimper en **spirale**

le **tir** à l'arc
la **tire** du blason
une **tire** en mauvais état

vingt litres de **super**
l'ovaire **supère** du lis

réciter un **pater** (noster)
une **patère** comme portemanteau

un **martyr** est un témoin
souffrir le **martyre**

un **polissoir** de bijoutier
une **polissoire** de coutelier

la **féerie** des jardins illuminés
une **férie** était un jour férié

le **heurt** (*cf. heurter*) inévitable se produisit en moins d'une **heure** (*cf. horaire*) : il n'avait pas l'**heur** (*cf. bonheur, malheur*) de leur plaire et ne pouvait servir leurs desseins.

de la **javel** = de l'eau de **Javel**
des **javelles** mises en gerbes

du coton **jumel**
une sœur **jumelle**
une **jumelle** marine
des **jumelles** de spectacle

un **label** de qualité
le **labelle** est un pétale

le vieux jeu de **mail**
une **maille** qui file
sans sou ni **maille**

des grains de **mil**
le **mille** marin
mille neuf cent soixante-dix-huit
je vous le donne en **mille**

le sept **ter** après le sept bis
la **terre** promise

pour rondeau, on disait aussi **rondel**
une **rondelle** de saucisson

le chef **tribal**
une **triballe** de fer

à **vil** prix
un **vil** suborneur
la vieille **ville**

le **col** enneigé
le **col** marin
la **colle** forte
passer une **colle**

un **gram** positif ou négatif
un **gramme** et demi de trop

leur patience a des limites
il ne **leur** parlait plus
leurs idées ne concordaient pas
ce programme n'est qu'un **leurre**

l'**as** de pique
une **asse** (*ou aissette*) est un outil

un docteur **ès** lettres ou **ès** sciences ?
une **esse** est un crochet en S
l'**esse** bloque la roue sur l'essieu

le **rumb** ou **rhumb** est une mesure
d'angle
le **rhombe** est un losange

pas d'ailloli sans **ail**
au pluriel : les **ails** ou les aulx
aïe ! cela fait mal

le **goal** de l'équipe anglaise
la **gaule** du pêcheur

le **kermès** vit sur un chêne
la **kermesse** du village

las ! = hélas !
de guerre **lasse**
avoir les jambes **lasses**

il a perdu une **vis**
l'horreur du **vice**
le **vice**-président

l'**abbé** de la paroisse
l'**abée** du moulin

ce **tramp** ne trouvait plus de fret
la **trempe** de l'acier

le rivage du **lac**
la **laque** est tirée du laquier
le ou la **laque** de Chine

la porte claqua, **clac** !
un chapeau **claque**
en avoir sa **claque**
une tête à **claques**

flac ! le voilà à l'eau
une **flaque** d'eau

avoir le **trac**
tout à **trac**
la **traque** du grand gibier

au mort de ramasser le **trick**
sec comme un coup de **trique**

le **foc** faseillait
le **phoque** plongea

ce n'est que du **toc**
une **toque** de fourrure

du dernier **chic**
mâcher sa **chique**
la **chique** est une variété de puce

le **pic** épeiche
à coups de **pic**
le **pic** du Midi
tomber à **pic**
la **pique** du picador

un **tic** nerveux
la **tique** est un insecte parasite

le **brick** appareilla
de **bric** et de broc
le **bric**-à-brac
une **brique** romaine
un teint **brique**

le **soc** de la charrue
le **socque** et le cothurne

l'économie du **troc** est rudimentaire
la **troque** (*troche*) est un coquillage

le **pâté** du chef
la **pâtée** du chien

un **jeté** battu
épaulé et **jeté**
un **jeté** de table imprimé
la **jetée** du port
une **jetée** flottante

le **pavé** de l'ours
tenir le haut du **pavé**
avoir un **pavé** sur l'estomac
la **pavée**, digitale (< *papyrus* !)

ne tirez qu'au **visé** !
la ligne de **visée**
ses **visées** rendaient sceptique

le **curé** de village
sonner la **curée**

la diagonale du **carré**
la **carrée** du lit
la **carrée** valait deux rondes
vingt mètres **carrés**
des voiles **carrées**

un petit verre de **poiré**
les côtes de **poirée** étaient trop cuites

la nouveauté du Salon : un **coupé**
sobre
le marin grimpa l'échelle de **coupée**

un petit **rosé** de Provence bien frais
la **rosée** des beaux matins d'automne

sa cousine **germaine**
le **germen** s'oppose au soma

émail de gueules à **pairle** d'azur
une **perle** de culture

la région **palmaire** interne de la main
mesurer une épaisseur au **palmer**

il ne fait pas encore **clair**
le **clerc** de notaire

laitance se dit parfois **laite**
un mot **lette** (= *letton*, *lettique*)

une **marraine** de guerre
les **marennes** sont élevées à
Marennes

il passait pour un mauvais **maître**
le **mètre** cube est une unité de
volume

la **plaie** s'est infectée
le **plaid** se transforma en querelle

ce spectacle est vraiment **surfait**
le **surfaix** du harnais était usé

le visage **défait** (la mine défaite)
le second tirage comportait un **défet**

une **taie** d'oreiller brodée
un **têt** à rôtir de chimiste (ou *test*)

un morceau de **craie** de couleur
l'éboulement d'un **crêt** pourri

au mois de **mai**
de la pâte pétrie dans la **maie**
mais quel **mets** délicieux !
la **maye** débordait d'huile

la mode des casaques copie le **sayon**
le **seillon** est un baquet peu profond

le relief **glaciaire**
fermer hermétiquement une **glacière**

un vrai **repaire** de brigands
le clocher servait de point de **repère**

tout **trait** n'est pas pertinent
très n'accompagne jamais un verbe

apprécier l'**épair** à contre-jour
l'araignée des jardins s'appelle **épeire**

la morne **plaine** de Waterloo
la coupe n'était pas **pleine**

un **saigneur** de porcs
à tout **seigneur** tout honneur

une tentative probablement **vaine**
la **veine** porte conduit au foie
une **veine** de quartz

être sûr de son **fait**
un **fait** divers
c'est une question de **fait**
succomber sous le **faix** des charges

les ormes de l'**ormaie** (ou *ormoie*)
l'**ormet** est comestible *(haliotide)*

une **chaîne** d'arpenteur
le **chêne** de la fable

être toujours à la **traîne**
la **traîne** du manteau impérial
le **thrène** des funérailles de Périclès

c'est la saison du **frai**
le **frai** ôtait leur poïds aux écus
allez prendre le **frais**
du poisson **frais**
on déchargeait l'avion de son **fret**

ne dire **amen** qu'à bon escient
un ton peu **amène**

son rire était **amer**
la brume lui cachait l'**amer**
une déception **amère**

un os de **seiche**
la **seiche** ridait le lac
la marée recouvrit la **sèche**
rester en panne **sèche**

la **seime** handicapait son cheval
quel **sème** distingue soupe de
potage ?

la **guerre** et la paix
il n'y avait **guère(s)** d'espoir

la Vénus callipyge — aux belles **fesses**
les **fèces** se déposent comme la lie

le **yen** est une monnaie forte
une **hyène** rôdait dans les parages

il prit le train **express**
la lettre **exprès** se perdit en route

le **brai** est un sous-produit du pétrole
les Romains ne portaient pas de
braies

le **genet** est un cheval de petite taille
le **genêt** sert à faire des balais

un **balai** de bruyère
les reflets violacés d'un rubis **balais**
une étoile du corps de **ballet**

la **bête** ne lâcha pas prise
la **bette** *(ou blette)* est un bon légume

boire un bock d'**ale**
elle admirait l'**aile** de l'hirondelle

la **velte** faisait dans les huit litres
le **veld(t)** est une steppe

éprouver de la **gêne**
le **gène** récessif

une toile sans **apprêt**
après l'orage

une **forêt** de haute futaie
un **foret** à mèche de tungstène

le **cep** avait résisté au gel
le **cep** (ou **sep**) maintient le soc
le **cèpe** (ou **ceps**) est comestible

le **serf** maudissait le **cerf**
la **serre** tropicale du jardin botanique
les **serres** de l'aigle

tel maître, **telle** classe
ce **tell** intriguait les archéologues

se mettre en **selle**
ceux et **celles** qui hésitent à vivre
un régime sans **sel**

la **mère** du **maire** est en **mer**

j'ai vu un **geai** à un **jet** de pierre
d'un noir luisant de **jais**

la **fête** des têtes bien **faites**
il grimpa au **faîte** de l'arbre

l'**alène** du cordonnier
on dit **allène** pour allylène (C_3H_4)
l'**haleine** fétide

un **bel** oiseau et une **belle** fleur
recommencer de plus **belle**
Venise nomma un nouveau **baile**
un **baïle** se dit parfois un **bayle**

faire de la **lèche** est méprisable
on appelle **laiche** ou **laîche** le carex

la **reine** tenait les **rênes** du **renne**

[ɛ] = e ouvert (air)	[e] = e fermé (été)
un brouillard épais	un coup d'**épée** dans l'eau
le parfum de la reine des **reinettes** cette pomme s'écrit aussi **rainette**	le bourrelier avait égaré sa **rénette**
mon grand-père avait le cœur **gai** avoir l'œil et l'oreille au **guet** il fit frire un hareng **guai(s)**	il suffit de passer le **gué**, ô **gué** !
la fin de la **pairie** héréditaire	le **péri** est un génie, la **péri** une fée la **paierie** générale de Périgueux
une simple **claie** entre deux jardins	il avait perdu la **clé** à molette il cherchait en vain la **clef** du mystère on peut écrire **clef** ou **clé** partout
un fruit **blet** n'est pas appétissant	manger le **blé** en herbe
le **grès** rose des Vosges	au **gré** de sa fantaisie
près de la frontière toujours **prêt** un **prêt** d'honneur	les perce-neige émaillaient le **pré**
la visite des **chais** donne soif	tout près de **chez** nous
la niche écologique des **marais**	à chaque siècle sa **marée**
un **palais** d'allure vénitienne le **palet** fut détourné du but	un écu **palé** sable et argent
un **raisonnement** déductif	on dit plutôt résonance que **résonnement**

[ɛ] = e ouvert (air)	[e] = e fermé (été)
l'**archet** du violoniste	l'**archée** des alchimistes l'**archer** d'avant l'arbalète
un **cochet** est un coquelet ou cochelet	un **cocher** de fiacre de Vienne
une roue à **rochet** un **rochet** de cérémonie	à flanc de **rocher** un **rocher** énorme barrait le sentier
c'était un **gourmet** gourmand	le candidat avait un maintien **gourmé**
un fidèle **valet** de chambre	une **vallée** fertile
le **goulet** de la rade	boire une bonne **goulée** au goulot
un **feuillet** était imprimé à l'envers	creuser les **feuillées** aux manœuvres
un assemblage de menuiserie en **onglet**	à l'aube, il avait l'**onglée**
à la force du **poignet**	la **poignée** de la fenêtre une **poignée** de mécontents
un **sachet** de graines	une **sachée** (= *un sac*) de thé

44

une âme bien **née**
le **nez** de Cyrano

tirage de luxe sur **vergé**
le **verger** en fleurs

le **phénix** est un oiseau fabuleux
le **phœnix** est un palmier ornemental

té ! marque la surprise *(comme* **tiens** !)
tracer ses parallèles au **té**
un fer à double **té** (ou T)
une tasse de **thé**

l'enfant **chéri** du destin
le **cherry** est une liqueur de cerise
le xérès se dit en anglais le **sherry**

45

un ours en **peluche**
la corvée de **pluches**

la feuille de la capucine est **peltée**
la dernière **pelletée** de terre

le **serment** de Strasbourg
un **serrement** de la gorge

le **ferment** lactique
ferrement (< *ferrer*) = ferrage
ou ferrure

46

mettre le **lieu** *(colin)* en **lieu** sûr
il y a du **lieu** à une **lieue** marine

un **pieu** de fondation
un homme **pieux** et loyal

peuh ! c'est bien trop **peu** !

faire **feu** de tout bois
les **feux** du firmament
feu la mère de Monsieur
la **feue** princesse

une **queue** de poisson
sans **queue** ni tête
à la **queue** leu leu
Maître **queux** s'est surpassé
aiguiser le couteau sur la **queux**

euh ! vous le savez ! mais **eux** ?
heu ? une demi-douzaine d'**œufs**
suffiront ?

tu ne **veux** pas défaire ce **nœud** ?

non, **je** ne joue pas à ce **jeu** !

47

le cuir **bouilli** est plus résistant
c'est de la **bouillie** pour les chats

on se l'arrachait à l'**envi**
il ne résista pas à l'**envie** de s'enfuir

le hasard le tira de l'**oubli**
l'**oublie** est faite sans levain

il ne savait pas ne pas dire **oui**
il n'avait pas l'**ouïe** très fine

un **rôti** de veau dans la noix
un œuf poché sur **rôtie**

un **parti** unique est une contradiction
avoir affaire à forte **partie**

une fois que le **pli** est pris !
la **plie** est un poisson plat

on ne peut pas jouer au **rami** sans joker
il s'était tissé une bâche en **ramie**

48

ni l'un **ni** l'autre
un vrai **nid** d'aigle

une barbe bien **fournie**
le **fournil** était encore chaud
vivre et couvert **fournis**

qui sait encore lire le **pali** ?
un **palis** est un pieu de palissade

un **coolie** affamé, mais digne
préparer un **coulis** d'écrevisses
le vent **coulis** est traître

un guépard **tapi** dans les herbes
un accroc au **tapis** de billard

le **vernis** avait terni le portrait
est **verni** ce qui est enduit de **vernis**

un pan de la façade était **décrépi**
un clochard prématurément **décrépit**

l'ex-champion était tombé en **décri**
un paysage souvent **décrit**

un joug trop longtemps **subi**
un renversement **subit** de la tendance

l'**acquis** de la Réforme
par **acquit** de conscience

un **bit** est une unité d'information
un **byte** se compose souvent de 8 bits
une **bitte** d'amarrage

le **cadi** tranchera définitivement
la cliente avait rempli son **caddie**
on fabrique le **cadis** à Cadix

un **cil** s'était glissé sous la paupière
une poterie antique en **sil**
la **scille** ressemble à la jacinthe

prendre un **ris** par précaution
les jeux et les **ris**
la poudre de **riz**
du **ris** de veau
on n'avait jamais tant **ri**

aujourd'**hui** ou dans **huit** jours ?
à **huis** clos

un **li** chinois valait environ 576 m
boire la coupe jusqu'à la **lie**
un **lit** à baldaquin

le **lori** est un perroquet des Indes
le **loris** est un petit singe des Indes
un **lorry** était resté dans le tunnel

un **mir** était une communauté rurale
russe
elle était le point de **mire** de l'assem-
blée
l'or, l'encens et la **myrrhe** des Rois
mages

do ré **mi** fa sol
du pain de **mie**
de l'argent **mis** de côté
ma **mie** ou m'amie !

le nombre π (pi) est incommensurable
la **pie** est jacasseuse et voleuse
de mal en **pis**, de **pis** en **pis** !
le **pis** de la vache

un **puits** creusé par le puisatier
à droite, **puis** à gauche, **puis** tout
droit
un **puy** volcanique du Massif central

on enfonça les pilotis à la **hie**
hi ! **hi** ! riait-elle ou pleurait-elle ?
il **y** en aura assez

l'hérésie **arienne**
l'Inde **aryenne**

la **cime** de l'arbre
la **cyme** du myosotis

le **silphe** s'attaque aux betteraves
le **sylphe** était le génie de l'air

la **satire** politique
le **satyre** des bois

un libelle **satirique**
une danse **satyrique**

un avenir **mirobolant**
du **myrobolan** d'apothicaire

plus une seule **mite** dans le placard
les **mythes** ont la vie dure

un **piton** d'alpiniste
un **piton** rocheux
un **python** réticulé de huit mètres

le **site** offrait une vue panoramique
l'art **scythe** ou scythique

un **signe** des temps
un **cygne** noir

un **whisky** écossais
il avait bu deux **whiskies** de trop
on attela la jument au **wiski**

entrer en **lice**
une fleur de **lis** (ou de **lys**)
une tapisserie de haute **lice**
la **lice** (ou **lisse**) du tisserand
polir le cuir à la **lisse**
un muscle **lisse**

ci-inclus la facture
celui-**ci**
sol la **si** do
que **si** !
si la terre s'arrêtait !
faire la **scie**
sis à flanc de coteau
six francs soixante-six
Il ne faut pas **s'y** fier

un café **maure** (ou **more**)
en prosodie, une **more** vaut une brève
prendre le **mors** aux dents
le renard fait vraiment parfois le **mort**

jeter par-dessus **bord**
le **bore** est un métalloïde
le **bort** est un diamant

le **coq** du poulailler
le **coke** de la chaufferie
la **coque** du navire

la **maurelle** donne un colorant brun
une jument **morelle**
tomate et aubergine sont des
morelles

une côtelette de **porc**
un **pore** obstrué
expédier en **port** dû
rentrer au **port** d'attache

en son **for** intérieur
tout était perdu, **fors** l'honneur
un **fort** en thème
un **fort** des Halles
un gouvernement **fort**
un savant **fort** inquiet
il en doutait **fort**
un **fort** désarmé

une **laure** orthodoxe désaffectée
le Premier **lord** de l'Amirauté
dès **lors** que vous le dites !
lors de son départ à la retraite

le **loch** accusait neuf nœuds
le pharmacien prépara un **looch**
il n'était plus qu'une **loque**
sa pèlerine était en **loques**

un hareng **saur**
les sporanges forment une **sore**
le **sort** lui fut fatal

mettre du **baume** dans le cœur
fixer une retenue de **bôme**

le **bosco** dirigeait la manœuvre
le **boscot** cachait mal sa bosse

l'écorce de **bouleau**
un pain de campagne **boulot**
chercher du **boulot**

la pêche au **cabillaud**
un **cabillot** d'amarrage

la saison du **chaumage**
la réduction du **chômage**

le **chemineau** vagabondait
le **cheminot** vérifiait la voie

une **clause** de sauvegarde
trouver porte **close**

un **cuisseau** de veau
un **cuissot** de chevreuil

le **do** de la clarinette
un **dos** d'âne

une **fausse** couche
la **fosse** aux lions

une voix de **fausset**
tirer du vin au **fausset**
un **fossé** d'irrigation

les eaux se mêlent dans le **grau**
gros comme le poing

Sa **hautesse** le sultan
une **hôtesse** avenante

le **héraut** d'armes
un **héros** de légende

lods et vente rapportaient beaucoup
un **lot** de consolation

recto **verso**
le **verseau** était assez pentu

la **pause** de midi
une **pose** avantageuse

la **peau** de l'ours
la poule au **pot**

le **pineau** des Charentes
du **pinot** noir

jouer du **pipeau**
un candidat **pipo**

le **pureau** humide était friable
un **purot** rempli de purin

la lettre grecque **rhô** s'écrit ρ
bébé doit faire son **rot**
rôt voulait dire rôti

danser un **rondeau** de l'ancien temps
la sonate s'achève sur un **rondo**
enlevé

un **taraud** en acier trempé
tirer les **tarots**

le **tau** grec (τ) s'oppose au thêta (θ)
s'abriter sous le **taud** du bateau
à quel **taux** emprunter ?
il est encore trop **tôt** pour le dire

aller en **taule** (ou en **tôle**)
de la **tôle** ondulée

une course de **trot** attelé
trop d'abondance nuit

le **saut** de carpe
un **seau** d'eau
un **sceau** indélébile
bien **sot** qui se croit sage

confiture de **sureau**
un cheval atteint du **suros**

du **turbot** à l'oseille
une coquille de **turbo**

vos projets vont à **vau**-l'eau
des **veaux** élevés dans les **vaux**

[ɔ] = o ouvert (fort)	[o] = o fermé (l'eau)
une **cosse** de pois	les avens du **causse**
un sale **gosse**	le symbole du **gauss** est Gs
notre seule chance	cette cause est la **nôtre**
ne demandez pas **votre** reste !	à la bonne **vôtre** !
une **pomme** d'api une **pomme** d'arrosoir	la **paume** de la main le jeu de **paume**
une petite **sotte** arrogante	une **saute** d'humeur imprévisible
ne pas être prêt au **top** **tope** ! c'est d'accord **tope** là et compte sur moi !	creuser un tunnel à la **taupe** myope comme une **taupe** une classe de **taupe**
il adorait le rythme **hot** une **hotte** de vendangeur	la **haute** société un **hôte** encombrant
le **heaume** cachait son visage un **home** d'enfants un **ohm** est une unité de résistance	l'**homme** du moyen âge parole d'**homme** !
une pâte **molle** une **molle** résistance une **mole** (= *molécule-gramme*)	le **môle** du port la **môle** est un poisson-lune
le **sol** était détrempé **sol** dièse il n'avait plus un **sol** l'aérosol est un **sol** des filets de **sole** une **sole** de charpente une **sole** en friche	un **saule** pleureur
le **col** du fémur le **col** de l'utérus la peinture à la **colle**	des yeux peints au **khôl** (*kohol, koheul*)
une **côte** mal taillée une **cotte** de mailles	une **côte** de bœuf une **côte** escarpée

un **bond** d'un **bon** mètre	les **compteurs** Geiger individuels un **conteur**-né, ce berger !
mon excursion du **mont** Blanc	
sortir de ses **gonds** au coup de **gong**	le **comte** et la comtesse il avait son **compte**, celui-là ! un vrai **conte** de fées
non, je n'en connais pas le **nom**	
le **fond** et la forme une épreuve de **fond** un **fonds** de commerce les **fonds** publics les **fonts** baptismaux	un **comté** de Franche-**Comté** ses jours étaient **comptés** le **comté** était en deuil

Dom Pérignon fut **donc** chargé par l'abbé d'Hautvillers d'appliquer ses **dons** à la fabrication du mousseux, ce **dont** la Champagne d'Épernay profite depuis.

un **but** inespéré
une **butte**-témoin

le **lut** protège du feu
la **lutte** romaine
l'Occident doit le **luth** aux Arabes

la lettre grecque **mu** s'écrit μ
Mars est **mû** comme Vénus est **mue**
effrayé à la vue de la **mue** d'un serpent
ce petit chanteur approchait de la **mue**
poser une **mue** sur le lapin

un **mur** préhistorique, dit païen
le fruit **mûr** tombe tout seul
de la confiture de **mûres**

un acteur chauve, mais **barbu**
la **barbue** ressemble au turbot

nue peut signifier nuée ou nuage
la lettre grecque **nu** s'écrit ν
mettre son cœur à **nu**
voir les planètes de Jupiter à l'œil **nu**
la vérité est toute **nue**

une **statue** équestre au milieu de la place
le *statu quo (ante)* n'arrangeait personne
le nouveau **statut** des professeurs

le pied fourchu d'un diable **cornu**
la **cornue** sert à distiller

les **canuts** et les canuses de Lyon
le langage **canus** est pittoresque

la **tribu** dut payer son **tribut**

le **recrû** animait les souches
recru de fatigue, il dormait debout
l'instruction des nouvelles **recrues**

ne plus trouver d'**issue** honorable
des cousins **issus** de germains

l'impôt sur le **revenu**
la **revenue** du taillis était plus claire

le premier **venu**
la **venue** du printemps

un **ru** est un ruisselet que l'on trouve surtout dans les mots croisés ; le -t de rut se prononce ; quant à **rue**, il s'agit soit d'une voie au sein d'une agglomération, soit d'une plante à fleurs jaunes de la famille des rutacées.

un bain de **boue**
un **bout** de ficelle

une **joue** enflée
le **joug** de l'occupation

être laid comme un **pou**
le **pou** peut transmettre le typhus
tâter le **pouls**

peu ou **prou**
la **proue** de la caravelle
une figure de **proue**

la **roue** tourne
le paon fait la **roue**
préparer d'abord un **roux** blanc
un cheval **roux**

un tempérament **mou**
faire la **moue** par principe
la chaptalisation du **moût**

tendre le **cou**
accuser le **coup**
sans **coup** férir
produire à moindre **coût**

le problème de l'œuf et de la **poule**
les résultats de basket en **poule** B
le u de **pull** est prononcé [y] ou [u]
le **pool** du charbon et de l'acier

la **soue** se trouvait **sous** le grenier
il était complètement **soûl** (ou **saoul**)
pas un **sou** vaillant !

58

[o]

ô mortel, souviens-toi !
oh ! la belle eau limpide
ho ! ho ! vous là-**haut** !

s'adresser **au** président et **aux** députés
il n'a que la peau sur les **os**
l'ancien pluriel d'ail donnait **aulx**

59

un gobelet en **étain**
un volcan **éteint**

une glace sans **tain**
le **tain** est un bain d'étain
un tissu grand **teint**
avoir le **teint** éclatant
un **tin** de chantier naval
du **thym** et du laurier

le **plain**-chant
de **plain**-pied
tremper les peaux dans le **plain**
faire le **plein** d'essence
le **plein**(-)emploi

se serrer la **main**
la **main**-d'œuvre abondante
maint(s) complot(s)

supplier en **vain**
un espoir **vain**
vingt mille lieues
soutirer le **vin**

le climat **marocain**
un portefeuille en **maroquin**

s'en tirer **sain** et sauf
le **saint** patron de la corporation
les lieux **saints** de Jérusalem
serrer contre son **sein**
au **sein** de l'alliance
de faux **seins**
sous **seing** privé
les reins **ceints**
une thune fait **cinq** francs

un cheval **aquilain** *(fauve)*
un nez **aquilin**

la galerie débouchait sur un **crain**
un oreiller de **crin**
à tous **crins** ou à tout **crin**

provoquer quelqu'un à **dessein**
un **dessin** à la plume

que cachait cet air **hautain** ?
une vigne plantée en **haut(a)in**

une charrette **peinte**
une **pinte** de bière

mener grand **train**
le **train** d'atterrissage
un **train** de marchandises
trin a le sens de trinitaire

le ciel était **serein**
le **serin** chantait dans sa cage

tenaillé par la **faim**
la **fin** de la représentation
l'once d'or **fin**
un **fin** limier

c'est un type **dingue**
le virus de la **dengue**

porter **plainte**
la **plainte** du vent d'automne
la **plinthe** cachait les fils

le **succin** est un ambre jaune
un traité plutôt **succinct**

le meilleur restaurant du **coin**
de la gelée de **coing**

avoir du **pain** sur la planche
une pomme de **pin** parasol
un bahut en bois **peint**

faire le coup de **poing**
un joli **point** de vue
ne forçons **point** notre talent !

x-	h-
il n'y **a** qu'**à** regarder **ah** ! l'orthographe…	pousser des ho ! et des **ha** ! **ha, ha, ha** ! laissez-moi rire !
l'**acné** juvénile	la baronne montait une **haquenée**
la communauté réduite aux **acquêts**	un **haquet** attelé de mules
le pli de l'**aine**	un cri de **haine**
l'**alêne** du sellier l'**allène** est un hydrocarbure	courir à perdre **haleine**
l'**allaitement** prolongé	le **halètement** des asthmatiques
allô ! qui demandez-vous ?	le **halo** de la pleine lune
un **amas** de décombres	faire la sieste dans un **hamac**
l'**anche** du saxophone	une luxation de la **hanche**
l'**anse** du panier	la **hanse** était un modèle d'association
l'**arrêt** de l'autobus	le chat **haret** craint l'homme
l'**aster** a des fleurs en étoiles	le **hastaire** lança son javelot
elle aimait la robe du cheval **aubère**	le **haubert** était exposé à la rouille
l'**auteur** de ses jours	la **hauteur** d'un cylindre
l'**auspice** rituel du magistrat sous de fâcheux **auspices**	l'**hospice** des vieillards
le maître-**autel**	le maître d'**hôtel**
un prunier **enté** un écu **enté**	un manoir **hanté**
l'**erse** de la poulie la civilisation **erse**	la **herse** suit le semeur
on dit l'un **et** l'autre :	**Hé** oui ! **Eh** quoi !
les fruits rouges de l'**if**	l'**hyphe** des champignons
il vivait sur une **île**	le **hile** du rein était enflammé
un **obi** pourpre du Japon	on ne lui connaissait pas de **hobby**
un ou une **ope** dans les murs	**hop** ! c'est le moment !
une **ombre** le suivait pêcher un **ombre**	ne pas avoir de matador à l'**hombre**
un **os** à moelle	la **hausse** des salaires
où aller en **août ou** en septembre ?	**hou** ! vous croyez me faire peur ? biner à la **houe** à main une haie de **houx**
ouille ! (**ouïe** !) encore vous !	la **houille** blanche
une vigne en { **ouillère** **ouillière** **oullière**	une **houillère** réouverte
un complot **ourdi** de longue date	un **hourdis** de fortune sous les combles
la lune à la **une** d'**une** revue	grimper au mât de **hune**
en solfège, le do se disait l'**ut**	coucher dans une **hutte** de trappeur

les **cahots** de la diligence texane
l'organisation du **chaos** de la révolution
un boxeur complètement **K.-O.**

au **cœur** des débats
les **chœurs** des tragédies grecques

le bétail était parqué dans le **corral**
les **chorals** de Bach
(*coraux* < *corail!*)
la **chorale** de la paroisse

crac! la branche cassa net
le **crack** de l'écurie se disqualifia
il raconte des **craques**
le **krak** (crac) des Croisés en Palestine
le **krach** gigantesque de 1929

chacun paya son **écot** sans rechigner
il faudrait mieux élaguer cet **écot**
les **échos** des couloirs du Palais-
Bourbon

un cheval **étique** et un chien famélique
finalement, les **éthiques** convergent

un pied de vigne bien fourni en **talles**
le **thalle** des champignons

elle était d'humeur **taquine**
la larve du (ou de la) **tachine**

une **chape** de brocart
une **chape** de plomb défectueuse
récupérer le (ou la) **schappe**
fils de **schappe** (déchets de soie)

un **chèque** barré sans provision
les 4 orthographes du (s)**cheik(h)**
arabe

un **poids** insuffisant
le **pois** chiche
enduire de **poix**
pouah! que c'est vilain!

le **termite** vit en société
l'aluminothermie utilise la **thermite**

ton partenaire s'est trompé de **ton**
la pêche au **thon** de Méditerranée

les **trombines** des camarades de la
session
la **thrombine** intervient dans la
coagulation

un **filtre** en papier
le **filtre** à air
un **philtre** d'amour

fi (donc)! vous récidivez?
je faisais **fi** de ses conseils
la lettre grecque **phi** s'écrit φ

le **chas** d'une aiguille
le **chat** de la voisine
en persan, **chah** (schah, shah)
signifie roi

un **chérif** du désert d'Arabie
un **shérif** du Colorado

l'alchimie précéda la **chimie**
danser le **shimmy**

le **shilling** (anglais) valait douze pence
le **schilling** est une monnaie
autrichienne

un printemps exceptionnellement
chaud
prendre un **chaud** et froid
un **chaud** partisan de l'écologie
ne buvez pas trop **chaud**!
bâtir à **chaux** et à sable
la **chaux** vive ne contient pas d'eau
tout **show** est-il spectaculaire?

la **brise** de mer les ramena
le **brise**-bise
le **brise**-jet
la **brize** est sensible au vent

le **bar** est souvent appelé loup
1 **bar** = 1 million de dynes par cm²
le **bar** s'appelait « Ici ou ailleurs »
porter des colis encombrants sur un **bard**
de l'or en **barre**
donner un coup de **barre** au bon moment

le **beccard** (poisson) s'écrit aussi **bécard**
le **bécarre** abolit le dièse comme le bémol

le médecin s'inquiétait de son **catarrhe**
la spiritualité **cathare** (< *catharos, pur*)

les **coquillards** s'attaquaient aux pèlerins
les cérithes du **coquillart** parisien

le **dard** du scorpion
arriver **dare-dare**

l'**épar(t)** était mal ajusté
les cheveux **épars**

des joues de **poupard**
un **poupart** est un gros crabe très fin

les bancs de **jar(d)** de la Loire
jargonner en **jar(s)**
le **jars** est très irritable
couper les **jar(re)s** d'une fourrure
une grande **jarre** d'huile d'olive

du **lard** fumé à l'ancienne
un dieu **lare**
vénérer ses **lares** domestiques

son **mari** en était tout **marri**

par ailleurs
par-ci, **par**-là
ne rien savoir **par** cœur
de **par** la loi
c'était **par** trop tentant
à **part** entière
la substitution de **part**
de toute(s) **part(s)**
un faire-**part** de mariage

rancard (ou **rencard**) = rendez-vous
bon à mettre au **rancart**

un **r** roulé ou apical
les mois en **R**
prendre l'**air**
un **air** connu
l'**air** de rien
l'**aire** de vent
l'**aire** de stationnement
l'**ère** tertiaire
l'**erre** du pétrolier
l'**ers** est une plante fourragère
un drap en **haire**
un pauvre **hère**, vraiment !
un **hère** de huit mois sans dagues

avoir la **chair** de poule
la **chaire** du prédicateur
faire bonne **chère**
cher cousin et **chère** cousine !

la **fureur** du **führer**

un nombre **pair**
travailler au **pair**
une **paire** de jumelles
un bon **père** de famille
les yeux **pers** de Minerve

la pantoufle de **vair**
une fourrure d'écu en contre-**vair**
le **ver** de terre
un **verre** de bière
se mettre au **vert**
un drapeau **vert**
un dépôt de **vert**-de-gris
un **vers** de douze syllabes
marcher **vers** la vérité

l'**accord** du piano
la signature de l'**accord**
une côte **accore**
les **accores** d'étambot
un page fort **accort**
la fleur d'un **acore**

la ruée vers l'**or**
la poule aux œufs d'**or**
or introduit la mineure du syllogisme
d'**ores** et déjà
les **hors**-la-loi se sont mis **hors** la loi

sonner du **cor**
le cerf (de) dix **cors**
à **cor** et à cri
un **cor** au pied
le **corps** de bataille
le **corps** et l'esprit

le **record** du monde tomba
le **recors** accompagnait l'huissier

la **spore** mâle et la **spore** femelle
un **sport** d'équipe

un **gaur** de Malaisie d'une tonne
le **gord** menait le poisson dans le filet

une **taure** est une génisse
la **tore** d'une colonne de marbre
un fil **tors**

un cachet de **cire**
les **cirr(h)es** du lierre
un triste **sire**

le **tors** du fil
on n'a pas toujours **tort**
à **tort** ou à raison

le marché du **bourg**
une **bourre** de laine

la **cour** du roi
la **cour** de parlement
une **cour** des miracles
il lui faisait une **cour** assidue
le **cours** d'orthographe
le **cours** des événements
au **cours** du jour
aller par le plus **court** chemin
un **court** de tennis couvert
la chasse à **courre** ou à bruit

un poids **lourd**
danser une **loure** paysanne

le **tour** de main
les créneaux de la **tour**
le **tourd** est une grive (oiseau)
le **tourd** est un labre (poisson)

[e] un **dé** à coudre
[e] un **dé** pipé
[ε] **des** temps difficiles
[ε] **dès** le lendemain
[ε] un **dais** de feuillage
[ε] la politique du **dey** d'Alger

[e] rester bouche **bée**
[ε] un cheval **bai**
[ε] le rivage de la **baie**
[ε] une **baie** vitrée
[ε] la politique du **bey** de Tunis

[ε] la **paie (paye)** de la semaine
[ε] la **paix** des chaumières
[ε] les gardiens de la **paix**
[ε] le baiser de **paix**
[ε] cela ne vaut pas un **pet** de lapin

[ε] un **rai(s)** de lumière
[ε] porter la **raie** à gauche
[ε] une **raie** au beurre noir
[ε] installer un **rets** dans le bief
[e] do **ré** mi
[e] au **rez**-de-chaussée

le **cantique** des **cantiques**
la physique **quantique**

une **carte** maîtresse
la **carte** du ciel
la fièvre **quarte**
la **quarte** juste do-fa

ce **cartier** réédite les tarots classiques
le premier **quartier** de la lune
le commissariat du **quartier**

tant de désinvolture ? on en reste **coi**
quoi de neuf chez vous ?

le gaz **ammoniac** ou l'**ammoniaque** (*m*)
dégraisser à l'**ammoniaque** (*f*)

un attentat au **plastic**
les arts **plastiques**
une carrosserie en **plastique**

ce n'est pas possible ! il y a un **truc** !
la plate-forme du **truc(k)**

plainte contre X pour **racket**
une **raquette** de tennis

un **cric** hydraulique
une **crique** abritée du mistral

le **jack** était faussé, l'aiguille coincée
le **jaque** est un ancien justaucorps
le ja(c)quier produit le **jaque**

les grimaces d'un **maki** malicieux
prendre le **maquis** ne résout pas tout
le **maquis** de la procédure

un **mark** vaut cent pfennigs
à vos **marques**... prêts ?... partez !
une **marque** indélébile
cela porte la **marque** du bon sens

qui ne sait pas que le **khi** grec s'écrit Χ ?

une voix **rauque**
solide comme un **roc**
l'oiseau **roc(k)** légendaire
le **rock** (and roll)
le petit **roque** est plus fréquent que le grand

le **picage** sévissait dans le poulailler
le **piquage** à la machine

un **placage** de bois précieux
un **plaquage** de rugby

la visite des **bagages**
le **baguage** des oiseaux

[e] **les** quatre saisons
[e] un **lé** de toile
[e] **lez** ou **les**
[e] **lez** ou **les**
    dans les noms de lieux = « près de »
[ε] *ou* **lès**
[ε] les vers du **lai** étaient courts
[ε] un frère **lai** tenait les comptes
[ε] des **lei** roumains *(pluriel de leu)*
[ε] **lais** est la forme ancienne de **legs**
[ε] une **laie** et ses marcassins
[ε] la **laye** de l'orgue était vermoulue
[ε] c'est un coin **laid** et quelconque
[ε] le **lait** de brebis
[ε] un frère de **lait**

la dévaluation de la **lire**
une tire**lire**
la **lyre** du poète
l'oiseau-**lyre**
un livre à **lire**
les causes de l'**ire** du roi

un **ra** de tambour
un **rat** d'égout
un chien à poil **ras**
à **ras** de terre
un **raz**(-)de(-)marée

ce plat se mange froid

le maître de **céans**
se dresser sur son **séant**
ce comportement n'est pas **séant**

de la salade de **céleri**
la bourrellerie et la **sellerie**

il n'y a plus de vin au **cellier**
le **sellier** travaille le cuir

l'abolition du **cens** électoral
le **sens** unique
le bon **sens**

on est **censé** connaître la loi
que sait un homme **sensé**?

vous avez **certes** raison !
la **serte** = le sertissage

ces perspectives l'effrayaient
douter de **ses** propres idées

un acte de **cession** de bail
la **session** parlementaire

la baleine est un **cétacé**
un poil **sétacé**

le pénitent portait le **cilice**
le quartz est de la **silice** pure

la musique du **cistre** et celle du **sistre**
le **cistre** ressemblait à la mandoline
le **sistre** était un instrument à
percussion

cinq hommes
un **scinque** du Sahara

un hurlement de **cyon**
un **scion** de peuplier

de l'acide **acétique**
une vie **ascétique**

une fosse **septique**
une attitude **sceptique**

faire des **siennes**
la chair de la **scièene** est très estimée

le **sieur** Untel
le **scieur** de bois

la **Cène** du jeudi saint
une vie **saine**
une **scène** de théâtre
un **sen** japonais
traîner une **seine** (ou **senne**)

une **bonace** d'avant tempête
un air **bonasse**

une couche de **glace**
boire un **glass**

un muscle **peaucier**
le **peaussier** fournit le tanneur

donner un coup de **pouce**
une **pousse** de bambou

le **poucier** protège le pouce
un coup de **poussier** dans la mine

les **pinçons** s'effacent lentement
gai comme un **pinson**

mettre un tonneau en **perce**
la religion **perse**

perdre la **face**
un écu à **fasce** d'argent

on dit plutôt vents que **vesse**
du fourrage de **vesce**

le **mécano** s'affairait sur le moteur
une grande boîte de **meccano**

l'**adition** en droit romain
l'**addition** est une opération simple

faire une belle **balade** dans les Vosges
une **ballade** de douze couplets

un **galon** d'argent
un **gallon** d'essence

sale comme un peigne
la **salle** d'attente

entrer dans le **coma**
un **comma** sépare sol dièse et la
bémol

la **somation** biologique des caractères
faire la troisième **sommation**

un dictionnaire en huit **tomes**
une **tomme** aux raisins bien à point

être le premier en **date**
un régime de **dattes**

un cornet de **frites**
la **fritte** sert à fabriquer du verre

la gracilité d'un **atèle** du Brésil
l'**attelle** du collier du cheval

l'**arcane** de l'alchimiste
les **arcanes** de la psychanalyse
un trait rouge tracé à l'**arcanne**

le canard et sa **cane**
un pommeau de **canne**
une **canne** pleine de lait

une **nonne** arriva en retard à **none**

une escalope **panée**
pannée comme une fauchée !

les pâtons prennent la forme du
paneton
le **panneton** de la clé agit sur le pêne

le **penon** indiquait des vents variables
un **pennon** de chevalier à la lance
un **pen(n)on** généalogique

une hanche **bote**
une **botte** de paille
avoir du foin dans ses **bottes**
pousser une **botte**

la **mélitte** (mélisse des bois) est
mellifère
la **méllite** (remède) contient du miel

la **différenciation** des cellules
la **différentiation** donne la
différentielle

le stade **anal** de la petite enfance
les archivistes consultent les **annales**

l'**appât** du gain
les poissons mordaient aux **appâts**
elle croyait ses **appas** irrésistibles

une **prémisse** hypothétique
les **prémices** de l'hiver

un jardinet d'un **are**
l'**ars** meurtri du cheval
les règles de l'**art**
l'**art** pour l'**art**
donner des **arrhes** à la commande
une **hart** à fagots

l'été fut **torride**
l'astronome observait les **taurides**

jouer cartes **sur** table
être **sûr** de son affaire
un fruit **sur**(et)

être **du** cru
payer son **dû**
la somme **due**

une **acre** faisait un bon demi-hectare
l'odeur **âcre** des feux d'automne

l'**age** central de la charrue
l'**âge** de ses artères

le **capre** en fut démâté en pleine course
la **câpre** est un condiment apprécié

un rendez-vous de **chasse**
la **châsse** des reliques

une **tache** d'encre indélébile
une **tâche** difficile, mais noble

verser la vendange dans le **conquet**
le **conquêt** a été acquis en commun

l'**empattement** d'une voiture
l'**empâtement** de son tour de taille

faire la **grasse** matinée
la **grâce** présidentielle

le langage des **halles**
le **hâle** lui donne bonne mine

le supplice du **pal**
les **pales** de l'hélice
la **pal(l)e** liturgique
être **pâle** de peur ou de froid

celui-ci lui fit de la **peine**
en être pour sa **peine**
la **penne** de la plume
le **pêne** de la serrure

la **tette** de la lionne
à la **tête** de l'État

les **arums** d'un bouquet
l'**arôme** (ou arome) d'un vin

les premiers **colons** du nouveau monde
l'inspection du **colon**(el)
une inflammation du **côlon**

il était bien **coté** dans l'entreprise
les gens d'à **côté**

les **jeunes** sont dispensés de **jeûne**

personne dans le refuge ni **alentour**
les **alentours** étaient déserts

un **canot** de sauvetage
les **canaux** de dérivation

l'**eau** est irremplaçable
n'avoir plus que les **os** et la peau

une **harde** de daims
des **hardes** de clocharde

pêcher un **ide** pourpre
les **ides** de mars

une **île** inhabitée
la région des **iles** (ou iliaque)

attendre la **manne** du ciel
invoquer les **mânes** des ancêtres

un **mot** malheureux
des **maux** de tête

tirer le bon **numéro**
les adjectifs **numéraux**

au **terme** de sa carrière
les **thermes** gallo-romains
les **termes** du contrat

le **leader** du mouvement
des **lieder** de Schubert

l'**être** et le non-être
un **être** humain
connaître les **êtres** de la maison
(on écrit les **êtres** ou les **aîtres**)
une forêt de **hêtres**

la **troche** a une forme de toupie
le vigneron attache les **troches**

un verre de **fine** de trop
charger le feu de **fines**

une faute **grave**
préférer le **grave** à l'aigu
la famille des **graves** du Bordelais

la **gueule** du loup
fort en **gueule**
le rouge **gueules** de l'écu

la végétation **chiote** (mer Égée)
la corvée de **chiottes** à la caserne

clic ! le coffre s'était refermé
faire un **click** avec la langue
la **clique** du régiment
un régime de **cliques** et de clientèles
prendre ses **cliques** et ses claques

la **lunette** arrière
une **lunette** d'approche
des **lunettes** de plongée

une photo du **limbe** solaire
le **limbe** de la feuille de nénuphar
être encore dans les **limbes** des promesses

la fièvre **miliaire**
les bornes **milliaires** des voies romaines

trier sur le **volet**
sortir les **volets**
jouer au **volley**

s'éclairer d'une **loupiote**
les loupiots et les **loupiottes** du coin

le **watt** (W) est une unité de puissance
on prend de l'**ouate**
ou de la **ouate**, cela revient au même

c'était un type **rigolo**
se faire poser des **rigollots**

moi, faire cela ? **nenni** !
la mélopée triste des **nénies**

la **panicule** du maïs
un **pannicule** gênait sa vue

échec et **mat** !
un teint **mat**
le prof de **math(s)**
les vapeurs piquantes de la **matte**

le **laiton** est ductile et malléable
le peuple **letton** parlait le **letton**

le **beau** temps reviendra
le maître **bau** gémissait
le **baud** est une mesure de vitesse
un cheval pied **bot**

l'**au(l)ne** aime l'humidité
à quelle **aune** mesurer l'histoire ?

le **cotier** de l'hippodrome
un fleuve **côtier**

un **barreau** rouillé
être inscrit au **barreau**
un **barrot** d'anchois
le **barrot** du pont avait cédé

ramasser des **vignots** (vigneaux)
sur la grève
au milieu du jardin se dressait un **vigneau**

tout le monde ne sait pas **tout**
tous les jours, bref, toujours
la **toux** le reprit en automne

avoir une **foi** de charbonnier
une tranche de **foie** de veau
il était une **fois**...

cette énigme, **cette** nuit
cet animal, **cet** hercule
les **sept** nains, **sept** ans
une balle de **set**

le **pépé** et la **mémé**
une jolie **pépée**

un **ara** de la forêt tropicale
un **haras** de percherons

la **cérite** est un minerai
les **cérit(h)es** fossiles du tertiaire

un homme **colérique**
un vibrion **cholérique**

houp ! s'emploie comme hop !
Riquet à la **houppe**
une **houppe** de cheveux

il répondit **O.K.**
avoir le **hoquet**
le **hoquet** de la polyphonie médiévale
des crosses et un palet de **hockey**

installer un **canar** d'aération
lever un **canard** sauvage

ils arrivèrent beaucoup trop **tard**
il y manquait le poids de la **tare**

lancer des **brocards** ironiques
des rideaux de **brocart**
un jeune chevreuil est un **brocard**
l'animal s'écrit parfois **broquard**
certains l'écrivent aussi **broquart**

la grande civilisation **maya**
un **maïa** est une araignée de mer

s'enfoncer dans la **lise** (= s'enliser)
cet(te) enzyme provoque la **lyse**

mettre les **poucettes** au pickpocket
pousser la **poussette**

les **ormets** (ormeaux, ormiers) de la
grève
les ormes de l'**ormaie** (ormoie)

Je ne vous attendais pas aussi **tôt**.
Aussitôt que j'aurai une minute, je vous recevrai.

Cet auteur se met bien **tôt** à son ouvrage, avant même le lever du soleil.
Cet auteur se mettra **bientôt** au travail, il n'attend plus que l'idée.

Ce jour-là, il était parti plus **tôt** que d'habitude.
Plutôt partir une heure avant qu'une heure après !

Ils marquèrent si **tôt** que leur public en fut presque déçu.
Sitôt qu'ils eurent marqué un but, ils jouèrent la défense.

Il y a **quelque** deux cents ans = il y a environ deux siècles.
Ils étaient **quelque** peu fâchés = ils étaient assez fâchés, pas trop.
Quelque prudents qu'ils fussent (= peu ou prou), à quoi bon ?
Quelle qu'en soit la raison (telle ou telle), le résultat est là.

Quoiqu'il se fasse tard (= bien que), la discussion n'est pas close.
Quoi qu'elle fasse (= ceci ou cela), il est trop tard pour cela.
Pour **quoi** aviez-vous pris cette pierre, pour de la serpentine ?
Pourquoi avez-vous ramassé cette pierre, pour la jeter ou pour la garder ?

les **mansions** du théâtre du moyen âge
biffer la **mention** inutile

le chirurgien s'arma du **trépan**
le **trépang** (tripang) est comestible

passer les minerais à l'**avaloire**
l'**avaloir** de l'égout est obstrué

le style **roman** des abbayes
le déclin du nouveau **roman**
le patois du pays **romand**

de l'**éclaire**, on tirait un collyre
un **éclair** l'aveugla un instant

le **marchand** forain
le bataillon **marchant**

les nuages partaient en **floches**
un **flush** de carreau gagnant

les membres **résidants** de cette société
les **résidents** étrangers furent recensés

les paupières engluées de **chassie**
le **châssis** avait encaissé le choc

passer le **buttoir** dans le champ
le **butoir** arrêta le wagon

du papier d'**alfa**
l'**alpha** et l'oméga

le **halage** des péniches d'antan
le **hallage** se calcule au mètre carré

une population **allogène**
un corps **halogène**

l'**intercession** de ses proches
l'**intersession** parlementaire

la **talle** du blé rapporte
le **thalle** des champignons

un **centon** satirique
les **santons** de Provence

l'**apside** supérieure de Mercure
l'**abside** romane de l'abbatiale

matin et soir
les crocs du **mâtin**

la **crème** glacée
le saint **chrême**

le symbole du **coulomb** est C
un vol de **coulons**

un **tournoi** régional de tennis
le **tournois** était frappé à Tours

le nouveau **boom** de l'or
on entendit un grand **boum** !

une cabane couverte de **bardeaux**
un **bardot** têtu

vu les circonstances
une **vue** imprenable

un **bris** de scellés délictueux
un **brie** de ferme délicieux

le symbole du **volt** est V
la **volte** du cheval de cirque

rembourré de **strasse**
du **strass** tapageur au poignet

l'arôme du **basilic**
la nef de la **basilique**

un bijou en **toc**
une **toque** en raton laveur

L'orthographe des noms propres peut perturber la mémoire. Le transfert simple ne crée aucune difficulté : **bordeaux, camembert, chine, sancerre, sèvres**. Les règles d'emploi de la majuscule sont présentées dans le *BESCHERELLE 3.* Quant aux homonymes classiques, il suffit de se souvenir de l'orthographe des noms propres, p. ex. **Caen, Laon, Lille, Lyon, Paris, Pau, Rhin, Troyes**, en faisant totalement abstraction des mots homophones (**camp, quand, quant ; lent ; l'île ; lion, lions ; pari, parie ; peau, pot ; rein ; trois**). Voir aussi plus bas, page 76, le rapport entre les noms propres et les noms communs.

Dictionnaire orthographique

Parmi les dix-sept mille mots de ce dictionnaire, on ne trouvera aucun verbe. Les verbes proprement dits figurent dans le Lexique du *Bescherelle 1*. Le Dictionnaire orthographique comprend cependant les formes verbales, infinitifs et surtout participes, devenues noms ou adjectifs.

Chaque mot comporte un renvoi à l'Alphabet des pièges. Les renvois à l'Index des homonymes viennent de surcroît mais sont tout aussi importants ! (L'Index des homonymes recense des mots qui se prononcent de la même façon mais ont des sens différents et s'écrivent en général différemment.) Pour des raisons de commodité et de rapidité de consultation, les indications de genre et de nombre sont limitées aux mots à propos desquels les erreurs ou du moins les hésitations sont à cet égard classiques.

Ne sont traités de manière autonome ni les préfixes ni les suffixes qui sont présentés en détail dans le *Bescherelle 3*. La plupart des suffixes et une partie appréciable des préfixes ont une seule réalisation orthographique :

ambi-	amphi-	-ade	-ain
extra-	ana-	-age	-aire
mi-	apo-	-ail	-ais
multi-	épi-	-at	-ard
non-	hyper-	-erie	-aud
post-	hypo-	-esse	-gène
rétro-	méta-	-isse	-oïde
semi-	para-	-ose	-oire
(du latin)	**(du grec)**	**— noms**	**— adjectifs**

Mais certains affixes ont plusieurs orthographes, p. ex. :

circum- / circon-	a- / an-	-ance / -ence
entre- / inter-	ec- / ex-	-ace / -asse
par- / per-	em- / en-	
pour- / pro-	sy- / syl- / sym- / syn-	-tion / -sion / -xion

Inversement, certains s'écrivent de manière identique mais n'ont absolument pas le même sens ; c'est ainsi que dans **agression**, **amovible** et **aphasie**, on compte trois préfixes différents (qui signifient *de*, **vers** et **sans** !) ; et deux dans **illégal** (= *non légal*) et **illuminé** (= *envahi par la lumière qui vient dedans* !).

La diversité de forme affecte également les racines, p. ex. : **nez / nasal** ; **poitrine / pectoral** ; **pied / pédestre** ; **main / manuel** ; **corps / corporel** ; **cerveau / cervical** ; **cœur / cordial**.

▷ La signification des préfixes et des suffixes est présentée, à propos de la formation, de l'articulation et de la décomposition des mots, dans le *Bescherelle 3*.

Alors qu'il est souvent difficile de comprendre les noms propres des lieux, cours d'eau et montagnes, les noms propres des familles, les patronymes, sont souvent transparents, p. ex. : **Bouchez, Dubois, François, Lebrave, Santerre**, même lorsqu'ils sont orthographiés d'une manière originale : on accepte communément cette originalité, on la recherche même ! En revanche, beaucoup de noms communs issus de noms propres conservent — dans une certaine mesure, peu prévisible — les particularités du mot d'origine. Lorsqu'il s'agit de provenances étrangères plus ou moins accommodées ou tronquées, les difficultés s'accroissent. La meilleure méthode mnémotechnique ne consiste pas à ranger le mot dans une série, malgré lui, mais à se souvenir de ses particularités. La mémoire préfère ces deux situations extrêmes : comme les autres et pas comme les autres, la régularité et l'irréductibilité. Chacun peut du reste cultiver sa propre manière d'exercer sa mémoire en s'essayant sur les quelques mots que voici, issus de noms propres de personnes, de personnages, de divinités ou de lieux :

barème	jacquerie	tellière
eustache	pépin (parapluie)	terbine
figaro	poubelle	thibaude
florence	quassia	thulium
fontange	röntgen	tilbury
galopin	rudbeckie	tirelaine (de Tyr !)
gandin	ruolz	toluène
gibelin	silhouette	tontine
grièche	sosie	tulle
grigou	sybarite	turlupinade
grive	syène	tyndallisation
guelfe	tampico	vallisnérie
guillemet (s)	tanagra	vanadium
guillotine	tartarinade	volt
harpagon	taylorisme	voltaire

Si chacun a sa manière de retenir l'orthographe des mots, si tout le monde ne réagit pas de la même manière devant les difficultés, les renvois du Dictionnaire orthographique n'en sont pas moins les mêmes pour tous. Il est certain qu'un mot tel que **carambouillage** ou **équarrissoir** ou **ferrugineux** ou **maillechort** présente plus qu'une difficulté. Pour des raisons pratiques, il n'est fourni qu'un seul renvoi aux Pièges par mot, le renvoi aux Homonymes relevant d'autres considérations. Mais rien n'empêche, si le temps ne fait pas défaut, de se promener à travers les Pièges à partir de n'importe quel mot du Dictionnaire orthographique, au gré de la curiosité et de la réflexion.

Parmi les dix-sept mille mots du Dictionnaire orthographique, il existe un certain nombre de termes gigognes. Si l'on veut savoir comment écrire **défaillant** (est-ce avec -**ff**-, -**ailli**-, -**ay**-, ou -**ent**?), et que l'on ne trouve que **défaillance**, on saura aisément que l'orthographe est la même. De la même manière, en lisant **luminescence**, on saura écrire correctement **luminescent**.

a

a 60 A1
à 60 V1
abaissée U4
abandon D12
abaque, f K2
abasourdi A3
abats R10
abattage Z9
abat(t)ée U4
abattis R10
abattoir G2
abbaye Y11
abbé 37 U1
abcès V20
abdomen C4
abduction T16
abécédaire, m . . . H5
abée 37 U4
abeille L8
aberrant I13
aberration I13
abêtissant Z8
abillot F9
abîme 12 W3
abiotique X5
abject N1
abjection T16
ablatif Q9
ablation T12
ablette C11
abloc K1
ablution T9
abnégation T12
aboi A10
aboiement B13
abois, pl R10
abolition T10
abolitionniste . . . M4
abominable M3
abomination T12
abondamment . . . F16
abondance D3
abonnement M4
abord 12
aborigène V12
abortif Q9

abot F9
aboulie B9
about F7
aboutissement . . . Z15
aboyeur Y8
abracadabrant . . . Z15
abras E1
abrasif Q9
abrégé U5
abrègement V9
abreuvoir G2
abréviation U12
abri A3
abricot F9
abrivent D11
abrogatif Q9
abrogation T12
abrogeable B15
abrupt N2
abrutissant S6
abscisse, f S3
abscons R1
absence D7
absent D11
absentéisme X5
abside, f 86 Z16
absinthe, f X1
absolu A7
absolution T9
absorbance D3
absorption T15
abstentionnisme . . M4
abstinence D7
abstrait Q19
abstrus Q11
absurdement F12
absurdité U3
abus E1
abusif Q9
abysse, m Y1
abyssin Y5
acabit F8
acacia A1
académicien Q25
académie Z7
acajou, m K6
acanthe, f D12
acanthestésie . . . X1
acariâtre W1
acariose I19
acaule K6

accablant K7
accablement K7
accalmie B9
accapareur Q27
accastillage Y24
accéléré U5
accent D11
acceptabilité U3
acception T15
accès V20
accession T3
accessit, m Z6
accessoire Z13
accident D11
accidentel Q22
acclimatation . . . K7
accointance D3
accolade, f P3
accommodant . . . Z13
accommodation . . M2
accompagnateur . . Q28
accompli Q1
accord 64 I2
accordailles R11
accordéon X5
accordoir G2
accore, m 64 H4
accort 64 I6
accostage K7
accot F9
accotar G1
accotoir G2
accouchement . . . K7
accoudoir K7
accoutumance . . . D3
accrétion T8
accroc, m K7
accrochage K7
accru Q1
accu K7
accueil L13
accueillant Y12
acculement Z11
acculturation K7
accumulé Z11
accusateur Q28
accusatif Q9
accusation K7
accusé K7
acéphale J3
acerbe S4

acéré U5
acescence S3
acétal S4
acétate, m S4
acétique 70 K2
acétone Z7
acétose P1
acétyle, m Y1
acétylène, m U7
achalandé D12
achar (d) Z16
acharné Q1
achat F1
ache, f Z16
achéen Q25
acheminement . . . M3
acheteur Q27
achevé Q1
achèvement V12
achoppement . . . O5
achromie K8
aciculaire L12
acide S4
acidité U3
acidulé Z7
acier S4
aciérie B9
acmé U1
acné 60 U3
acnodal K6
acolyte N6
acompte K6
acon Z16
aconit Z3
acoquinement . . . K6
acore, m 64 H4
acotylédone Y1
acoustique K6
acquéreur G13
acquêt 60 W2
acquiescement . . S3
acquis . . . 17 49 F8
acquitté N7
acquittement . . . N7
acrama, inv. A1
acre 74 P1
âcre 74 W1
acrimonie P1
acrimonieux Q13
acrobate N6
acrobatie B8

acropode K6
acropole, f L2
acrostiche, m . . . K6
acrylique Y5
actant D10
acte K6
actée, f U4
acteur Q28
actif Q9
actinique K2
action T16
actionnaire M4
actionnement . . . M4
activité U3
actuaire, m H5
actuel Q22
acuité K6
acul, m L1
acuminé Z7
acuponcture H6
acupuncture H6
acutangle N6
acutifolié Z15
acutilobé Z15
acyclique Y5
adage, m J5
adagio J7
adaptatif Q9
addenda, m J6
additif Q9
addition 71 J6
adducteur G13
adduction J6
adénite, f U6
adénome, m P1
adénophlegmon . . Z15
adent, m D11
adepte J5
adéquat Q19
adermine J5
adhérence D7
adhérent X1
adhésif X1
adiabatique J5
adiantum, m D12
adieu A2
adimensionné . . . Z15
adipeux Q13
adipolyse Y5
adipopexie B9
adiposité S2

adiré Z3
addition 71 J5
adjacent D11
adjectif Q9
adjoint C20
adjonction T16
adjudant D10
adjudication T12
adjuvant D10
adjuvat F1
administrateur . . . Q28
admiratif Q9
admis Q11
admissibilité S6
admission T5
admittance D3
admixtion Z16
admonestation . . . T12
admonition T10
adné Q1
adobe, m J5
adolescent S3
adonis, m J5
adonis, f Z3
adoptif Q9
adorateur Q28
adossement Z9
adoubement Z7
adoucissement . . S4
adpromission . . . T5
adragante, f D2
adrénaline, f M3
adresse 12 S14
adressographe, m . Z15
adret F7
adroit Q2
adsorbant D12
adsorption T15
adstrat F1
adulateur Q28
adultère, m V15
adultérin Q24
advection T16
adventice S8
adventif Q9
adventiste D6
adverbal Q2
adverbial X5
adversaire H5
adverse S2
adversité U3

adynamie Y5
aède, *m* X5
aération T12
aéraulique X5
aéricole Z7
aérien Q25
aérobie B9
aérocolie B9
aérodrome P1
aéronaute P8
aérophage X5
aérosol Z3
aérostat, *m* F1
aeschne, *f* X4
aethusa, *f* X1
aétite Z3
affable J1
affairé Z5
affaissement Z13
affalement Z11
afféage P9
affect N1
affectation T12
affectif Q9
affection J1
affénage P9
afférent D11
affété U5
affiche J1
affidé J1
affilié J1
affin Q24
affinage Z11
affiné Z5
affinité U3
affirmatif Q9
affixe, *m* J1
affleurement J1
affliction T16
affligeant B15
afflouage X5
affluence D7
affluent 9 J1
afflux E8
affolant Z5
affolement Z11
affouage P9
affouillement Y16
affranchissement . Z15
affres R11
affrètement V17

affréteur J1
affreux Q13
affriolant D10
affriquée U4
affront F7
affublement J1
affût J1
affûtiaux R10
afghan Q24
aficionado M3
africain J2
africanité U3
afrikaans K4
agaçant 8 D10
agacé S7
agacerie Z7
agape, *f* Z3
agasse S12
agassin C17
agate, *f* Z3
agave, *m* J7
agavé, *m* U1
age 74 P1
âge 74 W1
âgé Q1
agence 12 D7
agenda, *m* A1
agenouillement . . Y16
agent D11
aggiornamento, *m* . J8
agglomération . . . J8
agglutiné J8
aggravation J8
ag(h)a Z16
agilité Z7
agio A4
agiotage N6
agissant D10
agissements R10
agitateur Q28
agitato Z7
aglite, *m* P8
aglossa, *m* A1
aglosse, *f* S6
agnat Q2
agnathe X1
agneau A5
agnelle C8
agnosie B9
agonie B9
agonisant D10

agora, *f* A1
agrafe J2
agraire H5
agrammatical . . . Z15
agrandissement . . J7
agréable X5
agréé U5
agrégat J7
agrégation J7
agrément D11
agrès R10
agresseur S6
agressif Q9
agression 11 J7
agricole L2
agriculture H6
agripaume, *f* P6
agrologie B9
agronomie M3
agrumes R10
aguets R10
ah ! 60 X8
ahan X2
ahuri X2
ahurissant D10
aide 12 C1
aïe ! 37 X6
aïeul X6
aïeux R10
aigle C1
aigre C1
aigrefin C17
aigrelet Q20
aigrette C11
aigreur G14
aigu Q3
aiguë X7
aiguillage Y14
aiguille L4
aiguillette Y16
aiguilleur Y13
aiguisé 8 S2
ail 15 37 L5
   pl. ails, aulx
ailé 8 Q1
aileron Z3
aillade Y16
ailleurs Y16
ailloli Y16
aimable C1
aimant D10

aine	**60** C2	
aîné	W4	
aînesse	S14	
ainsi	A3	
aïoli	X6	
air	**16 63** G6	
airain	C12	
aire	**16 63** H5	
airelle	C8	
airure	H6	
ais, *m*	**18** E4	
aisance	D3	
aise	C3	
aisselle	C8	
aîtres	**75** R10	
ajonc	Z16	
ajour	**13** G11	
ajout	F3	
ajoute	Z3	
akinésie	K12	
akkadien	Q25	
alacrité	U3	
alaise, *f*	C1	
alambic	K1	
alambiqué	K14	
alarmant	D10	
albâtre, *m*	W1	
albatros, *m*	R3	
albédo, *m*	H4	
albigeois	B15	
albinos	R1	
album	M1	
albumine	M3	
albumineux	Q27	
alcade, *m*	K6	
alcali, *m*	A3	
alcalin	Q24	
alcaloïde	X6	
alcazar	S1	
alcène, *m*	V12	
alcool	L1	
alcoolique	K2	
alcôve	W10	
alcoyle, *m*	Z16	
alcyon	S4	
aldostérone, *f*	Z15	
ale, *f*	**41** Z16	
aléa, *m*	A1	
aléatoire	H8	
alémanique	L12	
alentour	**75** G11	

alentours	**75** R10	
alerte	L12	
alèse, *f*	V16	
aléseur	G13	
alevin	C17	
alexandrin	Q24	
alexie	P3	
alezan	Q24	
alfa	**86** A1	
algarade, *f*	I17	
algèbre, *f*	V4	
algie	B9	
algol	L12	
algorithme, *m*	Z16	
algue, *f*	L12	
alias	L12	
alibi, *m*	A3	
aliboron, *m*	Z7	
alicante, *m*	D12	
alidade, *f*	Z7	
aliénation	T12	
aliéné	U5	
alignement	L12	
aligoté	U1	
aliment	D11	
alimentaire	H5	
alimentateur	Q28	
alinéa, *m*	A1	
aliquante, *f*	K14	
aliquote, *f*	K14	
alise, *f*	S2	
alizé, *m*	S1	
allaitement	**60** Z11	
allant	**8** D10	
alléchant	L11	
allèchement	V7	
allée	U4	
allégation	L11	
allège, *f*	V9	
allégeance	D3	
allégement	U13	
allégorie	Z11	
allègre	V4	
allégrement	U13	
allégresse	U12	
allegro, *adv.*	A4	
alléluia	Z5	
allemand	Z5	
allène	**41 60** V12	
allergie	B9	
alliage	L11	

alliaire, *f*	H5	
alliance	D3	
allié	Q1	
alligator	Z11	
allitération	L11	
allô !	**60** W10	
allocataire	H5	
allocation	Z11	
allocentrisme	Z15	
allochtone	K8	
allocution	Z11	
allogamie	Z11	
allogène	**86** V12	
allomorphe	J3	
allonge	L11	
allophone	J3	
allouable	L11	
allumage	Z5	
allumette	Z12	
allure	H6	
allusif	Q9	
allusion	Z5	
alluvionnaire	M4	
alluvions	R11	
allyle, *m*	Z5	
almanach, *m*	K3	
almée	U4	
aloès	V21	
alogique	L12	
aloi	A10	
alors	I8	
alouate, *m*	X5	
alouette	X5	
aloyau	Y11	
alpaga, *m*	A1	
alpax, *m*	Z16	
alpha	**86** J3	
alphabet, *m*	F5	
alphabétique	N6	
alphanumérique	M1	
alpin	Q24	
alpiniste	M3	
alsacien	Q25	
altaïque	X6	
altération	T12	
altercation	T12	
altérité	U5	
alternance	D3	
alternatif	Q9	
altesse	S14	
altier	Q4	

altimétrie	U12	
altitude	N6	
alto	A4	
altocumulus	R3	
altostratus	R3	
altruisme	X5	
aluminium	Z7	
alumnat	F1	
alvéole, *m ou f*	L2	
alysse, *f*	Y1	
alysson, *m*	Y1	
amadou	A8	
amalgame, *m*	M1	
aman	**31** D9	
amande	**30** D1	
amanite, *f*	Z7	
amant	**31** D10	
amarante, *f*	Z7	
amareyeur	Y8	
amaril	Q23	
amarinage	P4	
amarrage	I12	
amarre	**12** Z4	
amaryllis, *f*	L11	
amas	**60** M1	
amassage	Z9	
amateur	G13	
amaurose	P1	
amazone	S1	
ambacte, *m*	D12	
ambages	R11	
ambassade	D12	
ambassadeur	G13	
ambassadrice	S8	
ambiance	D3	
ambiant	D10	
ambidextre	D12	
ambigu	Q3	
ambiguïté	X6	
ambigument	F15	
ambitieux	T18	
ambition	T10	
ambitus	D12	
ambivalence	D7	
amble, *m*	D12	
amboine, *m*	D12	
ambon	D12	
ambre, *m*	D12	
ambroisie, *f*	B9	
ambulance	D3	
ambulant	D10	
amélioration	T12	
amen	**41** C4	
amende	**30** D5	
amène	**41** V12	
aménité	U5	
amer	**41** Q4	
amer, *m*	G5	
américain	Z7	
amerrissage	I10	
amertume, *f*	M1	
améthyste, *f*	X1	
amharique	X1	
ami	Q1	
amiable	X5	
amiante, *m*	D2	
amibe, *f*	M1	
amical	Q21	
amidon	Z3	
amimie	Z3	
amine, *f*	Z3	
amiral	I17	
amirauté	U3	
amitié	U3	
amman	**31** D9	
ammoniac	**67** Q1	
ammoniaque, *f*	**67** K2	
ammonite, *f*	M1	
ammonium	Z5	
amnésie, *f*	B9	
amnésique	K2	
amnios	X5	
amnistie, *f*	B9	
amok, *m*	K4	
amollissant	Z10	
amoncellement	S4	
amont	F7	
amoral	M1	
amoralité	U3	
amorce, *f*	**12** S14	
amoroso	Z7	
amorphe	J3	
amorti	Q1	
amour	G11	
amourette	Z8	
amourettes	R11	
amoureux	Q13	
amovible	P4	
ampère, *m*	V15	
amphétamine, *f*	J3	
amphibie	J3	
amphigouri, *m*	A3	
amphioxus	J3	
amphithéâtre	X1	
amphitryon	J3	
amphore, *f*	J3	
ample	D12	
amplectif	Q9	
ampleur	G14	
ampli	A3	
ampliation	T12	
amplitude	D12	
ampoule	Z3	
amuïssement	X6	
amulette, *f*	Z8	
amure, *f*	H6	
amusette	C11	
amygdale, *f*	Y1	
amylacé	Q1	
amylose	Y1	
an	**30** D9	
ana, *m, inv.*	A1	
anachorète, *m*	V17	
anacoluthe, *f*	X1	
anaconda, *m*	A1	
anacr(o)use, *f*	Z16	
anaglyphe, *m*	J3	
anaglypte, *m*	Y1	
anagramme, *f*	M2	
anal	**72** Q21	
analectes	R10	
analgésie	B9	
anallatisme	P10	
analogie	M3	
analphabète	V17	
analyse	Y1	
anamnèse, *f*	V16	
anamorphose	J3	
ananas, *m*	M3	
anapeste, *m*	O6	
anaphore, *f*	H4	
anaphylaxie	Y5	
anaplasie	B9	
anaplastie, *f*	B9	
anarchie	B9	
anarthrie	X1	
anastrophe	M3	
anatexie	P5	
anathème, *m*	V11	
anatomie	Z7	
ancestral	S4	
ancêtre	W2	
anche, *f*	**60** D12	

anchois E5
ancien Q25
ancienneté U3
ancillaire L11
ancolie D12
ancon, *m* D12
anconé, *m* Z3
ancre **30** D12
andalou Q12
andante D12
andésite Z7
andin Q24
andouille, *f* Y16
androgène V12
androgyne Y1
androïde X6
âne W1
anéantissement . . Z15
anecdote, *f* K6
anémie B9
anémique K2
anémone, *f* Z7
anergie B9
ânerie B9
ânesse W1
anesthésie X1
anévrisme P5
anfractuosité X5
ange D12
angelot F9
angélus R3
angevin P5
angine M3
angiome P1
anglais E4
angle D12
anglomanie B9
anglophilie X1
anglophobie X1
angoissant **8** D10
angoisse D12
angora, *m* A1
angström, *m* Z16
anguille L4
anguillère Y16
anguillule, *f* P10
angulaire H5
anguleux Q13
anhydre X1
anicroche, *f* M3
aniline, *f* Z7

animal Q21
animalité U3
animateur Q28
animé Q1
animosité U3
anion P5
anis M3
ankylose K12
annales **72** R11
anneau M4
année U4
annelé Z5
annelet F7
annelure H6
annexe, *f* M4
annexion T17
annihilation X2
anniversaire, *m* . . H5
annonce M4
annotation M4
annuaire X5
annuel Q22
annuité U3
annulaire H5
annulation P3
anoblissement . . . M3
anode, *f* M3
anodin Q24
anodonte Z7
anomal Q21
anomalie M3
ânonnement W1
anonymat F1
anonyme Y1
anophèle, *m* V10
anorak K4
anorexie B9
anorganique Z15
anormal M3
anoxie P5
anse, *f* **60** D4
anspect D12
antagonisme M3
antan D12
antarctique K2
antécédent D11
antédiluvien Q25
antéfixe, *f* U13
antéflexion T17
antenne C10
antéposé U5

antéride, *f* D12
antérieur G12
antériorité U3
antérograde Z15
anthère, *f* V13
anthèse V16
anthologie X1
anthracite, *m* S4
anthropoïde X6
anthropologie B9
anthropomorphe . . J3
antibiotique K2
antichrèse V16
anticipation S4
anticlinal Q21
anticorps E7
antidote, *m* Z7
antie, *f* B9
antienne, *f* M4
antigène, *m* V12
antillais L4
antilope, *f* O4
antimoine, *m* Z7
antinomie B9
antipathie X1
antipode, *m* O6
antiquaille, *f* L6
antiquaire K14
antique K2
antiquité U3
antithèse V16
antithétique U12
antonomase, *f* . . . D12
antonymie, *f* X5
antre, *m* **30** D12
anus R3
anxiété U3
anxieux Q27
aoriste X5
aorte, *f* X5
août **60** W7
aoûtat F1
apache P6
apaisement S2
apanage O6
aparté U1
apartheid, *m* J4
apathie X1
apatite, *f* P8
apatride O6
apepsie O6

aperception	O6	apparence	O5	aquaplaning	P5
apéritif	O6	apparent	D11	aquarelle	I18
aperture	H6	appariement	B11	aquarium, *m*	I19
apesanteur	O6	appariteur	O5	aquatique	K2
apex	R4	apparition	T10	aqueduc, *m*	K1
aphakie	K12	appartement	O5	aqueux	Q27
aphasie	J3	appas	**72** R10	aquicole	L12
aphérèse	U7	appât	**72** W1	aquiculture	Z15
aphis, *m*	J3	appeau	A5	aquifère	V15
aphone	J3	appel	L1	aquilain	**59** C12
aphorisme	J3	appellation	Z13	aquilin	**59** C17
aphrodisiaque	Z16	appendice	S8	aquilon	L12
aphte, *m*	J3	appentis	E6	aquitain	C12
aphteux	Q27	appétissant	Z12	aquosité	S2
apical	Q21	appétit	F8	ara	**80** A1
apiculture	O6	application	O5	arabesque, *f*	K2
apitoiement	B13	appoggiature	J8	arabisant	Z7
aplanétique	M3	appoint	C20	arable	I17
aplanissement	M3	appointements	R10	arachide, *f*	I17
aplasie	B9	apport	I6	arachnéen	K8
aplat	F1	apposition	T10	araignée	U4
aplomb	O6	appréciateur	Q28	araire, *m*	H5
apnée, *f*	U4	appréciation	S4	arasement	S2
apocalyphe, *f*	Y1	appréhension	X2	aratoire	H8
apocryphe	Y1	apprenti	A3	arbalète, *f*	V17
apocryphes	R10	apprentissage	Z15	arbitraire	H5
apodictique	Z15	apprêt	**41** W2	arborescence	S3
apodose, *f*	Z7	apprivoisement	O5	arboriculture	Z16
apogée, *m*	U2	approbateur	Q28	arbrisseau	S6
apollinien	Z9	approbatif	Q9	arc	K1
apologie	B9	approbation	O5	arcane, *m*	**71** M3
apologue, *m*	L12	approche	O5	arcanne, *m*	**71** M4
apophonie	J3	approfondissement	Z15	archaïsme	X6
apophtegme	J3	approximation	O5	archange	K8
apophyse, *f*	Y1	appui	**13** A3	archée	**43** U4
apoplexie	B9	appuyoir	X5	archéologie	K8
apocrétique	I18	apraxie	O6	archer	**43** Z16
aporie, *f*	B9	âpre	W1	archère	V15
apostasie	O6	après	**41** V20	archet	**43** F5
apostille, *f*	L4	âpreté	U3	archétype, *m*	K8
apostolat	F1	aprioristique	Z15	archevêché	U8
apostrophe, *f*	O6	aprosexie	P6	archevêque	W2
apothème, *m*	V11	apside, *f*	**86** Z16	archimandrite	D12
apothéose, *f*	X5	apte	Z16	archipel, *m*	L1
apothicaire, *m*	H5	aptère	V15	architectonique	N6
apôtre	W10	aptitude	N6	architectural	I17
apparat	F1	apulien	Q25	archives	R11
apparaux	R10	apyre	Y1	arçon	S4
appareil	L7	apyrexie	Y5	arctique	K2
appareillage	Y14	aquafortiste	Z15	ardemment	F17
apparemment	F17	aquaplanage	M3	ardennais	M4

ardent	Q19	
ardillon	Y16	
ardoise	Z16	
ardu	Q1	
are, *m*	72 H1	
arec	K1	
aréique	X5	
arène	V12	
aréole, *f*	L2	
aréomètre	X5	
aréopage, *m*	X5	
aréostyle, *m*	X5	
arête	15 W2	
argent	D11	
argentin	Q24	
argile, *f*	L2	
argon	Z16	
argonaute	M3	
argot	F9	
argousier	S2	
argousin	S2	
argue, *f*	Z16	
argument	D11	
argumentateur	Q28	
argus	R3	
argutie	B8	
aria, *m*	A1	
aria, *f*	A1	
arianisme	M3	
aridité	Z7	
arien	50 Q25	
aristocratie	B8	
aristotélicien	Q24	
arithmétique	X1	
arkose, *f*	K12	
arlequin	C17	
arlésien	Q25	
armada, *f*	A1	
armagnac	K1	
armateur	G13	
armature	H6	
armée	8 U4	
armement	D11	
armistice, *m*	S8	
armlock, *m*	K5	
armoire	H10	
armoiries	R11	
armure	H6	
arnica, *m ou f*	A1	
aromate, *m*	P1	
arôme	74 W10	

aronde	P7	
arpège, *m*	V9	
arpent	D11	
arrachis	E6	
arraisonnement	I12	
arrangement	I12	
arrérages	R10	
arrêt	60 W2	
arrêté	U8	
arrhes	72 R11	
arrière	I12	
arriéré	U5	
arrimage	Z11	
arrogant	D10	
arroi	A10	
arrondissement	Z15	
arrosoir	G2	
ars	72 Z16	
arsenic	K1	
art	72 I4	
artefact	N1	
artère	V15	
artériel	Q22	
artésien	Q25	
arthralgie	X1	
arthrite	X1	
arthropode	X1	
arthrose, *f*	X1	
artichaut	F2	
articulatoire	H8	
artifice	S8	
artificiel	Q22	
artificieux	Q27	
artillerie	L4	
artisan	D9	
artisanat	F1	
arum, *m*	74 I21	
aruspice, *m*	S8	
arvicole	P3	
aryen	50 C15	
arythmie	Y5	
as	37 R3	
asbeste, *m*	Z16	
ascaride, *m*	P7	
ascaris, *m*	I19	
ascendance	D3	
ascenseur	S3	
ascension	T1	
ascèse	S3	
ascète	V17	
ascétique	70 U12	

ascidie, *f*	B9	
ascomycète, *m*	V17	
ascorbique	K2	
asdic, *m*	K1	
asémie	S2	
asepsie	B7	
aseptique	K2	
ases	R11	
asiatique	K2	
ou asiate	S2	
asile, *m*	L2	
asocial	Q21	
asparagus, *m*	R3	
aspect	N1	
aspectuel	Q22	
aspergeraie	B1	
aspergière	V13	
aspérité	U3	
aspersion	T2	
asphalte, *m*	J3	
asphodèle, *m*	V10	
asphyxie	Y5	
aspic	K1	
aspirant	D10	
aspirine, *f*	M3	
assaillant	Z6	
assainissement	S6	
assaisonnement	M4	
assassin	S6	
assassinat	M3	
assaut	F2	
asse	37 S6	
assec	K1	
assèchement	V7	
assemblage	S6	
assemblée	U4	
assentiment	S6	
assermenté	S6	
assertion	T7	
asservissement	S6	
assez	S6	
assidu	Q1	
assidûment	W8	
assiégeant	B15	
assiette	Z6	
assiettée	U4	
assignat	F1	
assimilateur	Q28	
assis	Q11	
assises	R11	
assistance	D3	

assistant	D10	atoca, *m*	A1	attribut	F10
associé	8 S4	atoll, *m*	L11	attributif	Q9
assoiffé	Z6	atome	Z3	attribution	T9
assolement	Z11	atonal	P5	attristant	D10
assombrissement	Z15	atonie	B9	attroupement	N7
assommant	Z6	atour	G11	atypique	Y5
assommoir	G2	atours	R10	au, *pl.* aux	58 A6
assomption	T15	atout	F3	aubade	Z3
assonance	Z11	atoxique	N6	aubaine	C2
assortiment	S6	atrabilaire	H5	aube	Z1
assouplissement	S6	âtre, *m*	W1	aubépine	Z7
assouvissement	S6	atrésie	B9	aubère	60 V15
assujetti	Q1	atrium	X5	aubergine	M3
assurance	P1	atroce	S9	auberon	Z3
assurément	F13	atrocité	U3	aubette	C11
assureur	G13	atrophie	J3	aubier	X5
assyrien	Y5	attachant	N7	auburn, *inv.*	Z1
astasie	B9	attaché	U1	aucun	K6
aster, *m*	60 G5	attaquant	K14	aucunement	Z7
astérisque, *m*	I19	attaque	N7	audace	S7
asthénie	X1	atteint	C16	audacieux	Q27
asthmatique	X1	atteinte	N7	audience	D7
asticot	F9	attelage	N7	auditeur	Q28
astigmate	N6	attelle	19 71 C8	auditif	Q9
astragale, *m*	L2	attenant	Z5	audition	T10
astrakan, *m*	D9	attendu	Q1	auditoire	H9
astreignant	D10	attentat	F1	augée	U4
astreinte	C16	attente	D6	augment	D11
astringent	D11	attentif	Q9	augure, *m*	H6
astrologie	B9	attention	T6	augustin	Q24
astronomie	B9	attentionné	Z12	augustinien	Q25
astuce, *f*	S10	atténué	U5	aujourd'hui	A3
astucieux	Q13	atterrage	Z13	aulique	K2
asymétrie	D0	atterrant	Z6	au(l)naie	D1
asymétrique	Z15	atterrissage	Z15	au(l)ne, *m*	78 Z16
asymptote, *f*	Y1	attestation	N7	aulx, *pl.*	58 E8
asyndétique	S2	atticisme	S4	aumône	W10
ataraxie	B9	attiédissement	N7	aune, *f*	78 Z1
atavisme	N6	attique	K2	auparavant	D10
ataxie	N6	attirail	L5	auprès	V20
atèle	19 71 V10	attirance	D3	aura	A1
atelier	N6	attirant	Z5	auréole, *f*	X5
atermoiement	B13	attisoir	G2	auréomycine	Y5
athée	8 X1	attitré	N7	auriculaire	H5
athénien	Q25	attitude	N7	auricule, *f*	L12
athlète	V17	attorney	Y3	aurifère	V15
athlétique	U12	attractif	Q9	aurignacien	Q25
athymie	X1	attraction	N7	aurochs	E7
atlante, *m*	D2	attrait	F4	aurore, *f*	H4
atlas	R3	attrape	12 P6	auscultation	T12
atmosphère, *f*	V13	attrayant	Y7	auspice, *m*	60 S8

aussi A3
aussitôt 83 W10
austère V15
austérité U3
austral R8
   pl. aussi austraux
australien Q25
australopithèque . Z15
autan 28 D9
autant 28 D10
autarcie B6
autel 60 L1
auteur 60 G13
authenticité U3
authentique X1
autisme N6
autobus R3
autocar G1
autochtone K8
autocratie B8
autodafé, *m* U1
autodrome P1
autogire, *m* Z7
autogramme, *m* . . M2
autographe, *m* . . . J3
autolyse Y1
automate, *m* Z7
automnal Q21
automne N6
autonome Z7
autonomie B9
autopompe, *f* . . . Z7
autopsie B7
autoradio A4
autorail L5
autoritaire H5
autorité U3
autoroute, *f* Z7
autoroutier Q4
autour G11
autrefois E5
autrichien Q25
autruche N6
autrui A3
autunite, *f* Z7
auvent, *m* D11
auvergnat Q19
auxiliaire H5
auxiliariat F1
aval L1
avalanche D12

avaleur Q27
avaloir, *m* 85 G2
avaloire, *f* 85 H0
avance 12 D3
avancée U4
avanie B9
avant 30 D10
avantage D12
avantageux Q27
avare H1
avarice S8
avaricieux Q27
avarie B9
avatar, *m* G1
ave, *m inv.* Z16
avec K1
aven, *m.* C4
avenant D10
avènement V12
avenir G3
avent 30 D11
aventure H6
aventureux Q27
aventurier Q4
avenue B5
avéré U5
avers I7
averse Z16
aversion T2
averti Q1
aveu A2
aveuglement F12
aveuglément F13
aveuglette C11
aviateur Q28
aviation T12
avicole L2
aviculture Z15
avidité U3
avifaune, *f* J2
avilissant D10
avion 11 X5
aviron I20
avis E6
aviso A4
avitaillement Y16
avitaminose P1
avocat Q19
avoine M3
avoir G2
avorteur Q27

avouable X5
avoué U1
avril L1
avulsion T11
avunculaire H5
axe, *m* Z16
axel, *m* L1
axial Q21
axillaire L11
axiologie B9
axiomatique K2
axiome M1
axis, *m* Z16
axolotl Z16
axone M3
azalée, *f* U4
azimut, *m* S1
azoïque X6
azonal M3
azotate N6
azote S1
aztèque V14
azur, *m* G7
azygos, *f* Y1
azyme, *m* Y1

baba, *m* A1
baba, *f* A1
babélesque U6
babélique U6
babeurre I10
babil L1
babillage L4
babines R11
babiole L2
babiroussa, *m* . . . A1
bâbord W1
babouche Z16
babouin C19
baby Y4
   pl. babys, *aussi*
   babies
babylonien Q25
bac K1
baccalauréat K7

baccara **23** A1
baccarat **23** F1
bacchanale K7
bac(ch)ante D2
baccifère V15
bâche W1
bachelier Q4
bachique K2
bacholle L11
bachonnage M4
bachotage N6
bachotte N5
bacillaire L11
bacille L3
bâclage W1
bacon K6
bactérie B9
bactrioles R11
bacul K6
bacula, m A1
badaboum ! J5
badaud Q2
badge, m Z16
badigeonnage . . . B15
badin Q24
badminton Z16
badois Q11
baffe J1
baffle, m J1
bafouillage Y14
bafouillis E6
bâfreur Q7
bagage **67** J7
bagarre I10
bagasse S12
bagatelle C8
bagaudes R10
bagnard I1
bagnole L2
bagou(t) P1
baguage . . . **67** J7
baguette C11
bah ! **19 24** X8
bahut F10
bai **66** Q1
baie **66** B1
baigneur Q27
baignoire H10
bail **21** L5
baîle, m **41** C1
baille **21** L6

bâillement W1
bailli A3
bâillon W1
baïonnette Z16
baïoque X6
baisemain C12
baisement Z7
baiser S2
bajocien Q25
bajoue B3
bakchich, m . . . K12
bakélite f K12
baklava, m A1
bal **24** R8
balade **71** P3
baladeur Q27
baladin P3
balafon J2
balafre **12** J2
balai **41** A9
balais **41** E4
balalaïka, f X6
balance **12** P3
balancelle S4
balançoire H10
balayeur Y8
balayures R11
balbutiement B11
balbuzard I1
balconnet P12
baldaquin C17
baleine C6
baleineau A5
baleinier Q4
balèvre, f V4
balèze V19
balisage S2
balistique P3
baliveau A5
baliverne L12
ballade **71** P10
ballast N3
balle **24** L3
ballet **41** P10
ballonnement . . . Z13
ballot F9
ballottage Z13
bal(l)uchon Z16
balnéaire H5
balourd Q2
balsa, m A1

balsamier S2
baltique K2
balustre, m P3
balzane, f S1
bambin C17
bambocheur Q27
bambou A8
bamboula, f A1
ban **28** D9
banal R8
  pl. moulins banaux
banalité U3
banane M3
bananeraie Z7
banc **28** D12
bancaire K6
bancal K6
banchée D12
banco A4
bande D12
bandeau A5
bandelette C11
banderille L4
banderole L2
bandit F8
banditisme N6
bandoulière Z7
bang ! D12
banjo A4
banlieue B4
banlieusard Q2
banneton Z5
banni M4
bannière V15
banque D12
banqueroute K14
banquet F5
banquette C11
banquier D12
banquise S2
bans **28** R10
bantou Q1
baobab X5
baptême W2
baptismal Q21
baquet F5
bar **62** G1
baragouin C19
baraka, f A1
baraque K2
baratin P8

baratte **12** P15	barrette Z6	batave P1
barbacane, *f* P5	barreur Q27	batavia, *f* A1
barbant **8** D10	barricade Z11	bateau P1
barbaresque . . . I18	barrière V15	batée U4
barbeau A5	barrique P14	bateleur Q27
barbecue K6	barrissement Z13	batelier Z7
barbelé Q1	barrot **78** F9	bath X8
barbet F5	bartavelle C8	bathyscaphe X1
barbette C11	barymétrie Y5	bâti W1
barbiturique N6	baryon Y1	batik K4
barboteuse N6	barysphère Y13	batillage Y14
barbouillage Y14	baryte, *f* Y1	bâtiment W1
barbouze, *f* S1	barytine Y5	bâtisse S15
barbu **56** Q1	baryton Z3	bâton W1
barbue **56** B5	baryum Y1	bâtonnet W1
barca A1	barzoï S1	bâtonnier M4
barcarolle L3	bas, *m* **24** R1	batracien S4
bard **62** I1	bas **19 24** Q14	battant **8** D10
barda A1	basal S2	batte, *f* N5
bardane M3	basalte, *m* S2	batterie P14
bardeau **87** A5	basane, *f* S2	batteur N7
bardot **87** F9	basané Q1	battitures R11
barège, *m* V9	basculant D10	battoir G2
barème V11	bascule **12** L2	battologie N7
baresthésie X1	base S2	battu Q1
barguigneur Q27	basicité U3	bau **78** A6
barigoule L2	basilic, *m* . . . **88** K1	bauche Z16
barillet L4	basilique, *f* . . . **88** K2	baud **78** F18
barine, *m* Z3	basin C17	baudet F5
bariolage I19	basket, *m* K12	baudrier X5
barkhane, *f* X1	basoche S2	baudroie B2
barlong Q8	basophobie J3	baudruche Z16
barmaid J4	basquais E4	bauhinia, *f* X2
barman Z16	basque K2	baume, *m* **53** P1
pl. men *ou* mans	basquine M3	baumier M1
barnum Z16	basse S12	bauxite, *f* N6
baromètre I20	basset F5	bavard Q2
baronnie Z4	bassin C17	bavarois Q11
baroque K2	bassinet Z5	bavette C11
barostat F1	bassinoire H10	bavolet F5
baroud J4	basta A1	bavure H6
barouf P7	bastille L4	bayadère V15
barque K14	bastingage Z16	bayle **41** L2
barracuda Z11	bastonnade M4	bayou A8
bar(r)adeau A5	bat **19 24** F1	bazar G1
barrage I12	bât **19 24** W1	bazooka Z16
barraque P14	bataclan D9	beagle Z16
barras P14	bataille L6	béant X5
barrasquite I12	batailleur Y14	béat Q19
barre **62** I12	bataillon P8	béatitude X5
barreau **78** A5	bâtard W1	beatnik K4

beau 78	Q18	
beauceron	Q25	
beaucoup	O2	
beaufort	I6	
beaujolais	R3	
beaupré	U1	
beauté	U3	
bébé	U5	
bébête	U8	
bec	K1	
bécane	Z3	
bécarre, m . . 62	I12	
bécasse	S12	
béchamel, f . . .	L1	
bêche 12	W2	
becquetage	P8	
bedaine	C2	
bedane, m	M3	
bedeau	A5	
bédière	V15	
bédouin	C19	
bée, f 66	U4	
beffroi	A10	
bégaiement	B10	
bégonia, m	A1	
bégu	Q3	
bègue	Z16	
béguin	C17	
béguinage	P5	
bégum	J7	
béhavio(u)risme . .	Z16	
beige	C5	
beignet 10	F5	
bel 41	Q18	
bélandre, f	D12	
bêlement	W2	
bélemnite	L12	
belette	Z4	
bélier	L12	
bélière	V13	
bélinographe	M3	
bélître	W3	
belladone, f	Z11	
bellâtre	W1	
belle 41	L3	
belliciste	S4	
bellifontain	C12	
belligène	V12	
belligérance	D3	
belliqueux	L11	
belluaire	H5	

belon	L12	
belote	Z3	
bel(o)uga, m	A1	
belvédère	V15	
bémol, m	L1	
bénarde	P5	
bénédicité	U5	
bénédictin	Q24	
bénédiction	T16	
bénéfice	S8	
bénéficiaire	H5	
bénéfique	K2	
benêt	W2	
bénévolat	F1	
bengali, m	A1	
bénignité	U3	
bénin	C17	
f bénigne		
benjamin	Q24	
benjoin	C18	
bonne	C10	
benoît	W6	
benthos	X1	
benzène, m	V12	
benzine, f	M3	
benzol	L1	
béotien	X5	
béquille	L4	
berbère	V15	
bercail	L5	
berceau	A5	
bercelles	R11	
béret	I18	
bergamasque . . .	M1	
bergamote	N6	
berger	Q4	
bergerette	I18	
bergerie	B9	
bergeronnette . . .	I20	
béribéri, m	I19	
berline	M3	
berlingot	F9	
berlinois	P5	
berlue	B5	
bermuda, m	A1	
bernicle	Z16	
bernique	K2	
bernois	E5	
berquinade	K14	
berrichon	Q25	
bertillonnage . . .	Y16	

besace	S7	
besicles	R11	
besogne	S2	
besogneux	Q13	
besoin	C18	
bessonnière	Z6	
bestiaire	H5	
bestial	Q21	
bestiaux	R10	
bêta	W2	
bétail	L5	
bête 41	W2	
bêtisier	S2	
bétoine, f	P8	
bétoire, m	H9	
bétonneuse	M4	
bette 41	C11	
betterave	I17	
bétyle, m	Z3	
beuglant	D10	
beurre	I10	
beurrerie	Z5	
beuverie	B9	
bévatron	U6	
bévue	B5	
bey 66	Y3	
biais	E4	
bibelot	F9	
biberon	I20	
bibine	M3	
bibliobus	R3	
bibliographie	J3	
bibliothécaire	X1	
bibliothèque	V14	
bicaméral	Q21	
bicarré	Q1	
bicentenaire	H5	
bicéphale	J3	
biceps	R3	
bichet	F5	
bichon	Q25	
bickford	K13	
bicoque	K2	
bicorne	K6	
bicyclette	Y5	
bidasse	S12	
bidet	F5	
bidonville, m	Z8	
bidule, m	L2	
bief	X5	
bielle	C8	

biélorusse Z8
bien C15
bienfaisance . . . D3
bienfait F4
bienfaiteur Q28
bienheureux . . . Q13
biennal P12
bienséant D10
bientôt **83** W10
bienveillant Y12
bienvenu Q1
bière V15
biface, *m* S7
biffage J1
biffure J1
bifteck K5
bifurcation T12
bigame P4
bigarré I12
bigarreau A5
bigleux Q13
bigorneau A5
bigot Q19
bigouden Z16
bigoudi, *m* A3
biguine P5
bihoreau A5
bijectif Q9
bijection T16
bijou R7
bijouterie B9
bikini, *m* A3
bilan D9
bilboquet F5
bile L2
bileux Q13
bilharzie X1
bilharziose X1
bilieux Q13
bilingue L12
bilitère V15
billard I1
bille L4
billebaude Y16
billet F5
billetterie Z13
billevesée U4
billion L11
billon L4
billot F9
bimane Z3

bimbeloterie B9
bimillénaire Z15
binaire H5
binette Z4
bing ! Z16
biniou A8
binocle P5
binôme W10
biocatalyseur . . . Y1
biocémèse U7
biographie J3
biologie B9
biophysique Y5
biopsie B7
biosphère V15
biostasie B9
biosynthèse V16
biothérapie X1
biotite Z3
biotope, *m* O4
biotype, *m* Y1
bioxyde X5
biparti Q1
bipartite N6
bipolaire H5
birème, *f* V11
biribi A3
birman Q24
bis Z16
bisaiguë X7
bisannuel Q22
bisbille, *f* Y16
biscaïen C1
biscayen Y11
bi(s)chof Z16
biscotte N5
biscuit F8
bise S2
biseau A5
bismuth X1
bison S2
bisontin S2
bisque K2
bissac K1
bissection S6
bissectrice S8
bissextile S6
bistouri A3
bistro(t) Z16
bist(r)ouille Y16
bit **49** Z16

bitte **49** N5
bit(t)ure H6
bitume Z3
bitumeux Q13
bivalence D7
bivouac K1
bizarre I10
bizut(h) S1
blablabla A1
blackboulage . . . K13
blafard Q2
blagueur Q27
blaireau A5
blâmable W1
blâme **12** W1
blanc Q7
blanchâtre W1
blancheur G14
blanchiment D11
blanchisseur Q27
blandices R11
blanquette C11
blasé S2
blason S2
blasphématoire . . U12
blasphème V11
blastomères R11
blatte N5
blazer G5
blé **42** U1
bled J4
blême W2
blémissement . . . U12
blende C15
blennoragie M4
blennorhée X1
blépharite J3
blessant D10
blessure H6
blet **42** Q20
bleu R9
bleuâtre W1
bl(e)uet F5
bleuissage X5
bleusaille L6
bliaud F18
blindé Q1
blister G5
blizzard I1
bloc K1
blocage K6

blockhaus K13
blocus R3
blond F18
blondinet Z3
blooming M1
blouse S2
blousse S6
blues, *m* S2
bluette N5
bluffeur Q27
blutage N6
boa A1
bobard I1
bobèche V7
bobine Z3
bob(sleigh) Z16
bocage K6
bocal L1
bocard I1
bock K5
boëssef X6
bœuf [boef] J2
   pl. bœufs [bø]
bog(g)ie Z16
boghead, *m* X1
boguette N5
bohairique K2
bohème X2
bohémien U12
bois **22** E5
boiserie B9
boisseau A5
boisson S6
boîte **15** W6
boiteux Q13
boîtier W6
boitillement L4
bol L1
bolchévique Z16
bolée U4
boléro A4
bolet F5
bolide L12
bombance D3
bombyx Y1
bôme **53** W10
bon **55** Q25
bonace **70** S7
bonasse **70** S12
bonbonne M4
bond **55** F18

bondé Q1
bondrée U4
bonheur X1
bonhomie P4
bonhomme P11
   pl. bonshommes
boni, *m* A3
bonification P4
bonimenteur . . . Q27
bonjour G11
bonnement Z5
bonnet M4
bonneteau A5
bonneterie Z11
bonniche M4
bonsoir G2
bonté U3
bonze S1
bonzesse S14
bookmaker K12
booléen Q25
boolien Q25
boom **87** Z16
boomerang I17
bootlegger J8
boqueteau A5
bora, *f* A1
borassus R3
borate Z3
borax R4
borborygme, *m* . . Y1
borchtch Z16
bord **52** I2
bordeaux E8
bordée U4
bordel L1
bordelais Q11
bordereau A5
bordj Z16
bordure H6
bore **52** H4
boréal Q21
   pl. als *ou* aux
borée U2
borgne Z16
borné Q1
borosilicate Z15
bort **52** I6
bortsch X4
bosco **53** A4
boscot **53** Q20

boson S2
bosquet F5
boss **32** S6
bosse **32** S6
bosselé Q1
bosseyage Y9
bosseyement . . . Y11
bossoir **9** R2
bossu Q1
bot **71 78** Q19
botanique K2
botte **71** N5
bottier P15
bottillon Y16
bottin C17
bottine Z5
botulisme N6
boubou A8
bouc K1
boucan D9
bouchée U4
boucher **7** Q4
bouchonnage . . . P12
bouchot F9
bouclette C11
bouclier X5
bouddha X1
boudin C17
boudoir G2
boue **19 57** B3
bouée U4
boueux X5
bouffée J1
bouffi q1
bouffonnerie B1
bougainvillée, *f* . . U4
bougainvillier *m* . . Z16
bougeoir B15
bougeotte N5
bougie B9
bougnat F1
bougon Q25
bougrement F12
bougresse S14
bouillabaisse . . . Y16
bouillant Y12
bouille L4
bouilli **47** Q1
bouillie **47** B9
bouillon Y16
bouillotte N5

boulanger Q4	boutonnière V15	bredouille Y16
boulbène, *f* V12	boutre Z16	bref Q9
boule L2	bouture H6	*f* brève
bouleau 53 A5	bouvet F5	breitschwanz . . . R5
boulet 10 F5	bouvreuil L9	brelan D9
boulevard I1	bovarysme Y1	breloque K2
bouleversant D10	bovin Q24	brème, *f* V11
bouleversement . . D11	bowal, *m* L1	bren(n)eux Q13
boulier P3	bowling Z16	bressan Q24
boulimie B9	box, *m* 32 R4	bretèche V7
boulingrin C17	boxe, *f* 32 Z16	bretelle C8
bouloir G2	boy Y4	breton Q25
boulon L12	boyau A6	bretteur G13
boulonnais Q11	boycottage N7	bretzel, *m* Z16
boulot 53 F9	brabançon Q25	bretzel, *f* Z16
boum ! 87 Z16	bracelet F5	breuil, *f* L9
bouquet F5	brachial K8	breuvage Z16
bouquetin C17	brachycéphale . . . K8	brevet F5
bouquin C17	braconnage M4	breveté Q1
bourbeux Q13	bractée U4	bréviaire H5
bourbonnais Q11	braderie B9	briard I1
bourdalou A8	bradycardie Y1	bribe Z16
bourdonnement . . M4	braguette N5	bric 38 K1
bourg 65 Z16	brahmane, *m* . . . X2	brick 38 K5
bourgeois E5	brahmine, *f* X2	bricole L2
bourgeon B15	brai, *m* 41 A9	bridé Q1
bourgmestre J7	braies 41 R11	bridge Z16
bourguignon Q25	braille, *m* L6	brie 88 B9
bourlingueur Q27	brainstorming, *m* . Z16	briefing J2
bourrade I16	braise C3	brièvement F12
bourrasque I16	brancard I1	brièveté U8
bourratif Q9	branchement . . . D11	brigade Z16
bourre 65 I16	branchie B9	brigand F18
bourreau A5	brandebourg Z16	brigantin C17
bourrée U4	brandevin C17	brillamment F16
bourrelet F5	branlant D10	brimade P4
bourrelier Z5	branquignol L1	brimbelle L3
bourrin I16	braquage K14	brimborion I18
bourrique I16	braquet 10 F5	brin C17
bourru Q1	bras E1	brindille L4
boursicoteur Q27	brasero A4	brio A4
boursouflure P2	brassard I1	briovérien Q25
bouse S2	brasse S12	brique 38 K2
boussole Z5	brassière V15	briquet 10 F5
bout 19 57 F3	bravo A4	briquette C11
boutade N6	bravoure I18	bris 88 E6
boutefeu A2	break K4	brise 61 S2
bouteille L8	breakfast N3	briska, *m* A1
bouterolle Z8	brebis E6	brisque, *f* K2
boutique N6	brèche V7	bristol L1
boutonné Q1	bredindin C17	britannique M4

brize 61 S1
broc K1
brocaille L6
brocante D2
brocard 81 I1
brocart 81 I4
brocatelle Z8
brochure H6
brocoli A3
brodequin C17
broderie B9
broiement B13
brome M1
bromure, *m* H6
bronchite N6
bronze S1
broquard . . . 81 I1
broquart . . . 81 I4
broquette N5
broquillon Y16
brosse 12 S16
brou, *m* A8
brouet F5
brouettée X5
brouhaha X2
brouillage Y14
brouillamini Z11
brouille Y16
brouillon Q25
broussailleux Y15
brousse S18
broutille L4
browning Z16
broyage Y9
brrr ! Z16
bru A7
bruant D10
bruccio A4
brucellose L11
brugeois Q11
brugnon Z16
bruine X5
bruissement S6
bruit F8
bruitage N6
brûlant W8
brûlis E6
brûlot F9
brûlure W8
brumaire H5
brume M1

brumeux Q13
brun Q24
brunâtre W1
brusque K2
brut 32 Q19
brutal Q21
brute 32 N6
bruxellois Q11
bruyant Y7
bruyère Y11
bryozoaire H5
buanderie X5
bubale, *m* Z3
buccal K7
buccin C17
bûche W8
bucolique K6
budget F5
buée U4
buffet P9
buffle J1
buggy J8
bugle, *m* Z16
bugle, *f* Z16
building Z16
buis E6
buissonneux Q13
bulldozer G5
bulle L3
bulletin C17
bullionisme P10
buna A1
bungalow Z16
bunker G5
bunsen C4
burdigalien L12
bureau I18
bureaucratie B8
burette I18
burgau A6
burgrave J7
burin C17
burlesque K2
burnous R3
busard S2
busc K1
buse S2
business Z16
bustier Z16
but 14 21 56 F10
butadiène, *m* V12

butane Z3
butoir 86 N6
butome, *m* P1
butor G9
butte 21 56 N5
buttoir 86 N7
butyrique Y5
buvard I1
buvette C11
buxacée U4
buzzer G5
byline, *f* Y5
byssus R3
byte, *m* 49 Y1
bytilique Y5
byzantin Q24
byzantinisme Y5

C

ça 24 A1
çà 24 V1
cabale L2
caban D9
cabanon Z3
cabaret F5
cabas E1
cabestan D9
cabillau(d) 53 Y16
cabillot 53 Y16
cabine M3
cabinet F5
câble W1
cabochon Z16
cabotage N6
cabotinage N6
caboulot F9
cabri A3
cabriole X5
cabriolet 10 F5
cabus R3
cacahouète X2
cacahuète X2
cacao X5
cacatoès V21
cacatois E5
cachalot F9
cache, *m* 25 Z16

cache, *f* **25** Z16	cailloutis E6	camaïeu X6
cachemire H2	caïman D9	camail L5
cachet F5	caïque X6	camarade Z7
cachexie B9	caisse S13	camard I1
cachinnation P12	cajoleur Q27	camarguais E4
cachot F9	cake K12	camarilla Y16
cachotterie P15	cal **24** R8	cambial Q21
cachou A8	calabrais E4	cambodgien Q25
caciocavallo A4	calamite Z7	cambouis E6
cacique S4	calamité Z7	cambrien Q25
cacochyme Y1	calandre D12	cambrioleur Q27
cacophonie J3	calanque D12	cambrure H6
cactus R3	calao A4	came M1
cadastre J5	calcaire H5	camée, *m* U2
cadavre J5	calcédoine S4	caméléon Z3
caddie **49** J6	calcite, *f* S4	camélia, *m* A1
cadeau A5	calcium S4	cameline Z7
cadenas E1	calcul L1	caméline U6
cadence D7	cale **12 24** L2	camelle L3
cadenette Z8	calé P3	camelot Z3
cadet F5	calebasse S12	camelote Z7
cadi **49** A3	calèche V7	camembert I5
cadis **49** E6	caleçon S4	caméra A1
cadméen Q25	calédonien Q25	caméral Q21
cadran **28** D9	caléfaction T16	camerlingue M1
cadrature H6	calembour G11	camerounais M3
caduc Q5	calembredaine . . . C2	camionnette Z10
caducée U2	calendaire H5	camisard I1
caducité U3	calendes R11	camisole Z7
caecum Z16	calendrier D13	camomille, *f* L4
caf P2	calepin C17	camouflet F5
cafardeux Q13	calibreur P3	camp **28** 02
caféine X5	calicot F9	campagnol L1
caf(e)tan D9	calife J2	campanile, *m* . . . L2
cafouillage Y14	californien Q25	campanule, *f* L2
cafre P2	câlinerie W1	campeur Q27
cageot B15	calligraphie J3	camphre J3
cagibi A3	callipyge Y5	camping Z16
cagnard Q2	callosité U3	campus R3
cagneux Q13	calmar G1	camus Q11
cagnotte N5	calomnie B9	canadien Q25
cagoule L2	calorie B9	canaille L6
cahier X2	calorifère V15	canal **75** M3
cahot **61** X2	calorifique K2	canapé U1
cahoteux Q13	calorifuge Z15	canaque P5
cahute P8	calot F9	canar **81** G1
caïd J4	calotte N5	canard **81** I1
caillasse S12	calque K2	canari A3
caille Y16	calumet F5	canasson Z4
caillebotis Z11	calvaire H5	canasta, *f* A1
caillou R7	calvitie B8	cancan D9

cancel, *m*		L1
cancer		G5
cancoillotte		N5
cancrelat		F1
candela, *f*		A1
candélabre		U6
candeur		G14
candi, *inv*		A3
candidature		H6
cane	**71**	M3
caneton		Z3
canette		Z4
canevas		E1
cangue		D12
caniche		M3
canicule		L2
canif		M3
canin		Q25
caniveau		A5
can(n)amelle		L3
canne	**71**	M4
cannelloni		Z13
cannelure		Z11
cannibale		Z11
cannisse		S15
canoë		X6
canonial		Q21
canonique		M3
canonnade		Z9
canonnière		V15
canot	**75**	F9
canotier		Z3
cantaloup		Z3
cantatrice		S9
canthus		R3
cantilène		V12
cantine		Z3
cantique	**67**	K2
cantonade		P5
cantonal		P5
cantonnier		P12
cantor		G9
canular		G1
canule		Z3
canus	**56**	Q11
canut	**56**	F10
canzone, *f*		Z16
caodaïsme		X6
caouanne		P12
caoutchouc		Z16
caoutchouteux		Q13
cap	**32**	O1
capable		P6
capacité		S4
caparaçon		S4
cape	**32**	O4
capelan		Z3
capeline		Z7
capétien		S5
capharnaüm		X6
capillarité		L11
capitaine		Z7
capital, *m*	**33**	L1
capital	**33**	Q21
capitale, *f*	**33**	L2
capitan		D9
capiteux		Q13
capitole		Z7
capiton		Z3
capitonné		Z8
capitulation		Z15
caporal		Z3
capot		F9
capre, *m*	**74**	P1
câpre, *m ou f*	**74**	W1
capricant		D10
capriccio		A4
caprice		S8
capricieux		T20
capsule		L2
captieux		T18
captif		Q9
capture		H6
capuce, *m*		S10
capuchonné		M4
capucin		C17
caquet		F5
car	**24**	G1
carabin		C17
carabine		Z7
caraco		A4
caractère		V15
caractériel		Q22
carafe		J2
caraïbe		X6
carambolage		P3
carambouillage		Y14
carapace		I17
carat		F1
caravane		P5
carbone		M3
carburant		D10
carbure		H6
carcan		D9
carcasse		S12
carcinome		P1
cardamome, *f*		P1
cardan		D9
cardiaque		K2
cardigan		D9
cardinal		Q21
cardiologie		B9
cardiopathie		Z15
carême		W2
carénage		U12
carence		D7
carène		V12
carentiel		S5
caresse		S14
cargo		A4
caribou		A8
caricature		H6
carie		R9
carillon		I19
carlingue		C17
carmagnole		L2
carmel		L1
carmin		C17
carnassier		Q4
carnation		T12
carnaval		R8
carnet		P5
carnivore		H4
carolin		Q24
carotène, *m*		V12
carotide		Z7
carottage		Z9
carpelle		C8
carpette		C11
carquois		K14
carrare		H1
carre	**24**	I10
carré	**8 39**	Q1
carreau		A5
carrefour		G5
carrelage		Z11
carrément		F13
carrier	**7**	I12
carrière		I12
carriole		L2
carrosserie		Z13
carrousel		S2
carroyage		Y9

carrure I12
carte 67 Z16
cartel L1
carter G5
cartésien Q25
cartier 67 K6
cartilagineux Q13
cartomancie B9
cartonnage M4
cartouchière V15
cas E1
casanier Q4
casaque S2
casbah X8
cascade K6
case S2
caséine X5
casette C11
cash 25 X3
casier S2
casino A4
casoar X5
casquette C11
cassage S6
cassation T12
casse S12
casserole Z11
cassette C11
cassis R3
cassolette Z12
cassonade Z11
cassoulet F5
castagnettes R11
castelet F5
castillan Q24
castor G9
casuel Q22
casuistique K2
catachrèse K8
cataclysme Y1
catacombes R11
catafalque N6
catalan L12
catalepsie B7
catalogue P3
catalyse Y1
catamaran D9
catapulte Z16
cataracte I17
catarrhe 62 I11
catastase S2

catastrophe J3
catcheur Q27
catéchèse U7
catégorème U7
catégoriel Q22
caténaire, f H5
cathare 62 X1
catharsis, f R3
cathédrale X1
cathète, f X1
cathète, f X1
cathode, f X1
catholique X1
catilinaire, f H5
catimini Z7
cauchemar G1
cauchemardesque . K2
cauchois E5
caudal Q21
caulescent S3
causalité U3
causerie B9
causse, m 54 S18
causticité S4
caustique K2
cautèle, f V10
cauteleux Q13
cautère, m V15
caution T13
cavaillon Y16
cavalerie I19
cavatine Z7
caveau A5
cavée U4
caverneux Q13
caviar G1
cavité U3
ce 69 S4
céans 69 D12
ceci S4
cécité U3
cédex, m Z16
cédille, f L4
cèdre V4
cédule, f L2
ceint 59 C16
ceinture H6
cela V1
célèbre U7
célébrité U5
céleri 69 A3

célérité U5
célibat F1
célibataire H5
celle 21 C8
cellier 69 L11
cellophane L11
cellulaire Z11
cellule Z5
celluloïd J4
celui S4
cément D11
cénacle P5
cendre 29 D13
cendres R11
cendrillon Y16
cène 70 V12
cénobite Z7
cens 69 R3
censé 69 Q1
censément F13
censeur G13
censitaire Z7
censure 12 H6
cent 19 31 D11
centaure H3
centenaire M3
centennal M4
centième V11
centime M1
centon 86 D13
central Q21
centre D13
cep, m 41 O1
cèpe, m 41 V13
cependant D10
céphalique J3
céramique K2
céraste, m I17
cerbère V15
cerceau A5
cercle Z16
cercueil L13
céréalier Q4
cérébral Q21
cérémonial U5
cérémoniel Q22
cérémonieux Q13
cerf 21 41 S4
cerfeuil L9
cérifère U7
cerisaie B1

cérite, *f*	80	I19
cérit(h)e, *m*	80	I19
cerneau		A5
cernure		H6
cerque		K2
certain		Q24
certes	69	S4
certificat		F1
cérumen		I21
céruse, *f*		I21
cerveau		A5
cervelas		E1
cervelet		F5
cervelle		C8
cervical		Q21
cervidé		U1
ces	69	S4
césarienne		C10
cespiteux		Q13
cessation		S6
cesse		S14
cession	69	T3
césure		S2
cet	79	Q20
cétacé	69	Q1
cétoine, *f*		U6
ceux		E8
chablis		R3
chabraque		K2
chacal		R8
chaconne		Z3
chacun		Q24
chadburn		Z16
chagrin		C17
chah	61	X8
chahut		F10
chai	42	A9
chail, *m*		L5
ou chaille, *f*		L6
chaîne	40	W4
chaintre, *m ou f*		C12
chair	63	G6
chaire	63	I18
chaise		S2
chaix		R4
chaland		D12
châle		W1
chalet		P1
chaleur		G14
châlit, *m*		W1
challenge, *m*		L11
chaloupe		L12
chalumeau		A5
chalut		F10
chamade		M1
chamarrure		Z9
chambellan		D9
chambranle		D12
chambrée		U4
chameau		A5
chamois		E5
champ	31	D12
champart		I4
champêtre		W2
champignonnière		M4
champion		Q25
champi(s)		Q11
chance		D3
chancelier		I12
chancellerie		L11
chanceux		Q13
chancre		D12
chandeleur, *f*		G14
chandelier		L12
chandelle		C8
chanfrein		C14
changeable		B15
chanlat(t)e		D12
chanoinesse		S14
chansonnette		Z10
chant	31	D10
chantant	9	D10
chantefable, *f*		Z15
chantepleure, *f*		Z15
chanterelle		C8
chantier		D12
chanvre		D12
chaos	61	K9
chaotique		X5
chaource, *m*		X5
chape	61	O4
chapeau		A5
chapelet		F5
chapelle		C8
chapelure		L12
chaperon		Z3
chapiteau		A5
chapitre		P1
chapuis		E6
chaque		K2
char		G1
charabia		A1
charade		I17
charançon		S4
charbonnage		M4
chardonneret		M4
chargeur		G13
chariot		P7
charisme		K9
charité		U3
charivari		A3
charlatan		D9
charmeur		Q13
charmille		L4
charnel		Q22
charnière		V15
charnu		I20
charogne		I20
charpente		D5
charpie		B9
charrée		P14
charretée		U4
charretier		P14
charrette		Z6
charron		I12
charrue		B5
charter		G5
chas	61	E1
chasse	74	P1
châsse	74	W1
chasselas		E1
chassepot		F9
chasseur		Q29
chassie, *f*	85	P1
chassieux		T19
châssis, *m*	85	W1
chasteté		U3
chat	61	F1
châtaigne		W1
châtain		W1
château		W1
châtiment		W1
chatoiement		B13
chaton		P8
chatouilleux		Y16
chatoyant		Y7
châtré		W1
chatte		N5
chattemite		Z11
chatterton		Z16
chaud	19 61	Q2
chaudronnier		M4
chauffage		J1

chauffard I1	chichi A3	choucas E1
chaufour P2	chicorée, *f* U4	choucroute K6
chaumage . . . **53** M1	chicot(t)e K6	chouette C11
chaumière V15	chicotin C17	chrême **87** W2
chaussée U4	chiendent, *m* D11	chrétienté U5
chausson S6	chienlit, *m ou f* . . . F8	chromatique K2
chauvin Q24	chiffon J1	chrome K9
chaux . . . **19 61** R4	chiffonnier Z6	chronique M3
cheddite, *f* J6	chiffre **12** J1	chrysalide, *f* Y1
chefferie P9	chignole L2	chrysanthème, *m* . V11
cheikh **61** X8	chignon Z16	chut ! **32** Z16
chemin C17	chimère V15	chute **32** N6
chemineau . . . **53** A5	chimiquement . . . F12	chyle, *m* L2
cheminée U4	chimpanzé U1	chyme, *m* Y1
cheminot . . . **53** F9	chinchilla, *m* . . . A1	ci **51** S4
chemisette C11	chiot F9	cible Z16
chenal M3	chiote **76** N6	ciboire H9
chenapan D9	chiottes **76** R11	ciboulette C11
chêne **40** W2	chiourme, *f* X5	cicadelle C8
chéneau A5	chips R1	cicadule, *f* L2
chenet F5	chique **38** K2	cicatrice S8
chenil L1	chiqué U1	cicerone Z7
chenille L4	chiquenaude M3	*aussi* cicérone . . U6
chenu Q1	chiromancie B6	cidre S4
cheptel L1	chiropractie K9	ciel L1
chèque **61** V14	chiropraxie K9	*pl.* cieux
cher **63** Q4	chirurgical Q21	*et* ciels
chéri Q1	chistera, *m ou f* . . A1	cierge S4
chérif **61** Z16	chitine, *f* K9	cieux T20
cherry **44** Y4	chlore **16** H4	cigale L12
cherté U3	chloroforme J2	cigare I18
chérubin C17	chlorophylle L11	cigarillo Y16
chétif Q9	chlorure, *m* H6	cigogne S4
chevalet F5	choc K1	ciguë, *f* X7
chevauchée U4	chocolat F1	cil **49** L1
chevêche, *f* W2	chœur **61** K9	cilice, *m* S8
chevelure H6	choix E8	cillement L11
chevet F5	cholémie K9	cimaise C2
chevêtre W2	choléra A1	cime **50** P1
cheveu A2	cholérique **80** K9	ciment D11
chevillette Y16	cholestérol L1	cimeterre Z8
chèvre V4	chômage **53** W10	cimetière V15
chèvrefeuille, *m* . . L10	chômeur Q27	cimier M1
chevreuil L9	chope **12** O4	cinabre M3
chevronné M4	choral **61** L1	cincle, *m* C17
chevrotine P8	chorale **61** K9	cinéma A1
chez **42** Z16	chorus K9	cinéraire H5
chiasma, *m* K9	chose S2	cinescope O4
chiasme, *m* K9	chott N4	cinétique S4
chic **38** K1	chou R7	cinglant D10
chicane **12** M3	chouannerie M4	cinnamone, *m* . . . Z11

cinquantenaire . . . H5
cintre C17
cippe, *m* O3
circaète X5
circoncis Q11
circonférence . . . D7
circonlocution . . . T9
circonspect Q2
circonstance D3
circonvolution . . . T9
circuit F8
circulaire H5
circulation L12
cire 64 I18
cirr(h)e 64 I11
cirrhose X1
cirrus I14
ciseau A5
ciseaux R10
cistre 69 S4
citadelle C8
cité, *f* 8 U3
cité 8 Q1
citérieur G12
cithare H1
citoyen Y11
citronnade M4
citrouille Y16
civet F5
civette C11
civière V15
civil L1
civilité U3
clac ! 38 K1
clafoutis E6
claie 42 B1
clair 40 Q2
clairement F12
clairière V15
claironnant D10
clairvoyant Y7
clamp O1
clan D9
clapet F5
clapier O6
clapotis E6
claque 38 K2
clarinette Z8
clarisse S15
clarté U3
classe S12

classique K2
claudicant D10
clause 53 S2
claustrophobie . . . B9
clavecin C17
clavicule L2
clayette Y11
clé 42 U3
clearing Z16
clématite Z7
clémence D7
clémentine D13
clenche D13
clepsydre, *f* Y1
cleptomanie B9
clerc 40 Z16
clergé U1
clic ! 76 K1
cliché U1
click 76 K13
clientèle V10
clignotant D10
climat F1
climatérique I19
climatique K2
climax R4
clin C17
clincker G5
clinfoc K1
clinique K2
clinquant D10
clip O1
clipper G5
clique 76 K2
cliques 76 R11
cliquet F5
clisse S15
clitoris R3
cloaque X5
clochard Q2
clocheton N6
clochette C11
cloisonnement . . . M4
cloître W6
clopinettes R11
cloque K2
clos 53 Q11
clôture W10
clou 13 A8
clovisse, *f* S15
clownerie Z16

club Z16
cluse S2
coadjuteur X5
coalescence S3
coalition T10
coaptation T12
coarctation X5
coati A3
cobalt Z16
cobaye Y11
cobol L1
cobra A1
cocagne K6
cocaïne X6
cocasse S12
coccinelle Z12
coccyx Y1
cochenille L4
cocher 7 43 Z16
cochère, *f* V15
cochet 43 F5
cochonnaille L6
co(n)chylis, *f* Y5
cocker K13
cockpit K13
cocktail K13
coco A4
cocon K6
cocorico K6
cocotte N5
cocourrier Z4
coction T16
cocu Q1
coda, *f* A1
code J5
codéine X5
codex R4
codicille, *m* L11
coefficient J1
cœlacanthe X1
coéquation X5
coercition T10
cœur 61 G4
cofferdam J1
coffin C17
coffre J1
cogito A4
cognassier S6
cognée U4
cohabitation X2
cohérent X2

cohésion X2
cohorte X2
cohue X2
coi 67 A10
  f coite
coiffure H6
coin 59 C18
coïncidence X6
coing 59 Z16
coït X6
coke 52 K12
col 36 54 L1
colback K5
colère V15
coléreux Q13
colérique . . . 80 U12
colibacille Z15
colibri A3
colifichet F5
colimaçon S4
colin C17
colique L12
colis P3
collaboration L11
collapsus R3
collatéral Q21
collation P10
colle . . . 12 36 54 L3
collectif Q9
collection T16
collège L11
collégial U12
collégien Q25
collègue L11
collerette C11
collier P10
collimateur Q28
colline L11
collision L11
collocation L11
collodion Z5
colloque K2
collusion L11
collutoire H9
colluvion L11
collyre, *m* Y1
colocase Z7
colombier L12
colon 74 P1
côlon 74 W10
colonel Z3

colonial Q21
colonie B9
colonnade Z9
colonne M4
coloquinte P3
colorant I17
coloris E6
colosse S16
colporteur Q27
colt Z16
colure, *m* H6
colza S1
coma 71 M1
comateux Q13
combatif P8
combattant . . . P15
combien C15
combinaison . . . M3
combinard I1
comble Z16
comburant D10
combustion . . . Z16
comédie B9
comédien Q25
comestible M1
comète V17
comices R10
comics R10
comique K2
comité U1
comma, *m* . . 71 M2
commande . . . 30 D1
commandement . . M2
commando A4
commémoratif . . Q9
commende . . . 30 D5
comment M2
commentaire . . . D13
commerçant . . . M2
commercial . . . Q21
commère V15
comminatoire . . H8
commis E6
commissariat . . F1
commission . . . T5
commissure . . . Z13
commode M2
commodément . . F13
commodore . . . H4
commotion . . . M2
commun Q24

communauté . . . U3
communicant . . . D10
commutation . . . M2
compact N1
compagnie B9
compagnonnage . M4
comparaison . . . S2
compartiment . . . D11
comparution . . . T9
compas E1
compassion . . . S6
compatible N6
compendieux . . . Q13
compendium . . . C15
compétence . . . D7
compétition . . . T10
complainte C12
complaisance . . . D3
complémentaire . . H5
complet C19
complètement . . F12
complétive . . . U12
complexant . . . D10
complexion . . . T17
complexité U3
complice S8
complies R11
compliment . . . D11
complot F9
componction . . . S5
componentiel . . . S5
compos(ac)ée . . U4
composite Z7
compositeur . . . Q28
composition . . . T10
compost N3
compote N6
compound J4
compréhension . . X1
compresse S14
comprimé Q1
compris Q11
compromis E6
compromission . . T5
comptant . . . 29 D10
compte . . . 21 55 Z16
compteur . . . 55 G13
comptine P5
comptoir G2
compulsion . . . T11
comte . . . 21 55 Z16

comté 55	U1	
comtesse	S14	
concaténation . . .	P5	
concentration . . .	T12	
concentré	Q1	
concept	N2	
conception	T15	
conceptuel	Q22	
concert	I5	
concerto	A4	
concession	T3	
concetti	R10	
conchoïde	X6	
conchyliculture . .	Z15	
concierge	S4	
concile	L2	
conciliabule	L2	
conciliaire	H5	
conciliateur	Q28	
concis	Q11	
conclave	Z16	
concluant	D10	
conclusif	Q9	
concombre	K6	
concordance	D3	
concordat	F1	
concours	I9	
concrescence . . .	S3	
concret	Q19	
concrétion	T8	
concubin	C17	
concupiscence . . .	S3	
concurremment . .	Z10	
concurrence . . 12	D5	
concurrent	P14	
concussion	T4	
condamnation . . .	T12	
condensation . . .	T12	
condescendance .	S3	
condiment	D11	
condition	T10	
condoléances . . .	R11	
condor	G9	
condottiere	N7	
conducteur	Q28	
conduit	F8	
conduite	N6	
cône	W10	
confection	T16	
confer (cf.)	G5	
conférence	D7	

confession	T3	
confetti	N7	
confiance	D3	
confidence	D7	
confidentiel	Q22	
confins	R10	
confiscation	K6	
confisqué	K14	
confit	Q19	
conflictuel	Q22	
conflit	F8	
conformément . . .	F13	
confort	I6	
confus	Q11	
confusément	F13	
congé	U1	
congénère	U7	
congère	V15	
congestionné . . .	Q1	
conglomérat	F1	
congrès	V20	
congressiste . . .	S6	
congruence	D7	
congrûment	W8	
conique	P1	
conjecture	H6	
conjoint	C20	
conjonction	T16	
conjoncture	H6	
conjugaison	C1	
conjugal	Q21	
conjuration	T12	
connaissance . . .	M4	
connecteur	G13	
connétable	M4	
connexion	T17	
connivence	D7	
connotation	M4	
connu	Q21	
conquérant	U12	
conquet 74	P1	
conquête	W2	
consanguinité . . .	U3	
consciemment . . .	F17	
consciencieux . . .	Q13	
conscient	S3	
conscrit	F8	
consécutif	Q9	
conseil	L7	
conseiller	Q4	
consensus	R3	

conséquemment .	F17	
conséquence . . .	D7	
conservateur	Q28	
conservatoire . . .	H9	
considération . . .	Z15	
consignation	T12	
consistant 8	D10	
consistoire	H9	
consol, m 33	L1	
consolateur	Q28	
console, f 33	L2	
consolidé 8	Q2	
consommation . . .	M2	
consomption	T15	
consonance	P5	
consonne	Z4	
consort	I6	
consorts	R10	
constable	Z16	
constance	D3	
constellation	L11	
constitutionnel . . .	Q22	
construction	T16	
consul	L1	
consulat	F1	
consumable	M1	
contact	N1	
contagieux	Q13	
container	G5	
conte 21 55	Z16	
contemplatif	Q9	
contemporain . . .	Q24	
contemporanéité .	U5	
contempteur	Q28	
contenance	D3	
content 29	D11	
contentieux	T18	
contention	T6	
contestataire	N6	
conteur 55	Q27	
contextuel	Q22	
contigu	Q3	
contiguïté	X6	
continence	D7	
contingence	D5	
continuel	Q22	
continûment	W8	
continuo	A4	
contondant	D10	
contorsion	T2	
contour	G11	

contraception . . . T15
contractile L2
contraction T16
contractuel Q22
contradicteur . . . Q28
contradictoire . . . H8
contraignant D10
contraint C13
contrainte C13
contraire H5
contralto A4
contrastif Q9
contrat F1
contravention . . . T6
contrebande D1
contrebas E1
contrebasse S12
contrecœur G4
contrée U4
contrefaçon S4
contrefort I6
contremaître W4
contrepartie B9
contrepèterie . . . N6
contrepetterie . . . N7
contrepoint C20
contrescarpe U11
contretemps R3
contretype Y1
contrevallation . . . P10
contrevenant . . . D10
contrevent D11
contribution T9
contrition T10
contrôle 12 W10
controversé Q1
contumace S7
contus Q11
contusion S2
convalescence . . . S3
convection T16
convenance D3
conventionnel . . . Q22
conventuel Q22
convergence D7
conversation T12
conversion T2
convertisseur . . . S6
convexion T17
convict N1
conviction T16

convive Z16
convoi A10
convoitise S2
convoyeur Y8
convulsif Q9
convulsion T11
coolie 48 B9
coopératif Q9
cooptation X5
coordination X5
coordonné Q1
coordonnées R11
copain C12
copeau A5
copie B9
copine Z3
copra(h) X8
coprophage J3
copule L2
copyright Z16
coq 52 Z16
coque 52 K2
coquecigrue . . . B5
coquelicot F9
coqueluche K14
coquet Q20
coquetterie N7
coquillage Y14
coquillard . . . 62 I1
coquillart . . . 62 I4
coquille L4
coquin Q24
cor 64 G9
corail R6
corallien Q25
coran D9
corbeau A5
corbeille L8
corbillon Y16
cordeau A5
cordée U4
cordial Q21
cordonnier Q4
coriace I19
coriandre, f I19
corinthien Q25
cormoran I17
cornaline L12
cornée U4
corneille L8
cornélien Q25

cornettiste N7
cornichon Z16
cornu 56 Q1
cornue 56 B5
corollaire Z9
coronaire Z7
coronarien Q25
corozo S1
corporel Q22
corps 64 E7
corpulence D7
corpus R3
corpuscule L2
corral 61 I15
correct N1
correcteur Q28
correctionnel Q22
corrélatif I15
correspondance . . D3
corrida, f I15
corridor G9
corrosif Q9
corrupteur Q28
corsaire H5
corse 12 Z16
corselet F5
corso A4
cortège V9
cortex R4
cortisone S2
coruscant K6
corvée U4
corvette C11
coryphée U2
coryza, m Y1
cosaque S2
cosinus R3
cosmétique K2
cosmique K2
cosmonaute M3
cosmopolite L12
cosmos R3
cosse 54 S16
cossu Q1
costaud Q2
costière V15
costume M1
cosy Y4
cote 12 74 P1
côte 74 W10
coté 74 Q1

côté 8 74 U1	cour 65 G11	cramponné Q1
coteau P1	courage I17	cran D9
côtelette Z8	couralin C17	crâneur Q27
coterie P8	couramment F16	crapaud F18
cothurne, m X1	courant D10	crapuleux Q13
cotidal Q21	courbatu P8	craque 19 61 K2
cotier 78 P1	courbature H6	craquelure H6
côtier 78 Q4	courée U4	craquètement . . . N6
cotillon Y16	coureur P7	craquettement . . . N7
côtoiement B13	courge Z16	crash X3
cotonnade M4	courlis E6	crasse S12
cottage P15	couronne Z4	crasseux Q13
cotte 74 P15	courre 65 I16	cratère V15
cotylédon Y1	courrier P14	crau, f A6
cou 19 57 A8	courroie B2	cravate N6
couac K1	courroucé Q1	crawl Z16
couardise S2	courroux R4	craxon Y11
couchant D10	cours 65 I9	crayeux Q13
couchette C11	court 65 Q19	crayon Y11
coucou A8	courtier X5	créance D3
coudée U4	courtisan Q24	créancier Q4
coudoiement B13	courtoisie B9	créateur Q28
coudraie B1	couscous R3	création T12
couenne X5	cousette S2	crécelle C8
couffe, f J1	cousin Q24	crécerelle C8
couffin, m C17	coussin C17	crèche V7
coug(o)uar G1	coût 19 57 W7	crédence D7
cougourde, m . . . Z16	coûtant D10	crédibilité U5
couic ! K1	couteau A5	crédit F8
couinement X5	coutelas E1	créditeur Q28
coulée U4	coûteux Q13	credo A4
coulemelle, f Z8	coutre P8	crédulité U5
couleur G14	coutume P1	crémaillère V16
coulis 49 E6	coutumier Q1	crématoire I16
coulisse S15	couturier Q4	crème 87 V11
couloir G2	couvée U4	crèmerie V11
coulomb 87 Z16	couvent D11	crémone Z3
coulon 87 L12	couvert I5	créneau A5
coup 19 57 O2	coxal Q21	créole L2
coupable O6	coyote Y11	crêpe W2
coupe O4	crabe Z16	crépin C17
coupé 39 U1	crac 19 61 K1	crépu U12
coupée 39 U4	crachat F1	crépuscule L2
coupelle C8	crachin C17	crescendo S3
couperet F5	crack 19 61 K5	cresson S6
couple, m Z16	cracking K13	cressonnette Z14
couple, f Z16	craie 40 B1	crésus R3
couplet 10 F5	crain 59 C12	crésyl L1
coupole L2	craintif Q9	crétacé Q1
coupon O6	cramoisi Q1	crête W2
coupure H6	crampe D12	crétin C17

cretonne M4
creuset F5
creux Q13
crevasse S12
crevette C11
cri A3
cric 67 K1
cricket K13
criée U4
crime M1
criminel Q22
crin 59 C17
crinière V15
crique 67 K2
criquet K14
crise S2
crispation T12
crissement S6
cristal L1
cristallin L11
critère V15
critérium U6
criticisme S4
critique K2
croc Z16
crochet F5
crochu Q1
crocodile K6
crocus R3
croisé U1
croisée U4
croisillon Y16
croissance D3
croissant D10
croix 20 E8
croquembouche . . K14
croquemitaine . . . K14
croquet 10 F5
croquette C11
croqueur Q27
croquis E6
cross 32 Z16
crosse 32 S16
crotale Z7
crotte 12 N5
crottin C17
croup, m 32 O1
croupe, f 32 O4
croustillant Y12
croûte W7
croyance D3

croyant Y7
cru 18 A7
cruauté X5
cruchon Z16
crucial Q21
crudité U3
crue 18 B5
cruel Q22
crûment W8
crustacé Q1
cryogène Y1
cryothérapie Y5
crypte Y1
cryptique Y5
csardas R3
cubique K2
cubitus R3
cueillette L13
cuiller G5
cuillère V15
cuillerée U4
cuir 14 G3
cuirasse S12
cuisinette C11
cuisinier Q4
cuisse S6
cuisseau 53 A5
cuisson S6
cuissot 53 F9
cuivreux Q13
cul L1
culasse S12
culbute N6
culminant D10
culot F9
culotte N5
culpabilité U3
cultivateur Q28
cultuel Q22
culturel Q22
cumin C17
cumul L1
cumulatif Q9
cupidité U3
cupidon U3
cuprifère V15
curaçao A4
curateur Q28
curatif Q9
curé 8 39 U1
curée 8 39 U4

curie B9
curieux Q13
curling Z16
curriculum K6
curry Y4
cursif Q9
cursus R3
cuscute P8
cutané Q1
cuti A3
cuvée U4
cuvette C11
cyanure, m Y1
cybernétique Y5
cyclamen C4
cycle Y1
cycloïde X6
cyclone P1
cyclope P6
cyclothymique . . . Y6
cygne 18 51 Y1
cylindre Y5
cylindrée U4
cylindrique Y5
cymbale L2
cyme 50 Y1
cynégétique Y5
cynisme Y5
cynophile Y5
cyon 70 S4
cyprès V20
cyprin C17
cypriote Y5
cyrillique Y5
cystite Y5
cytologie Y5
cytolyse Y6
czar Z15

dactylographie . . . Y1
dadais E4
dahlia, m A1
dais 66 E4
daim Z16
dalle 12 L3
dam 31 Z16

damassé	Q1	
dame	31	M1
damnation	T12	
damoiseau	A5	
dancing	S4	
dandin	C17	
dandy	Y4	
dangereux	Q13	
dans	31	D12
danse	30	D4
dard	62	F18
dartreux	Q13	
datcha, f	A1	
date	12 71	N6
datte	71	N5
daube	Z16	
dauphinois	E5	
daurade	I17	
davantage	D12	
dé	66	U1
débâcle	W1	
déballage	L11	
débarras	I12	
débat	F1	
débauche	12	P1
débilité	Z7	
débit	F8	
déblai	A9	
déblaiement	B10	
déblayage	Y9	
déboire	H9	
débonnaire	P12	
débotté	U5	
débouché	U5	
déboulé	U5	
débours	I9	
debout	F3	
débraillé	Y16	
débrayage	Y9	
débris	E6	
début	F10	
deçà	V1	
décadence	D7	
décaèdre	X5	
décalogue	K6	
décan	D9	
décapant	D10	
décathlon	X1	
décati	Q1	
decca	K7	
décemment	F17	
décence	D7	
décennat	F1	
décennie	M4	
décès	V20	
décevant	Q2	
dèche	V7	
déchéance	D3	
déchet	F5	
déchirure	I21	
décibel	L1	
décidément	F13	
décile	L2	
décimal	Q21	
décime, m	S4	
décisif	Q9	
déclamatoire	H8	
déclaratoire	H8	
déclenchement	D13	
déclic	K1	
déclin	C17	
décoction	T16	
décolleté	P10	
décombres	R10	
déconvenue	B5	
décor	Q9	
décousu	Q1	
décrément	D11	
décrépi	49	Q1
décrépit	49	Q19
décrescendo	A4	
décret	F5	
décri	49	A3
décrit	49	Q19
décuple	K6	
dédaigneux	Q13	
dédain	C12	
dédale, m	L2	
dedans	D12	
dédicace	S7	
dédit	F8	
déductif	Q9	
déesse	S14	
défaillance	D3	
défait	40	J2
défaite	N6	
défaut	F2	
défectif	Q9	
défectueux	Q13	
défense	D8	
déférence	D7	
déferlant	D10	
défervescence	P2	
défet	40	F5
défi	A1	
défiance	D3	
déficience	D7	
déficit	S4	
défilé	U1	
définitif	Q9	
déflation	T12	
défoliation	P2	
défunt	F11	
dégât	W1	
dégazage	S1	
dégel	L1	
dégelée	U4	
dégénérescence	S3	
dégingandé	Q1	
dégoût	W7	
dégoûtant	D10	
dégradant	D10	
dégradé	U5	
degré	U1	
dégressif	Q9	
dégrèvement	V18	
déhanché	X2	
déhiscent	X2	
dehors	I8	
déicide	S4	
déiste	X5	
déjà	V1	
déjection	T16	
déjeuner	P1	
delà	V1	
délai	A9	
délateur	Q28	
delco	A4	
deleatur	G7	
délégué	U5	
délétère	U7	
délibérément	U5	
délicat	Q19	
délicatesse	S14	
délice, m	S8	
délices	R11	
délicieux	Q13	
délictueux	Q13	
délinquant	K14	
déliquescence	S3	
délit	F8	
délitescence	S3	
délivrance	D3	

delta, *m* A1
déluge L12
démagogie B9
demain C12
demande D1
démantèlement . . U7
démaquillant . . . 8 Y12
démarcation K6
démarquage K14
démarrage I12
démêlage U8
démêlé U8
démence D7
démenti A3
démentiel S5
démesurément . . . F13
demeure H7
demi Q1
démissionnaire . . . Z15
démographie J3
démoniaque K2
démonstratif Q9
démotique M1
dendrite, *f* D13
dénégation U5
dengue 59 C15
déni A3
denier P5
dénivelé P3
dénivellation P10
dénominateur . . . P4
dénotation T12
dénouement B12
dénoûment B12
denrée U4
dense 30 D8
densité U3
dent 31 D11
dentaire H5
dentellerie P10
dentelure P3
dénué U5
dénuement B14
déodorant X5
déontologie X5
dépannage M4
dépareillé Q1
départ I4
dépeçage S4
dépêche U8
dépenaillé M3

dépendage D13
dépendance D3
dépens R10
dépense D8
déperdition T10
déphasé J3
dépit F8
déplétion T8
déploiement B13
déport I6
dépositaire H5
déposition T10
dépossession . . . T3
dépôt W10
dépotoir G2
dépouillement . . . Y16
dépourvu Q1
dépréciation T12
dépressif Q9
dépression T3
déprimant D10
depuis E6
député U1
dérailleur Y13
derby Y4
derechef I18
déréglé U5
dérèglement U7
déréliction T16
dérision I19
dérive U6
derm(at)ite P8
dernier Q4
dérogation T12
déroute I20
derrière I13
derviche Z16
des 66 Z16
dès 66 V20
désaccord I2
désappointé P13
désargenté U5
désarroi A10
désastreux Q13
désaveu A2
descellement S3
descendance S3
descente D6
désemparé U5
désert I5
désertion T7

désespéré U5
déshérité X1
déshonneur P12
déshonorant P5
desiderata R10
désinence D7
désintéressé U5
désinvolture H6
désir G3
désireux Q13
désobéissance . . . D3
désobligeance . . . B15
désodorisant D10
désœuvré U5
désopilant D10
désordonné U5
désormais E4
désossé U5
despotisme N6
desquels, *m pl*. . . Z16
desquelles, *f pl*. . . Z16
dessaisissement . . S6
dessein 59 C14
dessert I5
dessiccation K7
dessin 59 C17
dessinateur Q28
dessous R3
dessus R3
destin C17
destitution T9
destroyer Y11
destruction T16
détail L5
détaillant Y12
détaxe U6
détection T16
détente D6
détention T6
détergent D11
détérioré U5
détersif Q9
détonateur P5
détonation P5
détour Q11
détracteur Q23
détrempé D13
détresse S14
détriment D11
détritus R3
détroit F6

dette C11
deuil L9
deutérium U6
deux E8
deuxième V11
dévaluation T12
devant D10
devanture H6
développement . . Q5
devers I7
dévers I7
déviance S11
déviation T12
devinette C11
devis E6
dévoiement B13
dévolu Q1
dovon Z10
dévot Q19
dévotion T14
dévouement B12
dévoyé Y11
dextérité U3
dextrosse, m P1
dey 66 Y3
diabète, m V17
diabétique U12
diablotin P8
diabolique P3
diachronie K8
diaconat F1
diadème V11
diagnostic, m . . . K1
diagnostique K2
diagonal Q21
diagramme P11
diagraphe J3
dialecte L12
dialectique K2
diallèle Z5
dialogue L12
dialyse Y1
diamantaire H5
diamétral U12
diamètre V4
diantre D12
diapason S2
diaphragme J3
diapré Q1
diarrhée X1
diatribe, f N6

dichotomie K8
dictateur Q28
dictée 8 U4
dictionnaire H5
dicton K6
didactique K2
dièdre V4
diérèse U7
dièse V16
diesel L1
diète V17
diététicien Q24
dieu A2
diffamatoire P9
différemment . . . F17
différence D7
différenciation . 71 S4
différend 29 F10
différent 29 D11
différentiation . 71 S5
différentiel Q22
difficilement F12
difficulté U3
difformité U3
diffraction T16
diffus J1
digest 32 N3
digeste 32 Z16
digitale Z7
dignité U3
digon Z16
digression T3
diguail L5
diktat K12
dilatoire H8
dilection T16
dilemme, m C9
dilettantisme D12
diligemment F17
diligence D7
dilution T9
dîme W3
dimension T1
diminution T9
dinar G1
dindonneau A5
dîner W3
dinghy Y4
dingue 59 C17
dinosaure H3
diocèse V16

dioptre X5
diorama A1
diphtérie J3
diphtongue J3
diplodocus R3
diplomate P1
diplôme W10
diptère V15
direct N1
direction T15
directionnel Q22
directoire H9
dirigeant B15
discernement . . . S3
discipline S3
discobole L2
discophile L2
discordance D3
discours I9
discourtois Q11
discret Q19
discrétion T8
discriminant D10
discursif Q9
discussion T4
discort Q2
disette S2
disgrâce W1
disgracieux P1
disjoint Q2
disparate N6
disparité U3
disparition T10
dispatching Z16
dispense D7
dispos R1
dispute 12 N6
disquaire K14
disque K2
dissection S6
dissemblable S6
dissémination . . . M3
dissension T1
dissidence D7
dissimilation S6
dissipation S6
dissociation S6
dissolu Z5
dissolution T9
dissonance P5
dissuasion S6

distance	12	D3
distension		D13
distinguo, *m*		A4
distorsion		T2
distraction		T16
distrayant		Y7
distribution		T9
district		N1
dit		Q19
dito, *inv.*		A4
diurne		X5
diva		A1
divagation		T12
divan		D9
divergent		D11
divers		I7
diversement		F12
dividende		D5
divination		T12
divinité		U3
divisibilité		Z15
divisionnaire		M4
divorce	12	S4
divulgateur		Q28
dix		R4
dixième		V11
dizaine		S1
djebel		L1
djinn		Z16
do	53	A4
docilité		L12
docimologie		M1
dock		K5
docker		G5
doctorat		F1
doctrinal		Q21
documentaire		H5
dodécaèdre		U7
dodinage		Z7
dodu		Q1
doge		Z16
dogmatique		K2
dogue		Z16
doigt	16	Z16
doigté		U1
doit	16	F6
doléances		R11
dolent		Q19
dollar		G1
dolman		D9
dolmen		C4

dolomite		Z7
domaine		C2
dôme		W10
domestique		K2
domicile		L2
dominance		D3
domination		Z7
dominical		Q21
domino		A4
dommage		M2
dompteur		Q27
don	55	Z16
donataire		P5
donateur		Q28
donation		P5
donc	55	Z16
donjon		Z16
donne	12	M4
donneur		Q27
dont	55	Z16
dorade		I17
dorénavant		D10
dorien		Q27
dorlotement		N6
dormeur		Q13
dorsal		Q21
dorure		H6
doryphore		J3
dos	53	E3
dose		J2
dossard		I1
dosse		S6
dossier		S6
dot	13	Z16
douairière		V15
douane		M3
doubleau		A5
doublet		F5
douceâtre		W1
douceur		G14
douglas		R3
douillettement		Z3
douleur		Q14
douloureux		Q13
douteux		Q13
doux		Q17
douzaine		C2
douze		S1
doxométrie		B9
doyen		C15
drachme		K8

dragage		Z16
dragée		U4
dragonnade		P12
draille		L6
drainage		C1
draisine		C1
dralon		P3
drame		M1
drap		O2
drapeau		A5
drèche		V7
drège		V9
dresseur		Q27
dribbleur		Z16
drill (drij)	33	Y16
drill (dril)		L11
drille, *m*	33	L4
drille, *f*	33	L4
drisse		S15
drive		Z16
droguerie		B9
droit		F6
droiture		H6
drolatique		P1
drôle		W10
drôlerie		W10
drôlesse		S14
dromadaire		H5
drome		P1
dru		Q1
druidesse		S14
dryade		Y1
du	73	Z16
dû, *m*	73	W8
f due	73	P1
dualité		X5
duc		K1
ducal		Q21
ducasse, *f*		S12
duchesse		S14
ductile		L2
duègne		X5
duel		L1
duelliste		L11
dulcinée		U4
dûment		W8
dundee		Z16
dunette		Z4
duo		A4
duodénum		X5
dupe	12	O4

duplex R4
duplicata, *inv.* . . . A1
duquel Z16
dur Q2
durablement F12
duralumin C17
duramen C4
durant D10
durée U4
dureté U3
durit, *f* Z16
duse S2
duvet F5
dyatique Y5
dynamique Y5
dynamo A4
dynastie Y5
dyne, *f* M3
dysenterie Y5
dyslexie Y5
dyspepsique Y5
dyspeptique Y5

eau 75 A5
ébahi X2
ébats R10
ébauche 12 U9
ébène U7
ébéniste U12
éberlué U5
éblouissant D10
ébonite Z7
éboulis E6
ébouriffant P9
ébriété U5
ébullition L11
écaille K6
écarlate N6
écart I4
écartèlement V10
ecballium P10
eccéité U11
ecchymose U10
ecclésial K7
échafaud F18
échalas E1

échalote N6
échamp O2
échangeur G13
échanson D12
échantillonnage . . M4
échappatoire, *f* . . . O5
échassier S6
échauffourée . . . U4
échéance D3
échec K1
échelle C8
échelon P3
écheveau A5
échevin C17
échine P12
écho 61 A4
échoppe O3
échouage X5
éclaboussure H6
éclair 13 85 G6
éclaircie B6
éclaire, *f* 85 H5
éclampsie B7
éclat U9
éclectique U9
éclipse U9
éclisse, *f* S15
éclopé O6
éclosion U9
écluse U9
écobue B5
écœurant D10
écolier Z3
écologie K6
économie M1
écope 12 O4
écorce S4
écossais 22 Q11
écot F9
écouteur G13
écoutille L4
écouvillon Y16
écran D9
écrémage U5
écrètement U8
écrevisse S15
écrin U9
écriteau A5
écritoire H10
écrivain C12
écrou A8

écrouelles R11
écru Q1
ectoblaste U11
ectopie B9
ectoplasme K6
écu A7
écueil L13
écuelle X5
écume M1
écureuil L9
écurie B9
écusson S6
écuyer Q4
eczéma U11
edelweiss Z16
éden C4
édicule L2
édile L2
édit F8
éditeur Q28
éditorial L1
édredon Z16
effaçable S4
effarant U10
effectif Q9
effervescence . . . S3
effet J1
effeuillage Y14
efficace S7
efficience D7
effigie U10
efflanqué U10
effluent U10
effluve, *m* U10
effort I6
effraction T16
effraie, *f* B1
effrayant Y7
effroi U10
effrontément F13
effusion U10
égal Q21
égalité U5
égard F18
égérie B9
égide Z16
églantine D12
église U9
ego A4
égoïne X6
égoïste X6

égotisme	N6	éluvion	L12	émirat	F1
égout	P1	éluvium	U10	émissaire	H5
égoutier	P8	élyséen	C15	émission	T5
égouttoir	P15	élytre, *m*	Y1	emmagasinage	M2
égrappoir	G2	elzévir	S1	emmanchure	M2
égratignure	H6	émacié	S4	emménagement	M2
égrenage	M3	émail	R6	émoi	A10
égrènement	V12	émanation	M1	émollient	Z4
égrillard	Y16	embâche, *m*	W1	émolument	Z7
égyptien	Q25	emballage	L11	émotif	Q9
eh ! **60**	X8	embarcadère	V15	émotionnel	Q22
éhonté	X1	embardée	U4	émou	A8
eider	G5	embargo	A4	émoulu	Z3
eidérique	Z16	embarras	I12	émoustillant	Y12
eidétique	K2	embase	S2	émouvant	D10
éjection	T16	embauchoir	G2	empaillage	Y14
élagage	P3	embellie	B9	empan	D9
élan	D9	emblavure	H6	empâtement **74**	P8
élasticité	S4	emblée	U4	empattement **74**	P15
eldorado	A4	emblématique	U12	empêcheur	Q27
électeur	Q28	emblème	V11	empeigne, *f*	D13
électif	Q9	emboîtement	W6	empellement	Z9
électorat	F1	embolie	B9	empennage	M4
électrique	K2	embonpoint	C20	empenne, *f*	C10
électrogène	V12	embouchoir	G2	empen(n)elle	C8
électrolyse	Y1	embouchure	H6	empereur	G13
électronique	K2	embout	F3	empêtré	U8
élégamment	F16	embrasement	S2	emphase, *f*	S2
élégance	D3	embrassement	S6	emphatique	J3
élégique	U5	embrayage	Y9	emphysème, *m*	V12
élémentaire	H5	embrun	D13	empiècement	V16
éléphantesque	J3	embryonnaire	M4	empierrement	I12
élévateur	Q28	embu	Q1	empiètement	P8
élève	V7	embûche, *f*	W8	empile, *f*	L2
elfe	U11	embuscade	K6	empilement	P3
éligible	L12	embut	F10	empire, *m*	H2
élimé	Z3	éméché	U5	empiriquement	F12
éliminatoire	H8	émeraude, *f*	U9	emplanture	H6
élinde, *f*	C17	émergence	D7	emplâtre, *m*	W1
élingue	L12	émeri, *m*	A3	emplette	C11
élinvar	G1	émerillon	Y16	emploi **15**	A10
élision	P3	émérite	Z7	employeur	Y8
élite	P8	émersion	T2	empoisonnement	S2
élixir	G3	émerveillement	Y16	empoissonnement	S6
elle **41**	C8	émetteur	Q28	emporétique	I18
ellipse	P10	émeu	A2	empoté	Z3
elliptique	U10	émeutier	Q4	empreinte	C14
élocution	P3	émigrant	D10	emprise, *f*	S2
élogieux	Q13	émincé	P4	emprunt	F11
éloquence	D7	éminemment	F17	empyrée, *m*	U2
élution	T9	éminence	D7	ému	Q1

émule	L2	endroit	F6	enrôlement	W10
émulsion	T11	enduit	F8	enrouement	B12
en	30 D13	endurance	D3	enrubanné	M4
enallage	Z9	énergétique	U5	enseignant	D10
enamouré	U9	énergie	M3	enseigne, *m*	12 D13
énarque	K2	énergumène	V12	enseigne, *f*	12 D13
encablure	P1	énervé	P5	ensemble	D13
encaisse, *f*	S13	enfance	D3	ensemencement	D13
encalminé	M3	enfant	D10	ensevelissement	P3
encan	D9	enfantillage	Y14	ensilage	P3
encart	K6	enfantin	O24	ensoleillé	Q1
encas	R3	enfer	G5	ensorcellement	S4
encaustique	K2	enfilade	P3	ensuite	Z16
enceinte	S4	enfin	C17	entame, *f*	P4
encens	R3	enflé	Q1	enté	60 Q1
encensoir	G2	enflure	H6	entente	D6
encéphale, *m*	J3	engageant	B15	entérite	I19
enchaînement	W4	engeance, *f*	B15	enterrement	I13
enchanteur	Q29	engelure	H6	entérroragie	Z15
enchâssement	W1	engin	C17	entêté	U8
enchère, *f*	V15	engouement	B12	enthousiasme, *m*	X1
enchevêtré	U8	engouffrement	J1	enthymème, *m*	V11
enchifrené	P5	engrais	E4	entier	O4
enclave, *f*	D13	engramme, *m*	Z16	entité	U3
enclenche, *f*	D13	engrenage	P5	entomologie	D13
enclin	Q25	enharmonie	D13	entonnoir	G2
enclitique	N6	énième	V11	entorse	Z16
enclos	E3	énigme, *f*	D13	entour	13 G11
enclume, *f*	M1	enivrant	D13	entourage	I17
encoche, *f*	D13	enivré	M3	entourloupette	C11
encollage	P10	enjambée	U4	entournure	H6
encolure	P3	enjeu	A2	entracte	K6
encombrant	D10	enjôleur	W10	entraide	D13
encombre, *m*	D13	enjolivure	H6	entrailles	R11
encor(e)	K6	enjouement	B12	entrain	C12
encornet	F5	enlèvement	V18	entraînement	W3
encourageant	B15	enluminure	M1	entrait	F4
encre	30 D13	enneigement	D13	entrave	D13
encroûtement	W7	ennemi	U11	entre	30 D13
encyclique	Y5	ennui	D13	entrechat	F1
encyclopédie	Y1	ennuyeux	Q13	entrecôte, *m ou f*	W10
endéans	Z16	énoncé	U9	entrée	8 U4
endémique	K2	énonciation	T12	entrefaites	R11
endettement	C11	énormément	F13	entrefilet	F5
endive, *f*	D13	énormité	M3	entregent	D11
endocrinien	Q25	enquête	12 W2	entrelacs	E7
endogamie	P4	enrageant	B15	entremets	E7
endogène	V12	enraiement	B10	entremise	S2
endos	E3	enrayage	Y9	entrepont	F7
endossement	D13	enrayement	B10	entrepôt	W10
endothélium	X1	enrichissant	D10	entrepreneur	M3

entreprise					S2	épenthèse					V16
entresol					L1	éperdument					F15
entretien					C15	éperlan					D9
entrevue, f					B5	éperon					I20
entropie					B9	épervier					U9
entrouvert					Q2	éphèbe					V5
enturbanné					M4	éphélide, f					U5
énucléation					U9	éphémère					U7
énumération					U9	éphéméride					U5
envahi					Q1	épi					A3
envahissant					X2	épicarde, m					K6
enveloppe		12			O3	épicarpe, m					K6
enveloppement					P13	épice, f					S8
envenimé					Q1	épicéa					A1
envergure					H6	épicier					Q4
envers					I7	épicrâne					W1
envi,		47			A3	épicurien					Q24
envie, f		47			B9	épicycle					Y5
envieux					Q13	épidémie					B9
environ					I20	épidiascope					Z15
environnant					D10	épierrage					I13
envoi					A10	épieu					A2
envolée					U4	épigénèse					U7
envoûtement					W7	épigénie, f					B9
envoûteur					W7	épiglotte					N5
envoyeur					Y8	épigone, m					M3
enzyme, m ou f					S1	épigramme, f					M2
éolien					X5	épigraphe, f					J3
éolithe					X1	épilation					T12
éon					X5	épilepsie					B7
épagneul					L1	épileptique					L12
épair, m		40			G6	épilobe, m					L12
épais		42			Q14	épilogue, m					U9
épaisseur					G14	épinard					I1
épaississant					Z10	épine					Z3
épandeur					Q13	épinette					Z8
épanouissement					M3	épineux					Q13
épargne					O6	épingle					C17
éparpillement					L4	épinoche					M3
épars		62			R1	épiphanie					J3
épar(t)		62			O6	épiphénomène					U7
épatamment					F16	épiphylle					Y5
épate, f					P8	épiphyse					Y5
épaulard					I1	épique					O6
épaulette					C11	épiscopat					F1
épave					O6	épisode, m					S2
épeautre, m					Z16	épissure					S6
épée		42			U4	épistasie					B9
épeiche					C5	épistémologie					B9
épeire, f		40			U9	épistolaire					P3
épendyme, m					D13	épitaphe, f					J3

épite					Z3
épithélium					JU5
épithème					U7
épithète, f					U7
épître					W3
épizootie					S1
éploré					U5
épluchure					H6
épongeage					B15
épontille					L4
éponyme					Y1
épopée					U4
époque					K2
épousailles					R11
épouse					S2
époussetage					S6
époustouflant					P2
épouvante					D2
époux					R4
épreintes					R11
épreuve					U9
épris					Q11
éprouvette					C11
épuisant					O6
épuisette					C11
épuration					T12
épure, f					H6
équarrissage					I12
équarrissoir					S6
équateur					G13
équation					T12
équerre					I13
équestre					K14
équidé					U1
équilatéral					Z15
équilibre					K14
équille, f					L4
équin					Q24
équinoxe, m					K14
équipage					K14
équipe					O4
équipée					U4
équipollence					P10
équipollent					P10
équipotent					P8
équitation					T12
équité					U3
équivalence					D7
équivalent					D11
équivoque, f					K14
érable					U9

éradication T12
éraflure H6
éraillé Y16
erbium Z16
ère 63 V15
érectile L2
éreintant D10
érémitique U5
érepsine, f M3
éréthisme U5
erg U11
ergol U11
ergot F9
éri(g)ne I19
éristique U9
ermitage U11
eros U10
érosion U9
érotique K2
errance I13
errant D10
errata, m inv. . . . A1
erratique I13
erratum, m sg . . . I13
erre 16 63 I13
errements R10
erreur I13
erroné Z5
ers 63 E7
ersatz, m R5
erse, f 63 U11
érubescence S3
éructation K6
érudition T10
éruptif Q9
éruption T15
érythème U7
érythrine, f Y5
ès 37 V21
esbroufe, f P2
escabeau A5
escadrille, f L4
escadron K6
escalade P3
escalator G9
escale L2
escalier P3
escalope, f P6
escamotable . . . K6
escampette C11
escapade K6

escarbille L4
escarboucle, f . . . K6
escarcelle C8
escargot F9
escarole L2
escarpement . . . K6
escarpin C17
escarpolette . . . C11
escarre, f I10
eschatologie K8
esclandre, m D12
esclavage K6
escogriffe, m K6
escompte U11
escorte U11
escouade U11
escrime, f M1
escroc U11
escroquerie K14
ésotérique U5
ésotérisme N6
espace S7
espadon U11
espadrille, f L4
espagnol Q21
espagnolette C11
espalier U11
espèce, f V6
espérance D3
espéranto A4
espion Q25
espionite P5
espionnage P12
esplanade M3
espoir G2
esprit F8
esquif K10
esquille L4
esquimau, m A6
    f esquimaude et
    eskimo
esquintant D10
esquisse, f . . . 12 S15
esquive K14
essai A9
essaim S6
essart I4
essayage Y9
essayiste Y9
esse, f 37 S14
essence D7

essentiel Q22
esseulé S6
essieu A2
essor G9
essorage I17
essuyage Y9
est 32 N3
estafette, f C11
estafilade J2
estaminet F5
estampe, f D12
estampillage Y14
estampille, f L4
este 32 U11
esthète V17
esthéticien Q25
esthétique U12
estime M1
estival Q21
estivant D10
estoc K1
estocade K6
estomac U11
estompe, f U11
estouffade P9
estrade U11
estragon U11
estrapade O6
estrape U11
estropié O6
estuaire, m H5
estudiantin Q24
esturgeon B15
et 60 F5
établi A3
établissement . . . S6
étage, m U9
étagère U7
étai A9
étaiement B10
étain 19 59 C12
étal 33 R8
étale 33 L2
étalon L12
étalonnage M4
entamage M1
étambot F9
étamine, f P5
étampe D12
étanche N6
étançon S4

exergue U11
exhalaison X1
exhalation X1
exhaustif Q9
exhérédé U5
exhibitionnisme . . M4
exhortation X1
exhumation X1
exigeant B15
exigence D7
exigu Q3
exiguïté X6
exil L1
existence D7
existentiel Q22
exit, m inv. Z16
exocet F5
exode, m U11
exogamie B9
exondation T12
exophtalmie J3
exorbitant Q19
exorcisme S4
exorde, m U11
exosphère J3
exotérique U11
exotique U11
expansif Q9
expansion D12
expectative K6
expectorant D10
expédient 9 D11
expéditionnaire . . M4
expérience D7
expérimentalement F12
expérimentateur . . Q28
expert I5
expertise S2
expiatoire H8
expiration I17
explétif Q9
explication T12
explicitement . . . F12
exploit F6
exploitant 8 D10
exploitation T12
exploiteur Q27
explorateur Q27
explosif Q9
exponentiel Q22
exportateur Q28

exposé U1
exposition T10
exprès 41 V21
    adv. V20
express 41 Z16
expressément . . . F13
expressif Q9
expressionnisme . . M4
exprimable M1
expulsion T11
expurgation T12
exquis Q11
exsangue D12
exsudat F1
exsufflation P9
extase S2
extendeur G13
extenseur D13
extensif Q9
extension T1
exténuation X5
extérieur G12
extériorité U3
extermination . . . T12
externat F1
externe U11
extéroceptif Q9
extinction T16
extirpateur Q28
extorqueur Q27
extorsion T2
extra A1
extraction T10
extradition T10
extrados E3
extrait 17 F4
extrapolation P3
extravagance . . . D3
extraversion T2
extraverti Q1
extrême W2
extrêmement . . . F12
extrémisme U12
extrémité U11
extrinsèque V14
extrusion S2
exubérance D3
exulcération S4
exultation T12
exutoire H9
exuvie B9

fa 23 A1
fable Z16
fabliau A6
fabricant 9 D10
fabrique 12 K2
fabuleux Q13
fabuliste L12
façade S4
face 19 70 S1
facétie B8
facétieux T18
fâcheusement . . . W1
facial Q21
faciès V21
facile L2
facilité P3
façon S4
faconde K6
façonnage M4
facteur G13
factice S8
factieux T18
faction T16
factitif Q9
factorerie P7
factoriel Q22
factotum K6
factum K6
facturation T12
facture H6
facultatif Q9
faculté U3
fada A1
fadaise C3
fadeur G14
fading J5
fadissement Z9
fafiot F9
fagne, f Z16
fagot F9
faiblesse S14
faïence X6
faignant D10
faille L6
faillibilité U3
faillite N6
faim 19 59 Z16

faine, *f* C2
  ou faîne W4
fainéant Q19
faire 20 H5
faisan Q24
faisanderie S2
faisceau S3
faiseur Q27
faisselle Z6
fait 17 40 41 Q19
faîte, *m* 19 41 W4
faitout F3
faix 40 E8
fakir K12
falaise C3
falbala, *m* A1
falconidé P5
fallacieux T20
falot Q19
falourde L12
falqué Q1
falunière V15
famé M1
famélique P4
fameux Q27
familial Q21
familiarité U3
familier Q3
famille L4
famine Z3
fan 32 Z16
fanal L1
fanatique M3
fanchon D12
fandango A4
fane, *f* 32 M3
fanfare H1
fanfaronnade . . . M4
fanfreluche, *f* . . . D12
fangeux Q13
fanion P5
fantaisie D12
fantasia, *f* A1
fantasme D12
fantasque K2
fantassin S6
fantastique K2
fantoche D12
fantôme W10
faon Z16
faquin C17

farad J4
faramineux Q13
farandole L2
farce S4
farci Q1
fard 24 I1
fardeau A5
farfadet F5
farfelu Q1
farfouilleur Q27
fargues R11
faribole, *f* L2
farigoule Z7
farillon Y16
farineux Q13
farniente Z16
farouche I20
farrago, *m* I12
fart 24 I4
fasce 19 70 S3
fasciation S3
fascicule, *m* L2
fascinant S3
fascination S3
fascine S3
fascisme S3
faséole X5
fashion X3
fassi Q1
fastidieux Q13
fastueux Q13
fat 23 Z16
fatal Q21
fatalement F12
fatalité U3
fatidique K2
fatigant 9 Q19
fatras E1
fatrasie B9
fatuité U3
fatum N6
faubourg Z16
faucard I1
faucille L4
faufilage J2
faune, *m* M3
faune, *f* M3
faurrade P14
faussaire H5
fausset 10 53 F5
fausseté U3

fauteuil L9
fauteur Q28
fautif Q9
fauve Z16
faux, *f* 16 E8
faux 16 53 Q16
faveur G14
favori A3
favorite N6
fayard Y11
fayot F9
féage X5
féal X5
fébrilité U3
fèces 41 T11
fécond F18
fécondité U3
féculent D11
fed(d)ayin Y11
fédéral U5
fédéré U5
fée U6
feeder G5
féerie 34 U6
feignant C5
  ou faignant . . . C1
feint 19 C16
feinte C14
feldspath, *m* X8
fêlé Q1
félibre, *m* P3
félicité U3
félinité U3
félonie M3
fêlure W2
femelle C8
féminin Q24
féminité P4
femmelette Z12
fémoral Q21
fémur G7
fenaison S2
fendant D10
fenêtre W2
fenil L1
fennec K1
fenouil M3
fente D6
féodal X5
féodalité U3
fer 20 G5

férie 34   B9
férié Q1
fermail R6
ferment 45   D11
fermeture H6
fermi A3
fermier Q4
fermoir G2
féroce S9
férocité U3
ferraille I13
ferrement 45   I13
ferrite, f I13
ferronnier Z6
ferroviaire H5
ferrugineux Q13
ferrure H6
ferté U3
fertilité U3
féru Q1
férule I21
fervent D11
ferveur G14
fesse 41   S14
festin C17
festival R8
festivité U3
festoiement B13
fête 19 41   W2
fétiche N6
fétidité U3
fétu U6
fétuque K2
feu 46   Q1
feudataire H5
feuillage Y14
feuille L10
feuillée 43   U4
feuillet 43   F5
feuilletoniste P5
feuillu Q1
feutrine M3
fève V18
fez R5
fi ! 61   A3
fiabilité U3
fiacre Z16
fiançailles R11
fiasco A4
fiasque, f K2
fiat, m inv Z16

fibranne M4
fibreux Q13
fibrine M3
fibrome P1
fibule, f L2
ficaire, f H5
ficelle C8
fichu A7
fictif Q9
fiction T16
fidéicommissaire .   Z15
fidéjussion T4
fidèle V10
fidélité U12
fiduciaire S4
fieffé P9
fielleux Q13
fiente D11
fier Q4
flerté U3
fièvre V4
fiévreux Q13
fifre J2
fifrelin C17
fignoleur Q27
figuier Z16
figulin Q24
figuratif Q9
figurément F13
figurine Z7
fil 19 33   L1
filament D11
filandreux Q13
filasse, f S12
filature Z7
file 19 33   L2
filet F5
filial Q21
filiation T12
filière V15
filin C17
fille L4
filmothèque X1
filon L12
filou A8
fils R3
filtre 61   J2
fin, f 19 59   C17
fin 19 59   Q24
finale, m L2
finale, f L2

finalité U3
finance 12   D3
finaud Q2
fine 76   M3
fines 76   R11
finesse S14
fini 17   Q1
finition T10
finlandais E4
finnois Q11
fiole L2
fiord Z16
fioriture H6
firmament D11
firme Z16
firmware Z16
fiscalité U3
ficcilité U3
fission T5
fissure H6
fistule L2
fixatif Q9
fjord Z16
flac ! 38   K1
flache, f 25   Z16
flaconnier Z4
flagellant L11
flageolet 10   B15
flagorneur Q27
flagrant D10
flair 13   G6
flamand 29   Q2
flamant 29   D10
flambant D10
flambard I1
flambart I4
flambeau A5
flambée U4
flambolement . . .   B13
flamboyant Y11
flamenco A4
flamingant D10
flamme M2
flammé Q1
flammerole Z11
flan 28   D9
flanc 28   Z16
flandrin C17
flânerie W1
flanquant Q2
flapi Q1

flaque	38	K2
flash	25	X3
flasque		K2
flatterie		N7
flatulence		D7
flatuosité		U3
fléau		A6
fléchage		U12
flèche		V7
flegmatique		K2
flemme		M2
fléole		X5
flet		F5
flétrissure		S6
fleur	13	G14
fleurdelisé		Q1
fleuret		F5
fleurette		C11
fleurissant		Q19
fleuronné		Z4
flexibilité		U3
flexion		T17
flexionnel		Q22
flibustier		Z16
flipot		F9
flirt		Z16
floc !		K1
floche	85	Z16
floconneux		Q13
flopée		U4
floraison		S2
floralies		R11
flore		P7
florilège, m		V9
florentin		Q24
florès		V21
florin		C17
florissant		Q19
flosculeux		Q13
flot		F9
flottaison		N7
flotte	12	N5
flottille		L4
flou	15	Q1
fluctuation		T12
fluet		Q20
fluide		X5
fluidité		U3
fluor		G9
fluorescéine		X5
fluorescence		S3

fluorure, m		H6
flush	85	X3
flûte		W8
flûtiste		W8
flutter		G5
fluvial		Q21
flux		R4
fluxion		T17
flysch		X4
foc	38	K1
focal		Q21
foehn		X2
fœtus		R3
foi, f	79	A10
foie, m	79	B2
foin		C18
foire		H10
fois, f	79	E5
foisonnement		M4
fol		Q18
folâtre		W1
folichon		Q25
folie		P3
folio		A4
folklore, m		H4
follement		P10
follet		Q20
follicule		Z11
fomentateur		Q28
foncier		Q4
fonctionnel		Q22
fond	21 55	F18
fondamental		Q21
fondant		D10
fondateur		Q28
fondation		T12
fondant		D10
fondrière		V15
fonds	21 55	E7
fondu		Q1
fongicide		S4
fongueux		Q13
fontaine		C2
fontanelle		Z8
fonte		Z16
fonts	21 55	R10
football		Z16
footing		N6
for	19 52	G9
forain		Q24
foramen		C4

foraminé		Z7
foraminifère		V15
forban		D9
force	12	S4
forcément		F13
forcené		Q1
forceps		Z16
forcipressure		Z15
forclusion		K6
forestier		Q4
foret, m	10 41	F5
forêt, f	10 41	W2
forfait		F4
forfaiture		H6
forfanterie		B9
forficule, f		L2
forgeron		I20
formalité		U3
formant		D10
format		F1
formateur		Q28
formel		Q22
formique		K2
formol		L1
formulaire, m		H5
formule		L2
fors	19 52	I8
forsythia, m		X1
fort	19 52	Q2
forteresse		S14
fortin		C17
fortuit		Q19
fortune		M3
forum		Z16
forure		H6
fosse	53	S16
fossé	8 53	U1
fossette		Z6
fossile		L2
fossoir		G2
fossoyeur		Y8
fou		Q18
foucade		K6
foudroiement		B13
foudroyant		Y7
fouet		F5
fougasse		S12
fougueux		Q13
fouilleur		Y13
fouillis		E6
fouinard		I1

fouisseur Q27
foulard I1
foulée U4
foulon L12
foulque, f K2
four G11
fourberie B9
fourbu Q1
fourchette C11
fourchu Q1
fourgonnette M4
fouriérisme U6
fourmi A3
fourmilier L12
fourmilion, m . . . L12
fournaise C3
fourneau A5
fournée U4
fourni 48 Q1
fournier Q4
fournil 48 L1
fourniture H6
fourrage I16
fourré 8 I16
fourreau A5
fourrure I13
fox R4
foyer Y11
frac K1
fracas E1
fractionnaire M4
fractionnel Q22
fracture H6
fragilité U3
fragmentaire H5
fragrance D3
frai 19 40 A9
fraîchement W4
fraîcheur G14
frais 19 40 E4
    f fraîche
fraise C3
fraiseraie B1
framboisier D12
franc D12
    f franche Q7
    f franque Q5
français Q11
franchise S2
francique S4
francisque K2

franco A4
frange D12
frangin Q24
frangipane M3
frappe, f 12 P13
frasque K2
fraternel Q22
fraternité U3
fratricide S4
frauduleux Q13
frayeur Y8
fredaine C2
freezer G5
frégate P8
frein C14
freinte C14
frêle W2
frelaté Q1
frelon L12
freluquet F5
frémissement . . . Z9
frêne W2
frénésie U5
frénétique U5
fréquemment . . . F17
fréquence D7
frère V15
fresque K2
fressure H6
fret 19 40 F5
frétillant Y12
fretin C17
frette C11
freux R4
friabilité U3
friandise S2
fric K1
fricandeau A5
fricassée U4
fricatif Q9
friche Z16
friction T16
frigidité U3
frigorifique K2
frileux Q27
frimas E1
frimousse S18
fringale L2
fringant D10
fripier P6
friponnerie Z9

fripouille Y16
friquet F5
frise S2
friselis R3
frison Q25
frisottis N7
frissonnement . . . Z13
frit 71 Q19
fritte 71 N5
friture P8
frivole L2
froc K1
froideur G14
froissure H6
frôlement W10
fromager Q4
froment D11
froncis E6
frondaison S2
frontalier Q4
fronteau A5
frontière V15
frontispice, m . . . S8
fronton Z16
frottis E6
froufrou A8
fructueux Q13
frugal Q21
fruit F8
fruitier Q4
frusques R11
frustration T12
frutescent S3
fuchsia, m K8
fucus m R3
fuel m Z16
fugace m S7
fugitif Q9
fugueur Q27
führer 63 G5
fulgurant Q2
fuligineux Q13
fulminant Q2
fumé 8 Q1
fumerolle L3
fumet 10 F5
fumeterre, f Z8
fumeur Q27
fumeux Q13
fumigation T12
fumigène V12

fumure H6
funambulesque . . K2
fune P5
funèbre V4
funérailles R11
funéraire H5
funeste M3
funiculaire P3
funin C17
fur G7
furet F5
fureur 63 G14
furibond Q2
furie B9
furoncle Z16
furonculeux Q13
furtif Q9
fusain C12
fuscine S3
fuseau A5
fusée U4
fuselage L12
fusible S2
fusil Z16
fusilier P3
fusilleur Y13
fusionnement . . . M4
fustet F5
fût W9
futaie B1
futaille P1
futé P1
futilité U3
futurisme I19
fuyant Y7
fuyard I1

g

gabardine M3
gabarit F8
gabegie B9
gâche 12 W1
gâchette W1
gadget Z16
gadoue B3
gaélique X5
gaffe J1
gag Z16

gage Z16
gageure H6
gagneur Q27
gai 42 Q1
gaiement F12
gaieté U3
gaillard I1
gaillettte Y16
gaîment W4
gain C12
gaine 12 C2
gaîté W4
gala A1
galactique K2
galactose P1
galamment F16
galandage D12
galantine Z7
galaxie B9
galbé Q1
gale L2
galéace S7
galéasse S12
galéjade L12
galène V12
galénique M3
galère V15
galerie I20
galérien U12
galetas E1
galette C11
galgal L1
galiléen Q25
galimatias P3
galion L12
galipot F9
gallican Q24
gallois Q11
gallon 71 P10
gallup O1
galon 71 P9
galop Q1
galopin P6
galoubet F5
galuchet F1
galurin C17
galvanisation . . . T12
galvaudage Z16
gamay Y2
gambit F8
gamelle Z4

gamet F5
gamète, m V17
gaminerie Z7
gamma M2
gamme M2
ganache M3
gandin C17
gandoura A1
gang 32 D12
ganglion D2
gangrène V12
gangster G5
gangue 32 D12
ganse D4
gant D10
garage I17
garance D3
garantie D12
garce S4
garçonnière . . . M4
gardiennage . . . M4
gardon Z16
gare H1
garenne C10
gargote N6
gargouille Y16
garnison S2
garnissage S6
garou I20
garrigue I12
garrot F9
gars E7
gascon K6
gasoil L1
gaspilleur Y13
gastrite T8
gastronomie . . . B9
gâté Q1
gâteau W1
gâteux Q13
gâtine W1
gatte N5
gaucher Z16
gaucho A4
gaudriole L2
gaufre, f J2
gaule 37 L2
gaullisme P10
gaulois Q11
gaur 64 G10
gauss 19 54 Z16

gave	Z16	genouillère	Y16	gibet	F5
gavial	L1	genre	D13	gibier	Z16
gavotte	N5	gens, *pl.*	31 E7	giboulée	U4
gaz	32 R5	*m* gens heureux		giboyeux	Y10
gaze	32 S1	*f* bonnes gens		gibus	R3
gazelle	S1	gent, *sg*	31 D11	giclée	U4
gazette	C11	gentiane	S5	gifle	12 J2
gazeux	Q13	gentil	Q26	gigantesque	K2
gazon	S1	gentilhomme	X1	gigogne	Z16
gazouillis	E6	*pl.* gentilshommes		gigot	F9
geai	41 B15	gentillesse	S14	gigue	Z16
géant	D10	gentiment	F14	gilet	F5
gecko	K13	gentleman	Z16	gingembre, *m*	C17
géhenne	M4	*pl.* gentlemen		gingival	Q21
geignard	Q2	gentry	Y4	gingivite	C17
geisha	X3	génuflexion	T17	girafe	J2
gel	L1	géode	X5	girandole	L2
gélatine	Z7	géodésie	B9	giratoire	H8
gelée	U4	géographie	J3	girelle	C8
gélinotte	N5	geôle	W10	giries	R11
gélule	Z3	géométrie	U12	girl	L1
gelure	H6	géophysique	Y5	girofle, *m*	J2
gémeau	A5	géothermique	X1	giroflée	U4
f gémelle		gérance	D3	girolle	L3
gemme, *f.*	C9	géranium	M3	giron, *m*	I20
gémonies	R11	gérant	Q19	girouette *m*	C11
gendarme	D13	gerbille	L4	gitan	Q24
gendre	D13	gerboise	Z16	gîte, *m*	12 W3
gène, *m*	41 V12	gerçure	H6	gîte, *f*	12 W3
gêne, *f*	12 41 W2	gériatrie	P1	givreux	Q13
général	Q21	germain	40 Q24	glace	70 S4
généralité	U5	germe	Z16	glaciaire	40 H5
générateur	Q28	germen, *m*	40 C4	glacial	Q21
génération	Z5	germicide	S4	*pl.* -als *ou* aux
généreux	Q13	germination	T12	glaciation	T12
générosité	U3	gérondif	T12	glacière	40 V16
genèse	V16	gérontologie	B9	glacis	B6
genet	41 F5	gésier	S2	glaçon	11 S4
genêt	41 W2	gestaltisme	Z16	gladiateur	G13
génétique	U5	gestation	T12	glaïeul	X5
genévrier	U12	geste, *m*	Z16	glaireux	Q13
génial	Q21	geste, *f*	Z16	glaise	C3
génie, *m*	B9	gestionnaire	M4	glaiseux	Q13
genièvre	V4	gestuel	Q22	glaive	C1
génisse	S15	geyser, *m*	Y3	gland	F18
génital	Q21	ghetto	N7	glaneur	Q27
génocide	S4	giaour, *inv.*	G11	glaréole	X5
génois	Q2	gibbon	Z16	glas	E1
génope, *f.*	O4	gibbosité	U3	glass, *m*	70 Z16
génotype	Z7	gibecière	V15	glaucome	P1
genou	R7	gibelotte, *f*	Z8	glauque	K2

glèbe	V5	goitre	P1	gouverneur	G13
glène, *f*	V12	golf, *m*	32 Z16	grabataire	H5
glial	Q21	golfe, *m*	32 Z16	grâce	74 W1
gline	M3	gommé	Q1	gracieux	P1
gliome	P1	gond	55 F18	gracilité	U3
glissière	S6	gondole	L2	gradation	T12
global	Q21	gonfleur	G13	grade	Z16
globuleux	Q13	gong	55 Z16	gradient	D11
globuline	Z7	goniomètre	M3	gradin	C17
glockenspiel	K13	gonocoque, *m*	M3	graduation	T12
glomérule	P4	gord	64 I2	graduel	Q22
gloria, *inv.*	A1	gordien	C15	graffiti	R10
glorieux	Q13	goret	F5	graillon	Y16
glose, *f*	S2	gorgée	U4	grain	C12
glossaire	S6	gorgone, *f*	P5	grainetier	Q4
glossème	V11	gorgonzola	S1	graisse	12 S13
glossolalie	S6	gorille	L4	gram, *m*	36 Z16
glotte	N5	gosier	S2	gramen, *m*	C4
glouglou	A8	gospel	L1	gramin(ac)ée	U4
gloussement	S6	gosse	19 54 S16	grammaire	M2
gloutonnerie	M4	gothique	X1	grammatical	Q21
glu	A7	gouache	X5	gramme	36 M2
gluant	X5	gouailleur	Q27	gramophone, *m*	P4
gluau	A6	goudronnage	M4	grandeur	G14
glucide	S4	gouffre	J1	grandiloquence	D7
glucose	P1	goujaterie	P8	grandiose	P1
gluten	C4	goulache, *m ou f*	L12	grange	D12
glycérine	Y5	goulasch, *m ou f*	X4	granit(e), *m*	M3
glycine, *f*	Y5	goulée	43 U4	graniteux	Q13
glyphe, *m*	J3	goulet	43 F5	granule, *m*	L2
gnangnan	D12	goulot	F9	granulite	Z7
gnathion	X1	goulu	Q1	graphisme	J3
gneiss	Z16	goulûment	W8	graphite	J3
gnocchi	X1	goupil	P6	graphologie	B9
gnome	P1	goupille	L4	grappe	O3
gnose, *f*	S2	gourbi	A3	grappillage	Y14
gnostique	K2	gourd	F16	grappin	P6
gnou	A8	gourdin	C17	grasseyant	Y7
go	A4	gourmand	O2	grassouillet	Q20
goal	37 L1	gourmé	43 Q1	gratin	P8
gobelet	F5	gourmet	43 F5	gratiné	Q1
gobelin	C17	gourmette	C11	gratiole	S5
gobie, *m*	B9	gourou	A8	gratis	P8
godet	F5	gousse	S18	gratitude	Z7
godille	L4	gousset	F5	grattage	P15
godillot	F9	goût	W8	grat(t)eron	I20
goéland	X5	goutte	12 N5	grattebossage	Z15
goélette	C11	goutteux	Q13	grattoir	G2
goémon	X5	gouttière	V15	gratuité	U3
goguenard	Q2	gouvernail	L5	grau	53 A6
goinfrerie	C18	gouvernant	Q19	gravats	R10

grave	**76**	Z16	grillon		Y16	guelfe		J2
graveleux		Q13	grimace		S7	guelte, *f*		Z16
gravelle		C8	grimaud		F18	guenille		L4
graves	**76**	R11	grimoire		H9	guenon		M3
graves, *m*	**76**	Z16	grinçant		S4	guépard		I1
gravidité		U3	grincheux		Q13	guêpe		W2
gravier		Z16	griot		F9	guère(s)	**41**	P7
gravillon		Y16	griotte		N5	guéret		F5
gravité		U3	grippe	**12**	O3	guéridon		I19
gravure		H6	gris		Q11	guérilla		A1
gré	**42**	U1	grisaille		L6	guérillero		A4
grèbe		V5	grisâtre		W1	guérison		S2
grèbe, *m*		V5	griserie		B9	guerre	**41**	I13
grébiche		Z16	griset		F5	guet	**42**	F5
grec		Q6	grisonnant		Q19	guêtre		W2
gredin		C17	grisou		A8	guetteur		N7
gréement		U6	grivèlerie		V10	gueule	**76**	L12
greffier		J1	grivoiserie		B9	gueules	**76**	R10
greffon		J1	grizzli		Z16	gueux		Q13
grégaire		H5	grizzly		Y4	gui		A3
grège		V9	groenlandais		Q15	guichet		F5
grégeois		B15	grog		Z16	guidon		Z16
grègues		R11	groggy		J8	guignard		Q2
grêle		W2	grognard		Q2	guignol		L1
grelottant		Z4	grognon		Q25	g(u)ilde, *f*		Z16
grenache		P5	groin		C18	guillemet		F5
grenadine		Z7	grommellement		Z13	guilleret		Q20
grenaille		L6	grondin		C17	guillotine		Y16
grenat		F1	groom		Z16	guimauve, *f*		Z16
grenier		P5	gros	**53**	Q14	guimbarde		Z16
grenouillage		Y14	groseillier		Y16	guimpe, *f*		Z16
grenu		Q1	grossesse		Z6	guinche		C17
grès	**42**	V20	grosseur		G14	guinée		U4
gréseux		Q13	grossièreté		U3	guingois		E5
grésillement		Y16	grossissement		Z13	guinguette		C11
grève		V18	grotesque		N6	guipure		H6
gréviste		U12	grotte		N5	guirlande		D1
gribiche		Z16	grouillant		Y12	guise		S2
gribouillis		E6	group	**32**	Z16	guitare		H1
grièche		V7	groupe	**32**	O4	gustatif		Q9
grief		Z16	gruau		A6	guttural		Q22
grièvement		V18	grue		B5	gymkhana, *m*		A1
griffe		J1	grugeoir		B15	gymnase, *m*		Y1
griffonnage		M4	grumeau		A5	gymnastique		Y5
grignon		Z16	gruyère		Y11	gynécée, *m*		U2
grigou		A8	guai(s)	**42**	Z16	gypaète		V17
grigri		A3	guanaco		A4	gypse, *m*		Y1
gril		L1	guano		A4	gyroscope		Y1
grillade		Y16	gué	**42**	U1	gyrostat		F1
grillage		Y16	guéable		X5			
grille		L4	guède		V8			

123

h

le signe ' marque
l'**h** dit aspiré.
'**h**- résiste à
l'élision et à la
liaison, p. ex.
'**hangar**, mais non
habit ou **hameçon** !

'ha !	60	A1
habileté		U3
habilité		Q1
habillage		Y14
habit		F8
habitacle		N6
habitant	8	Q19
habitat		F1
habitude		P8
habituel		Q22
habitus		R6
'hâbleur		W1
'haché	8	Q1
'hachette		C11
'hachis		E6
hachure		H6
'haddock		J6
'hagard		I1
'haie		B1
'haïkaï		X6
'haillon		Y16
'haine	60	C2
'haineux		Q13
'haire	16 63	H5
'haïssable		X6
'halage	86	P3
'hâle	74	W1
haleine	41 60	C6
'halètement	60	V17
halieutique		P3
'hall		Z16
'hallage	86	P10
hallali		A3
'halle	74	L3
hallucinatoire		H8
'halo	60	A4
'halogène	86	P3
halomorphe		J3
'halophile		J3

'halophyte		Y1
'halte		Z16
haltère, *m*		V15
'hamac	60	K1
'hamada, *f*		A1
'hameau		A5
hameçon		S4
'hammam		M2
'hampe		D12
'han !	30	D9
'hanap		A1
'hanche	60	D12
'handball		D12
'handicap		O1
'hangar		G1
'hanneton		Z5
'hansart		I4
'hanse	60	D12
'hanté	60	Q1
haoussa		X5
hapax		R4
haplologie		B9
'happe	12	O3
'haquenée	60	U4
'haquet	60	F5
'haras	80	E1
'harassant	8	S6
'harcèlement		V10
'harde, *f*	75	Z16
'hardes	75	R11
'hardiesse		S14
'hardiment		F14
'hardware		Z16
'harem		Z16
hareng		Z16
'haret	60	F5
'hargneux		Q13
'haricot		F9
'haridelle		C8
harmonica		A1
harmonieux		Q13
harmonium		M3
'harnais		E4
'harnois		E5
'haro		A4
'harpie		B9
'harponneur		M4
'hart	72	I4
('h)aruspice		S8
'hasard		I1
'hasardeux		Q13

'haschi(s)ch		X4
'hase, *f*		S2
hast, *m*		N3
ou haste, *f*		Z16
'hastaire	60	H5
'hâte	12	W1
'hâtif		Q9
'hauban		D9
'haubert	60	I5
'hausse	12 60	S6
'haut	19 54 58	Q19
'hautain	59	Q24
'hautbois		E5
'hautboïste		X6
'hautesse	53	S14
'hauteur	60	G14
'hautin	59	C17
'havane		M3
'hâve		W1
'havresac		Z16
'hayon		Y11
hazan		D9
'hé !	60	Z16
'heaume	54	A5
hebdomadaire		H5
hébéphrénie		Z16
hébergement		U6
hébété		U5
hébétement		13U
hébraïque		X6
hébreu, *m*		A2
hécatombe		K6
hectare		H1
hédonisme		M3
hégélien		U5
hégémonie		B9
hégire		H2
'hein !		C14
'hélas !		L12
hélianthe		X1
hélice		S8
hélicon		K6
hélicoptère		V15
héliocentrique		L12
héliomarin		Q24
hélion		P3
héliotrope		P6
hélium		P3
hélix		R4
(h)ellébore, *m*		Z11
hellène		P10

(h)élodée	. . . . .	U4
helvète	. . . .	V17
helvétique	. . . . .	U12
'hem !	 14	Z16
hématique	. . . . .	M1
hématite	. . . . . .	M1
hématome	. . . . .	P1
hémérologie	. . . .	B9
hémicycle, m	. . .	Y5
hémiplégie, f	. . .	B9
hémisphère, m	. .	M1
hémistiche, m . . .	M1
hémoglobine, f . .	M1
hémorragie	. . . .	M1
hémorroïde, f . . .	X6
'henné	. . . .	M4
'hennissement	. . .	Z13
hépatique	. . . . .	K2
hépatite	. . . . . .	N6
heptaèdre, m . . .	V4
héraldique	. . . .	K2
'héraut	 53	F2
herbeux	. . . . . .	Q13
herbicide, m	S4
herboriste m	P7
herbu m	Q1
(h)erbue	. . . . . .	B5
hercynien	. . . . .	Y5
'hère, m . . . 16 63	V15
héréditaire	. . . . .	H5
hérédité	. . . . . .	I18
hérésie	. . . .	B9
'hérisson	. . . . . .	S6
héritage	. . . . . .	N6
hermaphrodite	. .	J3
herméneutique	. .	U6
hermès, m	R3
hermétique	. . . .	K2
hermine	. . . . . .	P5
(h)erminette	. . . .	C11
'hernie, f	. . . . . .	B9
héroïne	. . . .	X6
'héron	. . . .	I20
'héros	 53	E3
(h)erpétologie	. . .	B9
'herse	 60	Z16
hertz	. . . .	R5
hétaïre	. . . .	X6
hétairie	. . . .	B9
hétérie	. . . .	B9
hétéroclite	. . . . .	U5

hétérodoxe	. . . .	U5
hétérogène	. . . .	U7
hétérogénéité	. . .	U5
hétérozygote	. . .	Y1
'hêtraie	. . . .	B1
'hêtre	 75	W2
'heu !	 46	A2
heur	 35	G13
heure	 35	H7
heureux	. . . . . .	Q13
(h)euristique	. . .	K2
'heurt	 35	Z16
'heurtoir	. . . . . .	G2
hévéa	. . . .	A1
hexaèdre	. . . . .	X5
hexagone	. . . . .	P5
'hi !	 49	A3
(')hiatus, m	R3
hibernal	. . . . . .	Q21
hibernation	. . . .	T12
hibiscus	. . . . . .	R3
'hibou	. . . .	R7
'hic	. . . .	K1
hidalgo	. . . . . .	A4
'hideux	. . . . . .	Q13
'hie, f	 49	B9
hiémal	. . . .	Q21
hier	. . . .	G5
'hiérarchie	. . . . .	B9
hiératique	. . . . .	P8
hiéroglyphe, m . .	Y5
hilarité	. . . .	U3
'hille, m 60	L2
hindi	. . . .	A3
hindou	. . . .	Q1
hinterland, m . . .	Z16
hippiatre	. . . . . .	P1
hippique	. . . . . .	O5
hippocampe	. . . .	P13
hippophagique	. .	O5
hippopotame	. . .	O5
hirondelle	. . . . .	C8
hirsute	. . . .	N6
hispanique	. . . . .	M3
'hissage	. . . . . .	S6
histamine	. . . . .	M1
histogramme	. . .	M2
histoire	. . . .	H10
histologie	. . . . .	B9
historien	. . . . . .	Q25
historiette	. . . . .	C11

histrion	. . . . . .	Z16
'hittite	. . . .	Z5
hiver	. . . .	G5
hivernal	. . . . . .	Q25
hivernation	. . . .	T12
'ho !	. . . . . 58 60	A4
'hobby, m 60	Y4
'hobereau	. . . . .	A5
'hochequeue, m . .	B4
'hochet	 10	F5
'hockey	 80	Y3
'holà !	. . . .	V1
holarctique	. . . .	L12
'holding, m	Z16
'hollandais	. . . . .	Q11
holocauste, m . . .	K6
'homard	. . . . . .	I1
'hombre, m . . . 60	Z16
'home, m . . . 54	Z16
homélie	. . . . . .	P4
homéopathe	. . . .	X1
homéostat	. . . . .	F1
homérique	. . . . .	U12
homicide	. . . . . .	P4
hominien	. . . . .	P4
hommage	. . . . .	P11
hommasse	. . . . .	S12
homme	 54	M2
homogène	. . . . .	V12
homogénéité	. . .	U5
homologation	. . .	T12
homoncule, m . .	L2
homonymie	. . . .	Y5
homothétique	. . .	X1
homozygote	. . . .	S1
homuncule, m . .	L2
honnête	. . . . . .	P12
honnêteté	. . . . .	U8
honneur	. . . . . .	P12
honni	. . . .	M4
honorable	. . . . .	P5
honoraire	. . . . .	P5
honoraires	. . . . .	R10
honorariat	. . . . .	F1
honorifique	. . . .	P5
'honteux	. . . . . .	Q13
'hop !	 60	O1
hopcalite, f	L12
hôpital	. . . .	W10
'hoquet	 80	F5
horaire	. . . .	H5

'horde Z16
'horion Z16
horizon S1
horizontalement . F12
horloger Q4
'hormis E6
hormone M3
'hornblende, *f* . . . C15
horodateur I20
horographe J3
horoscope, *m* . . . K6
horreur G14
horrible I15
horripilant I15
'hors 64 I8
'hors(a)in Z16
'horst, *m* N3
hortensia, *m* A1
horticulteur Q28
hosanna A1
hospice, *m* . . . 60 S8
hospitalier L12
hospitalité U3
hostie B9
hostilité U3
'hot 54 Z16
hôte 19 54 W10
hôtel 60 L1
hôtellerie L11
hôtesse 53 S14
'hotte 54 N5
'hottentot Q20
'hou ! 60 A8
'houblonnier Q4
'houe, *f* 60 B3
'houille 60 Y16
'houiller Q4
'houlette C11
'houleux Q13
'houp ! 80 O1
'houppe, *f* . . . 80 O3
'houppelande, *f* . . O5
'hourdis 60 E6
'houri, *f* A3
'hourra I16
'housse, *f* S18
'houx 60 E8
huard I1
'hublot F9
'huchet F5
'huée U4

'huerta A1
'huguenot Q19
huhau ! A6
hui 49 A3
huileux Q13
huis 49 E6
huisserie S6
huissier S6
'huit 49 Z16
huître W3
'hulotte N5
('h)ululement . . . Z7
'hum ! 14 Z16
humainement . . . F12
humanitaire H5
humanité U3
humblement . . . F12
humérus R3
humeur G14
humidité U3
humilité U3
humoriste I19
humour G11
humus R3
'hune 60 M3
'huppe O3
'huppé Q1
'hurdler G5
'hure H6
'huron P7
hurluberlu A7
'hurrah X8
'hurricane Z11
'hussard I1
'hutte 60 N5
hyacinthe Y1
hybride Y5
hydrate, *m* N6
hydraulique L12
hydravion Y1
hydre, *f* Y1
hydrocarbure, *m* . H6
hydrocution . . . T9
hydrologie Y1
hydrolyse Y6
hydropisie Y5
(')hyène . . . 41 V12
hygiène Y5
hygrométrie B9
hylémorphisme . . Z15
hymen, *m* C4

hyménée, *m* V2
hymne Y1
hyoïde X6
hyperbole, *f* L2
hyperglycémie . . Y6
hypermnésie . . . B9
hypéron Y1
hypersthénie . . . X1
hypertélie, *f* . . . Y1
hypertrophie . . . J3
hyphe, *m* 60 J3
hypnose, *f* P1
hypnotique Y5
hypocondriaque . K2
hypocrisie Y5
hypocrite Y5
hypogée, *m* U2
hypoglycémie *m* . Y5
hyponymie Y6
hypophyse, *f* . . . Y6
hypotaxe, *f* Z16
hypoténuse, *f* . . . S2
hypothalamus . . . X1
hypothécaire . . . U12
hypothèque V14
hypothèse V16
hypothétique . . . U12
hypotrophie J3
hysope, *f* O4
hystérie B9
hystérique Y5

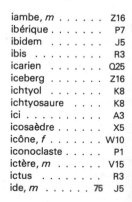

iambe, *m* Z16
ibérique P7
ibidem J5
ibis R3
icarien Q25
iceberg Z16
ichtyol K8
ichtyosaure K8
ici A3
icosaèdre X5
icône, *f* W10
iconoclaste P1
ictère, *m* V15
ictus R3
ide, *m* 75 J5

idéal Q21
pl. idéals / idéaux
idée U4
idem J5
idempotent P8
identique K2
identiquement . . . F12
identité U3
idéogramme . . . X5
idéologie X5
ides 75 R11
idiolecte K6
idiomatique . . . P1
idiome, *m* P1
idiosyncrasie . . . Y5
idiot Q19
idoine M3
idolâtre W1
idole L2
idylle, *f* Y5
if 60 Z16
Igame M1
igloo, *m* Z16
iglou, *m* A8
igname, *f* M1
ignare H1
ignifugé Q1
ignoble Z16
ignominie B9
ignominieux . . . Q13
ignorance D3
ignorantin C17
iguane, *m* . . . M3
il, *m* 60 L1
île 60 75 W3
îles 75 R10
iliaque L12
illégalité U3
illégitime P10
illettré N7
illicitement F12
illico A4
illisible L11
illumination . . . T12
illusionniste . . . M4
illusoire H8
illustration . . . T12
illyrien Y15
îlot W3
ilote Z3
image M1

imaginaire H5
imago, *m ou f* . . . A4
imam Z16
iman D9
imbattable P15
imbécile P3
imbécillité P10
imberbe Z16
imbrication K6
imbroglio A4
imbu P1
imitateur Q28
imitatif Q9
imitation M1
immanence . . . D7
immangeable . . B15
immatriculation . . M2
immature H6
immédiateté . . . U3
immémorial . . . M2
immense D8
immensément . . F13
immergé M2
immérité M2
immersion T2
immeuble M2
immigration . . . M2
imminence . . . D7
immixtion Z16
immobilier Q4
immobilité U3
immodeste . . . M2
immolation M2
immondices . . . R11
immoralité U3
immortalité . . . U3
immortel Q22
immuable X5
immunité U3
impact N1
impair Q2
imparfait Q2
impartition T10
impasse, *f* S12
impassibilité . . . U3
impatiemment . . F17
impatience . . . D7
impavidité U3
impeccablement . . K7
impécunieux . . . Q13
impédance D3

impedimenta . . . R10
impénétrabilité . . . U5
impenses R11
impérant D10
impératif Q9
imperceptible . . . S4
imperfection . . . T16
impérial 33 Q21
impériale 33 L2
impérieux Q13
impérissable . . . S6
impéritie B8
impertinence . . . D7
imperturbable . . . Z15
impétigo A4
impétrant Q2
impétueux Q13
impiété U3
implacable K6
implant D10
implémentation . . T12
implexe Z16
implication K6
implicite S4
imploration T12
implosion S2
impondérabilité . . Z15
impopularité U3
importance D3
importateur Q28
importun Q24
imposture H6
impôt W10
impotence D7
imprécation T12
imprégnation . . . T12
imprésario A4
impressionnisme . M4
imprimatur, *m inv.* . G7
imprimerie B9
impromptu Q1
improvisation . . . T12
improviste Z16
imprudemment . . F17
impudence D7
impulsif Q9
impunité U3
imputabilité U3
imputation T12
inaction T16
inadvertance D3

inanité	Z7	incurvé	Q1	inéluctable	M3
inanition	T10	incuse, *f*	S2	inénarrable	P5
inappétence	D7	indécis	Q11	inepte	M3
inapplicable	P5	indéfectibilité	Z15	ineptie	B8
inattendu	Z9	indéhiscence	X2	inerte	P5
inaugural	Q21	indélébilité	U3	inertie	B8
inaugurateur	Q28	indemne	Z16	inexact	N1
inca	A1	indemnisation	T12	inexhaustible	X1
incandescence	S3	indemnité	U3	inexorable	P7
incantation	T12	indéniable	M3	inextinguible	Z15
incarcération	S4	indépendamment	F16	infamant	D10
incarnat	Q2	index	R4	infâme	W1
incarnation	T12	indican	D9	infamie	P1
incartade	K6	indicateur	Q28	infanterie	Z7
incendiaire	H5	indication	T12	infantile	L2
incendie, *m*	B9	indice, *m*	S8	infarctus	R3
incessamment *m*	Z10	indiciaire	H5	infatigable	Z15
incessibilité	Z15	indicible	S4	infatuation	T12
incestueux	Q13	indifférent	Z9	infect	Q19
inchoatif	K8	indigénat	U12	infectieux	Q13
incidence	D7	indigence	D7	inféodation	T12
incident	D11	indigène	V12	infère	V15
incinération	S4	indigent	2	inférence	D7
incipit, *inv.*	Z16	indignation	T12	inférieur	G12
incisif	Q9	indigo	A4	infériorité	U5
incitateur	Q28	individu	A7	infernal	Q21
inclinaison	C1	individualité	U3	infestation	T12
inclination	T12	individuel	Q22	infiltrat	F1
inclus 17	Q11	indivis	Q11	infime	P1
inclusif	Q9	indole, *m*	L2	infini	Z3
incoercible	X5	indolence	D7	infinité	U3
incognito	A4	indolore	H4	infinitif	Q9
incohérent	X2	indonésien	Q25	infinitude	Z15
incolore	H4	indoor	Z16	infirmation	T12
incommensurable	Z15	indu	Q1	infirmerie	B9
incommodant	D10	indubitable	N6	infirmier	Q4
incongru	Q1	inductance	D3	infirmité	U3
incongrûment	W8	inducteur	Q28	infixe	Z16
inconsidéré	U5	inductif	Q9	inflammable	M2
inconvenant	D10	induction	T16	inflationniste	M4
inconvénient	D11	induit	Q19	inflexion	T17
incorporation	T12	indulgence	D7	inflorescence	S3
incrément	D11	indûment	W8	influence	D7
incrimination	T12	induré	Q1	influx, *m*	E8
incrustation	T12	industrie	B9	informaticien	Q25
incubation	T12	industriel	Q22	infortuné	Q1
inculpation	T12	industrieux	Q13	infra	A1
incunable	M3	induvie, *f*	B9	infraction	T16
incurabilité	U3	inédit	M3	infrangible	D12
incurie	B9	ineffable	P5	infrastructure	H6
incursion	T2	inefficacement	Z15	infructueux	Q13

infrutescence	S3	innom(m)é	M4	instant	D10		
infundibulaire	H5	innominé	P4	instantanément	F13		
infus	Q11	innommable	P11	instar	G1		
infusoire	H9	innovation	M4	instaurateur	Q28		
ingambe	D12	inoculation	T12	instigateur	Q28		
ingénierie	B9	inodore	H4	instillation	L3		
ingénieur	G13	inoffensif	Z9	instinct	N1		
ingénieux	Q13	inondation	T12	instinctif	Q9		
ingéniosité	U3	inopiné	M3	instinctuel	Q22		
ingénu	Q1	inopinément	F13	institut	F10		
ingénuité	U3	inopportun	Q2	instituteur	Q28		
ingénument	F15	inorganisé	M3	institutionnalisme	P12		
ingérence	D7	inoubliable	M3	institutionnel	Q22		
ingrat	Q19	inouï	X6	instructif	Q9		
ingrédient	D11	inquiet	Q19	instruction	T16		
ingression	T3	inquisiteur	Q28	instruit	Q19		
inguinal	Q21	inquisition	T10	instrument	D11		
ingurgitation	T12	insane	M3	instrumentaire	H5		
inhabité	X1	insanité	U3	instrumental	Q21		
inhabituel	Q22	insatiabilité	S5	insu	A7		
inhalateur	Q28	inscription	T16	insubmersible	Z15		
inhalation	T12	insécable	K6	insufflation	P9		
inhérence	D7	insecte	K6	insulaire	H5		
inhérent	X1	insecticide	S4	insularité	U3		
inhibé	Q1	insémination	T12	insuline, f	Z7		
inhibiteur	Q28	insensé	Q1	insultant	8	Q19
inhospitalier	Q4	insertion	T7	insulteur	Q27		
inhumain	X1	insidieux	Q13	insurgé	Q1		
inhumation	T12	insigne, m	Z16	insurrectionnel	Q22		
inimitié	U3	insignifiance	D3	intact	N1		
ininflammable	Z16	insinuation	T12	intangible	D12		
inique	M3	insipide	Z7	intarissable	Z15		
iniquité	U3	instance	D3	intégral	Q21		
initial	S5	insolation	T12	intégration	T12		
initiateur	Q28	insolemment	F17	intègre	12	V3
initiative	M3	insolence	D7	intégrité	U12		
initié	Q1	insolent	D11	intellect	N1		
injecteur	Q28	insolite	Z7	intellectuel	Q22		
injection	T16	insoluble	L12	intelligemment	F17		
injonction	T16	insolvable	Z16	intelligence	D7		
injurieux	Q13	insomniaque	K2	intelligentsia	A1		
inlandsis, m	R3	insomnie	B9	intelligentzia	A1		
inlassable	S6	insonore	H4	intelligibilité	U3		
inlay	Y2	insouciance	D3	intempérie	B9		
inné	8 M4	inspecteur	Q28	intempestif	Q9		
innéité	X5	inspection	T16	intendance	D3		
innervé	M4	inspectorat	F1	intense	D8		
innocemment	Z12	inspirateur	Q28	intensément	F13		
innocence	D7	installation	T12	intensité	U3		
innocuité	X5	instamment	F16	intention	T6		
innombrable	M4	instance	D3	intentionnalité	P12		

intentionnellement	Z15	interversion	T2	invincibilité	Z15
interallié	Q1	interview, *f*	Z16	invitatoire	H8
interarmées, *inv.*	Z16	interviewer, *m*	G5	invite, *f*	N6
interarmes, *inv.*	Z16	intestat	F1	invivable	Z16
intercalaire	P3	intestin	Q24	invocation	T12
intercepteur	G13	intime	M1	involontairement	Z15
interception	T15	intimement	F12	involution	T9
intercesseur	G13	intimidation	T12	iode, *m*	X5
intercession . . . 86	T3	intimité	U3	iodure, *m*	H6
interclubs, *inv.*	Z16	intitulé 8	U1	ion	Z16
intercostal	Q21	intolérant	Z7	ionien	Q25
intercurrent	P14	intonation	P5	ionique	M3
interdiction	T16	intoxication	T12	iota	A1
interdit	Q19	intrados, *m*	E3	ipéca, *m*	O6
intéressant	D10	intramural	Q21	ipséité	U5
intéressé	Q1	intransigeance	B15	irascible	S3
intérêt	U8	intraveineux	Q13	ire, *f*	H2
interface, *f*	G5	intrépidité	U3	irénique	P5
interférence	D7	intrication	K6	iridien	Q27
intérieur	G12	intrigant	Q19	iridium	I19
intérim	I19	intrigue	Z16	iris, *m*	I19
intérimaire	M1	intrinsèque	V14	irisation	S2
intériorité	U3	introducteur	Q28	ironie	I20
interjection	T16	introductif	Q9	iroquois	Q2
interlinéaire	H5	introït	X6	irradiation	I14
interlope	O4	introjection	T16	irrationnel	Q22
interloqué	Q1	intromission	T5	irréalité	U3
interlude, *m*	G5	intronisation	P1	irrécusable	I14
intermède, *m*	V8	introspectif	Q9	irrédentisme	I14
intermédiaire	U12	introverti	Q1	irréel	Q22
intermittence	D7	intrus	Q11	irréfragable	I14
internat	F1	intuitif	Q9	irréligion	U13
interne	C17	intuitionnisme	M4	irrémédiable	U12
internement	M1	intumescence	S3	irréprochable	U13
intéroceptif	Q9	inuline	Z7	irrespect	N1
interpellation	P10	invar, *m*	G1	irrévérence	D7
interphone, *m*	J3	invariance	D3	irrigation	T12
interpolation	P3	invasion	S2	irritable	I14
interprétariat	U12	invective	K6	irroration	I14
interprète	V17	inventaire	H5	irruption	T15
interrègne	I13	inventeur	Q28	isallobare	O1
interrogateur	Q28	inventif	Q9	isallotherme	L11
interrogatif	Q9	invention	T6	isanomale	L2
interrogatoire	H9	inverse 12	Z16	isard	I1
interruption	T15	inversion	T2	isba, *f*	A1
intersection	T16	inverti	Q1	ischiatique	K8
intersession, *f* . . 86	S6	investigateur	Q28	islam	Z16
interstice, *m* :	S8	investissement	S6	islandais	Q11
interstitiel	Q22	investiture	H6	isobare, *f*	H1
intervalle, *m*	L3	invétéré	U5	isobathe	X2
interventionniste	M4	invigoration	T12	isocèle	V10

isochrome P1
isocline K6
isoédrique U12
isoglosse S16
isogonal Q21
isogramme, m ... S2
isohyète V17
isohypse Y1
isoionique X5
isolant Q19
isolat F1
isolationniste M4
isolement Z7
isolément F13
isoloir G2
isomère V15
isomorphe J3
isopathie X1
isorel L1
isotherme, f X1
isotone Z7
isotope, m O4
isotopre O4
isotypie Y5
israélien Q24
israélite L12
issu 56 Q1
issue 56 B5
isthme Z16
italien Q25
italique N6
item N6
itératif Q9
itinéraire N6
itinérant Q19
itou A8
ivoire, m H9
ivoirien Q25
ivraie B1
ivresse S14
ivrognerie B9
ixia, f A1

jacasseur Q27
jacassier Q4
jacée U4

jacent Q2
jachère V15
jacinthe X1
jack, m 67 K5
jacket K13
jacquard I1
jacquerie B9
jactance D3
jade, m J5
jadis Z16
jaguar G1
jaillissement Y16
jais 41 E4
jalon P3
jalousie B9
jaloux Q13
jamais E4
jambage Z10
jambonneau M4
jan 31 D9
janissaire Z9
jansénisme U6
jante D2
janus R3
jaque 67 K2
jaquette C11
jar 62 G1
jard 62 I1
jardin C17
jardinet F5
jargon Z16
jarre 62 I12
jarret F5
jarretelle Z12
jarretière V15
jars 62 E7
jasmin C17
jaspé Q1
jatte N5
jauge Z16
jaunâtre W1
javanais Q11
javel, f 36 L1
javelle 36 C8
javelot F9
jazz Z16
je 46 Z16
jeep, f O1
jéjunum U6
jérémiade U5
jersey, m Y3

jet 41 F5
jeté 39 Q1
jetée 8 39 U4
jeton P8
jeu 46 A2
jeun P1
jeune 74 P1
jeûne 12 74 W9
joaillier Q4
jobard I1
jocasse, f S12
jockey K13
jocrisse, m S15
jodler G5
johannique X2
joie B2
joint Q19
joker K12
joliesse S14
joliment F14
jonc Z16
jonchée U4
jonchet F5
jonction T16
jongleur Q27
jonque, f K2
jonquille L4
jordanien Q25
joséphine U13
jota A1
joual L1
joualle L3
joubarbe Z16
joue 57 B3
jouée U4
jouet 10 F5
joufflu Q1
joug 57 Z16
jouissance D3
joujou R7
joule, m L2
jour G11
journal L1
journalier Q4
journée U4
journellement ... F12
joute, f N6
jouvence D7
jouvenceau A5
jouvencelle C8
jovial Q21

jovialité U3
jovien Q25
joyau Y11
joyeuseté U3
joyeux Q13
jubé U1
jubilaire Z7
jubilé U1
judicieux Q13
judo A4
jugal Q21
jugeote B15
jugulaire H5
juif Q9
jujube, m Z16
julien Q25
jumar G1
jumbo A4
jumeau A5
jumel 36 L1
jumelage L12
jumelle 36 C8
jungle Z16
junior G9
junte Z16
jupette Z4
juridictionnel Q22
juridique K2
jurisprudence . . . D7
jurisprudentiel . . . Q22
juriste I19
juron I20
jury Y4
jus E2
jusant D10
jusque(s) K2
jusquiame, f M1
jussion T4
justaucorps E7
justesse S14
justice S8
justificateur Q28
justificatif Q9
justification T12
jute, m N6
juteux Q13
juvénat F1
juvénile L2
juxtaposition Z16

k

kabbale L2
kabuki, m A3
kabyle Y1
kadi A3
kakatoès V21
kakemono Z7
kaki A3
kaléidoscope K11
kali, m A3
kami, m A3
kamikaze K12
kangourou A8
kantien Q25
kaolin C17
kaon X5
kapo P6
kappa P13
karaté U1
karité U1
karst N3
kart Z16
kascher G5
  aussi casher ou
  cawcher
katabatique P8
katafront N6
kayac K1
kayak K4
kelt Z16
kelvin C17
képi A3
képlérian U5
kératine M3
kermès 37 V21
kermesse 37 S14
kérosène V12
kérozène V12
ketchup O1
keynésien Q25
khâgneux Q13
khalife X1
k(h)an 28 D9
khédive X1
khi 67 X1
khmer Q4
khôl 54 W10
kibboutz Z16
kidnappeur Q27
kilo A4
kilotonne, f M4
kilowatt, m N4
kilt, m K11
kimono A4
kinésithérapie . . . X1
kiosque K11
kir G3
kirsch X4
kitchenette C11
klaxon Z16
kleptomanie B9
knicker(bocker)s . . K13
knout Z16
koala A1
kobz Z16
kolkhoz(e) S1
konzern Z16
kopeck K5
korrigan Q24
koto A4
kouffa A1
koulak K4
kraal L1
krach K3
kraft K11
krak 19 K4
kreutzer G5
kronprinz Z16
krypton Y1
kummel M2
kwic K1
kymographe Y1
kymoscope Y1
kymrique Y5
kyrie Y5
kyrielle Y5
kyste, m Y1

l

la 26 A1
là 26 V1
labadens Z16
label 36 L1
labelle 36 C8
labeur, m G13
labial Q21

laboratoire	H9	lampas	E1
laborieux	Q13	lamproie, f	B2
labour, m 13	G11	lance 12	D3
labrador	G9	lancinant	Q19
labri(t)	Z16	landau	R9
labyrinthe	Y5	lande	D12
lac 38	K1	langage	D12
laccase, f	K7	lange, m	D12
laceret	F5	langoureux	Q13
lacet 10	F5	langouste	D12
lâche 12	W1	langueur	G14
lacis	E6	lanière	V15
laconique	M3	lanoline	Z7
lacrymal	Q21	lansquenet	F5
lacs 26	E7	lanterneau	A6
lactaire	H5	lanugineux	Q13
lactase	S2	lapalissade	S6
lactation	T12	lapiaz, m	Z16
lacté	Q1	lapidaire	H6
lactique	K2	lapié	U1
lactose	P1	lapilli	R10
lacune	M3	lapinière	Z7
lad	J4	lapis	R3
ladre	P1	laplacien	Q25
lady	Y4	lapon	Q24
pl. ies ou ys		laps	Z16
lagon	J7	lapsus	R3
lai, m 19 68	A9	laquais	E4
lai 19 68	Q1	laque 38	K2
laïc	Q5	larbin	C17
laiche 41	C1	larcin	C17
laîche 41	W4	lard 62	I1
laïcité	X6	lare 62	H1
laid 19	Q2	largesse	S14
laie 68	B1	largeur	C14
lainage	C1	largo	A4
lais 19 68	F4	larigot	F9
laisse	S13	larmoyant	Y7
lait 19 68	F4	larron	R14
laite 40	N6	larronnesse	S14
laiteux	Q13	laryngite	Y5
laiton 78	C1	larynx	Y1
laitue	B5	las 26 37	Q14
lambeau	A5	las ! 37	Z16
lambrequin	C17	lasagne, f, inv.	S2
lambris	E6	lascar	G1
lambswool, m	Z16	lascif	Q9
lamellaire	P10	laser	G5
lamento	A4	lassitude	S6
laminoir	G2	lasso	A4
lampadaire	H5	lastex	R4

latence	D7
latéral	Q21
latex	R4
latifolié	Q1
latifondo	A4
pl. latifondi	
latifundium	N6
pl. latifundia	
latin	Q24
latitude	Z7
latitudinaire	H5
latrie	B9
latte 12	N5
laudanum	Z16
laudatif	Q9
laudes	R11
laure 52	H3
lauréat	Q19
laurier	P7
lavabo	A4
lavallière	V15
lavandière	D12
lavasse	S12
lavatory	Y4
pl. lavatories	
lavis	E6
lavoir	G2
laxatif	Q9
laxisme	Z16
laye 68	Y1
layette	Y11
lazaret	F5
lazzi	A3
lé 68	U1
leader 75	G5
leasing	Z16
lèche 41	V7
léché 8	U12
lèchefrite	N6
lécithine	X1
leçon	S4
lecteur	Q28
légal	Q21
légalité	U3
légataire	H5
légation	T12
légende	D5
léger	Q4
légèreté	U7
leggin(g)s	J8
leghorn	X1

légionnaire M4
législateur Q28
législatif Q9
légitimité U3
legs E7
légume M1
leitmotiv P8
lemme, *m* C9
lemming M2
lémure, *m* H6
lendemain C12
lénifiant P5
lent Q2
lenteur G14
lenticule, *f* L2
lentille L4
léonin Q2
léopard I1
lèpre V4
lequel, laquelle . . . Z16
lérot F9
les **68** Z16
lès **68** V20
lesbien Q25
lésine M3
lésionnel Q22
lesquels Z16
  f lesquelles
lessive S6
lest **32** L1
leste **32** Z16
létal Q21
léthargie X1
lette **40** C11
letton **78** N7
  f letton(n)e
lettre N7
leu A2
  pl. lei, ...**68**
leucémie B9
leucite S4
leucocyte Y1
leucose K6
leur **36** G12
leurre **12 36** I10
levain C12
levant **8** D10
levantin Q24
levée **8** U4
levier Z16
lévitation T12

lèvre V5
levrette C11
lévrier U6
levure H6
lexème V11
lexie, *f* R3
lexique K2
lexis, *f* R3
lez **68** Z16
lézard I1
lézarde S1
li **49** A3
liais E4
liaison S2
liane M3
liard I1
libation T12
libelle, *m* C8
libellé U1
libellule Z9
libera, *inv.* A1
libéral Q21
libérateur Q28
libératoire H8
liberté U3
libertin Q2
libidineux Q13
libido, *f* A4
librairie B9
libration T12
libretto N7
libyen Y5
lice **19 51** S9
licence D7
licenciement B11
licencieux T20
lichen K8
licite S4
licol L1
licorne K6
lido A4
lie **12 49** B9
lied, *m* J4
  pl. lieder
liège V9
liégeois B15
lien C15
lierne, *f* Z16
lierre I13
liesse S14
lieu **46** A2

lieue **46** B4
lieutenant D10
lièvre V4
lift J2
lifting Z16
ligament D11
ligature H6
lignée U4
ligneux Q13
lignite, *m* N6
ligueur Q27
lilas E1
limace S7
limaçon S4
limaille L6
limande D1
limbe, *m* **76** Z16
limbes **76** R10
limes R3
limier P4
liminaire Z7
liminal Q21
limitatif Q9
limnée U4
limnologie B9
limoneux Q13
limpidité U3
limule, *m* L2
lin C17
linaigrette C11
linceul L1
linéaire H5
linéal Q21
linéament D11
lingerie I19
lingot F9
lingual Q21
linguistique K2
liniment D11
linkage K12
links R3
linnéen Q25
linoléum M3
linotype Y1
linteau A5
lionceau A5
liparis, *m* R3
lipase, *f* S2
lipolyse Y5
lippe O3
liquéfaction T16

liqueur	G14	logorrhée	X2
liquidité	U3	loi	A10
liquoreux	Q13	loin	C18
lire **68**	H2	lointain	C12
lis **19 51**	R3	loir	G2
lise **82**	S2	loisir	G3
liseré	U6	lombard	I1
liséré	U5	lombes	R11
lisibilité	U3	lombric	K1
lisière	V15	long	Q8
lisse **19 51**	S15	longanimité	U3
listing	Z16	longeron	P7
lit **49**	F8	longévité	U3
litanie	B9	longitudinal	Q21
lithiase	X1	longtemps	E7
lithographie	X1	longueur	G14
litière	V15	looch **52**	K3
litige	P8	lopin	C17
litote	Z3	loquace	K14
littéraire	P15	loque **52**	K2
littéral	N7	loquet	F5
littérature	H6	lord **52**	I2
littoral	Z5	lorgnette	C11
liturgie	B9	lori **49**	A3
livarot	F9	loriot	F9
lividité	U3	loris **49**	E6
living	Z16	lorrain	Q24
livraison	S2	lorry **49**	I15
livresque	K2	lors **52**	I8
livret **10**	F6	lorsque	K2
llanos	R10	losange	D12
lloyd, *m*	J4	lot **53**	F9
lob **32**	Z16	loterie	B9
lobby	Y4	loti	Q1
lobe **32**	Z1	lotion	T14
local	Q21	loto	A4
localité	U3	lotte	N5
locataire	H5	lotus	R3
loch **52**	K3	louange	D12
loche, *f*	Z16	loup **15**	O2
locomotion	T14	loupiot **77**	Q20
locuteur	Q28	loupiote **77**	P8
locution	T9	lourd **65**	I3
lods **53**	R10	loure **65**	I18
lœss, *m*	Z16	loutre	N6
lof **13**	J2	loyal	Q21
logarithmique	X1	loyauté	U3
loggia, *f*	J8	loyer	Y11
logicien	Q25	lubie	B9
logique	K2	lubrifiant	Q2
logis	E6	lucarne	K6

lucernaire, *m*	S4
lucernaire, *f*	H5
lucidité	U3
lucratif	Q9
lucre, *m*	K6
ludique	K2
luette	C11
lueur	G14
lugubre	Z16
lui	A3
luisance	D3
lumbago, *m*	A4
lumen, *m*	C4
lumière	V15
lumignon	M1
luminaire	H5
luminescence	S3
lumineux	Q13
lunaire	H5
lunatique	K2
lunch	Z16
lunetier	P8
lunette **76**	C11
lunettes **76**	R11
lunule	Z3
lupanar, *m*	G1
lupercales	R11
lupin	C17
lupus	R3
luron	P7
lusitanien	Q25
lustral	Q21
lut **21 56**	Z16
luth **21 56**	X8
luthérien	Q25
lutin	C17
lutrin	C17
lutte **21 56**	N5
lutteur	Q13
luxation	T12
luxuriance	D3
luzerne	S1
luzule	S1
lycaon	X5
lycée	U2
lydien	Y6
lymphatique	Y5
lymphe	Y1
lynchage	Y1
lynx	R3
lyre **16 68**	I18

lyrique Y5
lys 19 51 R3
lyse 82 S2

m

ma 24 A1
maboul L1
macabre K6
macadam Z16
macaque K6
macareux Q13
macaron Z3
macaroni A3
macchabée U2
macération T12
mach K3
mâche, f W1
mâchefer, m W1
machette C11
machinal Q21
machinerie B9
mâchoire W1
mâchure W1
macis E6
macle P1
maçonnerie B9
macreuse K6
macrocosme . . . K6
macula, f A1
maculature H6
madame M1
mademoiselle . . . C8
madère V15
madone P5
madras R3
madré Q1
madrigal L1
ma(e)lstrom Z16
maelström Z16
maërl 33 Z16
maestria, f A1
maf(f)ia A1
mafflu P9
magasin C15
magasinier S2
magazine, m S1
magicien Q25

magistère V15
magistral Q21
magistrat F1
magma, m A1
magnan D9
magnanimité U3
magnat F1
magnésie, f B9
magnétique K2
magnétophone . . J3
magnétoscope . . . K6
magnolia, m A1
magnum, m Z16
magot F9
mahométan Q24
mai 40 A9
maïa 82 X6
maie 40 B1
maïeutique X6
maigre C11
mail 36 L5
maille 36 L6
maillechort Z16
maillet 10 Y16
maillot Y16
main 59 C12
mainlevée U4
mainmise Z16
mainmorte Z16
maint 59 Q19
maintenance . . . D3
maintenant D10
maintien C15
maire 41 C1
mais 40 E4
maïs X6
maisonnette . . . Z10
maître 19 40 W4
maîtresse S14
majestueux Q13
majeur G12
major G9
majoration T12
majordome M1
majoritaire H5
makémono A4
maki 67 K12
makimono K12
mal 24 L1
pl. maux, 75
malabar G1

malachite L12
maladif Q9
maladroit Q2
malaire H5
malais Q11
malaise, m C3
malaisément . . . F13
malandrin C17
malaria, f A1
maldonne, f M4
mâle 24 W1
malédiction . . . T16
maléfice, m S8
maléfique K2
malembouché . . Q1
malencontreux . . Q13
malentendu P3
malfaisance D3
malfamé P4
malgache Z16
malgracieux . . . Q13
malgré Z16
malhabile X1
malheur G12
malheureux Q13
malhonnête X1
malicieux T20
malin C17
f maligne
malingre C17
malle 24 L3
malléabilité U3
malléole, f Z5
mallette Z6
malmignatte, f . . N5
malotru Q1
malouin Q2
malséant Q2
maltose, m P1
maltôte, f W10
malveillant Y12
malversation . . . T12
malvoisie, m . . . B9
maman M1
mambo A4
mamelle P4
mamelon P4
mammaire P11
mammifère P11
mammouth X8
manade M3

manager M3
manant D10
manche, m D12
manche, f D12
manchette C11
manchon D12
manchot Q19
mandant D12
mandarin C17
mandarine D12
mandataire H5
mandibule, f L2
mandoline Z7
mandragore, f . . . D12
mandrill, m L11
mandrin C17
manécanterie . . . P5
manège V0
mânes R10
manette Z4
manganate, m . . . M3
manganèse, m . . . V16
mangeoire B15
mangeur Q27
mangeure B15
mangouste D12
mangrove, f D12
manguier D12
maniabilité U3
maniaque P5
manichéisme X5
manie B9
manière V15
maniéré U12
manifestation . . . T12
manifold, m J4
manigance D3
manille L4
manioc K1
manipulation M3
manne 75 M4
mannequin, m . . . C17
manœuvrier Q4
manomètre P5
manque D12
mansarde D12
manse, m ou f . 30 D4
mansion, f . . . 85 T1
mante 29 D12
mantille L4
mantisse, f S15

manuel O22
manufacture M3
manuscrit O2
manutention T6
maori Q1
mappemonde, f . . O5
maquereau A5
maquettiste P15
maquignon K14
maquillage Y14
maquis 67 E6
marabout F3
maraîcher Q4
marais 42 E4
marasme I17
marathon X1
marâtre W1
maraud F18
marbrier Z16
marc 24 Z16
marcassin C17
marcassite S6
marcescent S3
marchand 85 O2
marchant 85 O2
marché U1
marchepied F18
marcottage P15
mare 24 H1
marécageux Q13
maréchal L1
maréchaussée . . . U4
marée 42 U4
marelle C8
maremme, f C9
marémoteur Q28
marengo A4
marennes, f . . . 40 Z4
mareyeur Q27
margarine M3
marginal Q21
margotin C17
margoulin C17
margraviat F1
marguerite I19
marguillier Y16
mari 62 A3
marigot F9
marin O2
maringouin C19
marinière V15

marionnettiste . . . Z15
maritalement F12
maritime Z7
marjolaine C2
mark 67 K4
marketing K12
marmaille L6
marmelade L12
marmite N6
marmoréen Q25
marmot F9
marmotte N5
marneux Q13
marocain . . . 59 O2
maronite Z7
maroquin . . . 59 C17
marotique P8
marotte N5
maroufle P7
marque 67 K2
marquoterio P8
marquis Q11
marraine 40 C2
marre 24 I12
marri 62 Q1
marronnier Z6
marseillais Q11
marsouin C19
marsupial Q21
marteau A5
martial S5
martinet F5
martyr 34 O2
martyre, m . . . 34 Y1
mas 24 32 Z16
mascaret F5
mascaron K6
mascotte N5
masculin O2
maser G5
masochisme S2
masque K2
massacre S6
massaliote Z12
masse 32 S12
massepain C12
massette Z6
massicot F9
massif Q9
massue B5
mastaba, m A1

mastic K1
mastoc K1
mastodonte Z16
mastoïde X6
mastroquet F5
masure H6
mat, *inv.* . . . **24 77** Z16
mat **24 77** Q2
mât **24** W1
matador G9
matamore H4
matasse, *f* S12
match Z16
  pl. match(e)s
maté U1
matefaim P1
matelas E1
matelot F9
matelote N6
matérialité U3
matériau A6
matériel Q22
maternellement . . F12
maternité U3
math(s) . . . **24 77** R11
mathématique . . . X1
matheux Q13
matière V15
matin **87** C17
mâtin **87** W1
matinée U4
matois Q11
maton P8
matou A8
matraque K2
matras R3
matriarcal Q21
matriciel Q22
matricule L2
matrimonial Q21
matrone P5
matronyme Y1
matte **77** N5
matthiole P15
maturité P1
matutinal Z7
maudit Q2
maure . . . **19 52** Z1
maurelle **52** C8
mausolée U2
maussade S6

mauvais Q1
maxillaire P10
maxima, *f sg ou pl.* A1
maximum, *m* . . . Z16
maya **82** Y11
maye **40** Z16
mayonnaise C3
mazagran D9
mazette ! C11
mazout S1
méandre, *m* D12
méat F1
mec K1
mécanique K2
mécano **71** K6
meccano **71** K7
mécène U7
méchanceté U3
mèche V7
mécompte U6
mécréant U5
médaille L6
médailler Z16
médaillon Y16
mède V8
médecin C17
médiaire H5
médiale, *f* L2
médian D9
médianoche, *m* . . M3
médiat Q2
médiateur Q28
médical Q21
médicament Z7
médication T12
médicinal Q21
médiéval Q21
médina A1
médiocrité U3
médique U12
médisance D3
méditerranéen . . . Q25
médium U6
médius R3
médullaire P10
méduse S2
meeting Z16
méfiance D3
mégalithe, *m* . . . X1
mégalomanie . . . Z15
mégarde U6

mégère U7
mégot F9
méhari X2
  pl. méharis *ou* méhara
meilleur G12
mélancolie K6
mélange D12
mélanine Z7
mélasse S12
melba, *inv.* A1
mêlée U8
mélèze V19
mélisse S15
mélitte, *f* **71** N5
melliflue Q1
mellite, *m* . . . **71** L11
mélodieux Q13
mélodrame L12
mélomane Z7
mélopée U4
membrane M3
mêmement F12
mémento A4
mémoire, *m* H9
mémoire, *f* H10
mémorandum . . . U13
menace S7
ménager Q4
mendélien Q25
mendicité U3
menées R11
ménestrel L1
ménétrier U5
menhir X1
méningite U6
ménisque, *m* . . . K2
ménopause M3
menotte N5
mense **30** D8
mensonge D13
mensonger Q4
mensuel Q22
mensuration T12
mentalité U3
menteur Q27
menthe **29** D13
mention **85** T6
menton D13
mentor C15
menu Q1
menuet F5

menuisier M3
méphitique X1
méplat F1
mépris E6
mer 41 G5
mercantile K6
mercenaire H5
mercerie B9
merci S4
mercure H6
mère 41 V15
merguez, f R5
méridien Q25
méridional Q21
meringue C17
mérinos R3
merisier P7
méritoire H8
merl 33 L1
merlan D9
merle 33 L2
merlin Z17
merlu(s) Z16
mérotomle Z7
mérou A8
mérovingien Q25
mérule I21
merveilleux Q13
mes, pl. Z16
mésange D12
mescaline K6
mésencéphale ... U5
mésentente D13
mésentère U7
mésestimation ... T12
mesmérisme P7
mésocarpe S2
mésolithique X1
mésopause S2
mesquinerie B9
mess 32 Z16
messager S6
messe 32 S14
messie, m B9
mesure H6
métabolique K2
métairie C1
métal L1
métalangue L12
métalepse U6
métalloïde X6

métallurgie L11
métamère, m ... U7
métamorphose .. J3
métaphore H4
métaphysique ... Z15
métapsychique .. Y5
métastase S2
métatarse P8
métayage Y9
métempsycose .. K6
météore H4
météorite, m ou f . I19
métèque U7
méthane, m X1
méthode X1
méthyle, m Y1
méticuleux Q13
métier N6
métis 15 Q15
   f métisse
métonymie Y1
mètre 19 40 V4
métrique U12
métronome P1
métropolitain ... Q24
mets 40 E7
metteur Q27
méture H6
meublé Q1
meulier Z1
meunier Z1
meurette C11
meursault Z16
meurtrier Q4
meurtrissure H6
meute Z16
mezzanine, f ... Z16
mi 19 49 A3
miasmatique K2
miaulement Z7
micellaire P10
miche Z16
microbien Q25
microphone J3
microscope K6
microsillon K6
miction T16
midinette Z8
mie 19 49 B9
mielleux Q13
mien Q25

miette C11
mieux E8
mièvrerie V4
migmatite, f P8
mignard Q2
mignon Q25
migraine C2
migrateur Q28
mijaurée U4
mil ... : 36 L1
milan D9
mildiou A8
miliaire 77 P3
milice S8
milieu P3
militaire H5
mille 36 L11
millefeuille, m .. I10
millénaire Z11
millésime Z11
millet F5
milliaire 77 P10
milliasse S12
millibar G1
millième V11
millier P10
millionième P5
millionnaire P12
mimique K2
mimosa, m A1
minable M3
minaret F5
minceur G14
minerai A9
minéral Q21
mineur G12
miniature H6
minier Q4
minimal Z3
ministère V15
ministériel Q22
minois E5
minorité U3
minoterie Z7
minuit, m F8
minus R3
minuscule L2
minute Z3
minutie B8
minutieux T18
mir 49 G3

mirabelle C8
miracle I17
miraculeux Q13
mirador G9
mirage I17
mire 49 H2
mirepoix E8
mirliton N6
mirobolant . . . 50 Q19
miroir G2
miro(n)ton I20
mis 49 Q11
misaine C2
misandre D2
misanthrope X1
miscible S3
mise 12 S2
misère V15
miserere, inv. . . . Z7
miséricordieux . . . Q13
misogyne Y5
mispickel K13
miss Z16
missel L1
missile L2
mission 11 T5
missionnaire M4
missive S6
mistelle C8
mistral L1
mitaine C2
mite 51 Z1
miteux Q13
mithridatisé X1
mitigé Q1
mitochondrie, f . . K8
mitose P1
mitoyen C15
mitraille L6
mitral Q21
mitron N6
mixe(u)r Z16
mixtion Z16
mixture H6
mnémotechnique . K8
mobilier Q4
mobilisation T12
mobilité U3
mobylette Y1
mocassin C17
modal Q21

modalité U3
modèle V10
modérateur Q28
modérément F13
modernité U3
modestie B9
modificateur Q13
modiste J5
modulateur Q13
moelleux Q13
moellon P10
mœurs R11
mohair G6
moi 27 A10
moignon Z16
moilette C11
moilleron Y16
moindre C18
moine M3
moineau A5
moins E7
mois 27 E5
moise S2
moisissure H6
moissine Z5
moissonneur Q27
moiteur G14
moitié U3
moka K12
mol 54 Q18
molaire H5
mol(l)asse, f S12
mole 54 P1
môle, m 54 W10
môle, f 54 W10
molécule L2
moleskine K12
molette Z4
mollah X8
mollasson Q25
mollesse S14
molleton Z5
mollusque, m K2
moloch K3
molosse S16
molybdène V12
môme W10
momentanément . F13
momie B9
mon 55 Z16
monacal Q21

monade M3
monarchique K2
monarque K2
monastère V13
monastique K2
monceau A5
mondanité U3
mondial Q21
monégasque K2
monème V11
monergol L1
monétaire P5
mongolien Q27
monial Q21
moniteur Q28
monitorat F1
monnaie B1
monnayeur Y8
monobloc, inv. . . . K2
monocle, m M3
monoculture Z15
monogramme . . . M3
monolithe X1
monologue L12
monomane M3
monôme W10
monopole Z7
monosyllabe Z15
monotonie B9
monotype Y1
monseigneur G13
monsieur Z16
   pl. messieurs
monsignor(e) Z16
monstrueux Q13
mont 55 F7
montagnard Q2
montagneux Q13
montée 8 U4
montgolfière V13
monticule, m L2
montreur Q27
monument D11
moquette C11
moqueur Q27
moraine C2
moral Q21
moralité U3
morasse S12
moratoire H8
morbidité U3

morbier Z16
morbilleux Y15
morbleu ! A2
morceau A5
morcellement . . . C8
mordache, f Z16
mordicant O2
mordicus R3
mordoré O21
more 52 I18
moreau A5
morelle 52 C8
morfil L1
morganatique . . . M3
morgue Z16
moribond F18
morille L4
morillon Y16
mormon O24
morose S2
morphème V11
morphine X1
morphologie J3
morpion Z16
mors 19 52 I8
morse Z16
mort 19 52 I6
mortadelle C8
mortaise C3
mortalité U3
mortel O22
mortier Z16
mortuaire H5
morue B5
morveux Q13
mosaïque X6
mosquée U4
mot 75 F9
motel L1
motet F5
moteur O28
motion T14
motoculture Z15
motocyclette Y1
motte N5
motus ! R3
mou 19 57 O18
moucharabieh, inv. Z16
moucheron I20
mouchoir G2
moue 19 57 B3

moufle, m P2
moufle, f P2
mouflon J2
mouillage Y14
mouise S2
moujik K4
moule, m P3
moule, f P3
moulinet F5
moulinette C11
moulure H6
mouron P7
mourre I10
mousquet F5
mousquetaire . . . H5
mousse, m S18
mousse, f S18
mousseline Z11
mousseux Q13
mousson, f S6
moustiquaire K14
moût 19 57 W7
moutardier N6
moutonnier O4
mouture H6
mouvement D11
moye 27 Y1
moyen Q25
moyeu Y11
mu 56 A7
mû W8
  f mue 56
mucilagineux . . . Q13
mucosité U3
mucus R3
mue 17 56 P1
muet Q20
muezzin Z16
muffin J1
mufle P2
muge, m Z16
muguet F5
mulet F5
muleta Z3
mulot F9
multicolore Z15
multilingue C17
multiplex R4
multiplicande . . . D1
multitude N6
municipalité U3

munificence D7
munition T10
muon Z16
muqueux Q13
mur 21 56 G7
mûr 21 56 G8
muraille L6
mûre 21 56 W8
murène V12
muret 10 F5
murex R4
mûrier W8
murin C17
mûrissement W8
murmure H6
musaraigne S2
musc K1
muscadet F5
muscat F1
musclé Q1
musculaire H5
musculeux Q13
museau A5
musée U2
muselière P3
musette C11
musicalité U3
musicien Q25
musique K2
musqué Q1
mussif Q9
mustang Z16
musulman O24
mutation T12
mutilation L12
mutin Q24
mutualité U3
mutuel Q22
mycélien Q25
mycénien Q25
mycologie Y5
mycose Y1
mydriatique Y5
myéline, f Y5
myélite Y5
myélocyte Y5
myélome P1
myocardite Y5
myopie Y5
myosotis Y5
myotomie Y5

myriade Y5
myriophylle, *m* . . . Y6
myrobalan D9
myrobolan . . . 50 D9
myrrhe 49 Y1
myrte, *m* Y1
mystère V15
mystérieux Q13
mysticisme Y5
mystificateur Y5
mythe 51 Y1
mythologie X1
mytiliculteur Y5
myxomatose, *f* . . . S2
myxome P1
m(o)zabite S1

n

nabab Z1
nabot F9
nabuchodonosor . Z16
nacarat F1
nacelle S4
nacrier Q4
nadiral Q21
nævus R3
nageoire H10
naguère V15
naïf Q10
nain Q2
naissance D3
naïveté V3
naja A1
nanisme M3
naphtaline, *f* J3
naphte, *m* J3
napoléonien Q25
napolitain Z7
nappe 12 O3
narcisse, *m* S15
narcolepsie B7
narcose P1
narcotique N6
nard 15 I1
narine Z3
narquois Q11
narrateur Q28

narration L12
narthex X1
narval L1
nasal Q21
naseau A5
nasillard Y16
nasse S12
natalité U3
natation T12
natif Q9
nationalité U3
natrium N6
natte 12 N5
naturel Q22
naufrage J2
nause S2
nausée U4
nautile Z3
nautique K2
naval Q21
  pl. navals
navet F5
navette C11
navigabilité U3
navire H2
nazaréen Q25
nazi Q1
ne 46 Z16
né 44 Q1
néanmoins E7
néant D10
nébuleux Q13
nécessaire H5
nécessiteux Q13
nécrologie K6
nécromancie D12
nécropole L2
nécrose P1
nectar G1
nef Z16
néfaste U6
nèfle, *f* V3
négateur Q28
négatif Q9
négligé 8 Q1
négligent 9 D11
négoce S9
négociant . . . 8 D10
nègre V4
  f négresse
neige C5

némoral Q21
nemrod J4
nénies 77 R11
nenni 77 A3
nénuphar G1
néolithique X1
néologisme X5
néomycine Y5
néon X5
néophyte J3
néoprène V12
néottie P15
népalais Q11
nèpe, *f* V13
népérien U5
néphrétique J3
néphrite J3
népotisme N6
néréide U5
nerf Z16
néritique I19
néronien Q25
nerprun Z16
nerveux Q13
nervi A3
nervosité U3
nervure H6
net Q20
netteté U3
nettoiement . . . B13
nettoyage Y9
nettoyeur Q27
neuf Q9
neurasthénie X1
neurone, *m* P1
neuroplégique . . . Z15
neuston Z16
neustrien Q25
neutralité U3
neutrino A4
neutron Z16
névé U5
neveu A2
névralgie B9
névrite N6
névrose P1
newtonien Q25
nez 44 Z16
ni 19 48 A3
niais Q11
nichée U4

nichrome P1
nickel K13
nickelé Q1
nicodème V11
niçois Q11
nicotine Z7
nict(it)ation T12
nid 19 48 F18
nidification T12
nièce V6
nielle, m C8
nielle, f C8
nietzschéen Q25
nifé, m U1
nigaud Q2
nigérian Q24
nigérien Q25
nihilisme X2
nilgaut F2
nille, f L4
nilotique P3
nilpotent Q2
nimbe, m Z16
nimbus R3
nippe 12 O3
nipple, m P13
nippon O5
  f nippon(n)e
nique K2
nirvana A1
nitescence S3
nitrate N6
nitroglycérine . . . Y5
nival Q21
niveau A5
nivellement Z9
nivosité U3
nizeré S1
nobiliaire H5
noblesse S14
noce S4
nocif Q9
noctambule L2
noctiluque K2
noctuelle C8
noctule L2
nodal Q21
nodule L2
noème V11
nœud 46 F18
noirâtre W1

noiraud Q2
noirceur G14
noise S2
noiseraie B1
noisetier P8
noisette C11
noix 15 E8
nolis R3
nom 55 Z16
nomade M1
nombreux Q13
nombril Z16
nomenclature . . . H6
nominal P4
nomination P4
nommément F13
nomographie . . . P4
non 55 Z16
nonagénaire M3
nonante D2
nonce S4
nonchalance D3
nonciature H6
none 71 Z1
nonne 71 Z2
nonobstant D10
nonpareil Z16
noologique X5
noosphère V15
nope, f O4
noquetis R3
normal Q21
normalisation . . . T12
normand Q2
normatif Q9
norme Z16
normographie . . . J3
nor(r)rois 27 Q11
noroît 27 W6
nos, pl. E3
nosographie S2
nosologie S2
nostalgie B9
nostoc K1
nostomanie B9
notabilité U3
notaire H5
notamment F16
notarial Q21
notariat F1
notation T12

note 12 N6
notice S8
notion T14
notoire H8
notonecte, m ou f . N6
notoriété U3
notre 54 P1
nouba A1
noue 19 B3
noueux R2
nougat F1
nougatine Z7
nouille Y16
noumène V12
nourrice S8
nourriture H6
nous 19 Z16
nouveau Q18
nouvellement . . . F12
nova, f, pl. novae . A1
novateur Q28
novice S8
noyau Y11
noyer 7 Y11
nu 56 Q1
nuageux Q13
nuance D3
nubien Q25
nubilité U3
nucléaire H5
nucleus, inv. R3
nucléus, inv. R3
nudité U3
nue 56 B5
nuée U4
nuitamment F16
nuitée U4
nul Q22
nullement P10
nullipare Z11
nullité P10
nûment W8
numéraire Z7
numéral 75 Q21
numérateur Z7
numéro 75 A4
numismatique . . . M1
nummulite, f M2
nuncupatif Q9
nuptial Q21
nuque K2

nursery Y4
nutrition T10
nyctalopie Y5
nylon L12
nymphe Y1
nymphéa, *m* A1

ô 58 W10
oasis R3
obédience D7
obéissance D3
obélisque, *m* L12
obèse V16
obi, *f* 60 A3
obier Z16
obit Z16
objection T16
objectivité U3
objet F5
objurgation T12
oblation T12
obligatoire H8
obligeamment . . . F16
obliquité U3
oblitérateur Q28
oblong Q8
obole, *f* L2
obscène V12
obscur Q2
obsécration T12
obsédé Q1
obsèques R11
obséquieux Q13
observateur Q28
obsession T3
obsidienne C10
obsidional Q2
obsolescence . . . S3
obsolète V17
obstacle Z16
obstétrique K2
obstinément F13
obstruction T16
obtention T6

obturateur Q28
obtus Q11
obus E2
obversion T2
obvie B9
oc K1
ocarina, *m* Z7
occasionnel Q22
occident D11
occiput Z16
occitan Q24
occlusion K7
occulte K7
occupé Z5
occurrence D7
océan D9
océanique X5
ocelle, *m* C8
ocelot F9
ocre P1
octaèdre V4
octane P5
octante D2
octave, *f* K6
octet F5
octogonal Q21
octroi A10
oculaire P3
oculiste L12
oculus R3
odalisque, *f* L12
odelette C11
odéon X5
odeur G14
odieux Q13
odomètre V4
odontome P1
odorat F1
odyssée U4
œcuménique U6
œdème, *m* V11
œdipien Q25
œdométrie U12
œil Z16
 pl. yeux
œillet F5
œnologie B9
œsophage J3
œstre, *m* Z16
œuf [oef] 46 J2
 pl. œufs [ø]

œuvre, *m* 12 Z16
œuvre, *f* 12 Z16
off, *inv.* J1
offense J1
offertoire H9
office, *m* J1
officiel Q22
officier J1
officieux Q13
officine Z11
offrande D1
offset Z16
ogival Q21
ogresse S14
oh 58 X8
ohé ! X2
ohm 54 Z16
oie B2
oignon Z16
oïl L1
oille, *f* Y16
oint 17 Q19
oiseau A5
oiseleur L12
oisellerie L11
oiseux Q13
oisif Q9
oisillon Y16
okapi K12
okoumé K12
oléagineux Q13
oléandre D12
oléiculteur Z15
oléoduc K2
olfactif Q9
olibrius R3
oligarchie B9
olim, *inv.* L12
olivette C11
olographe P3
olympiade Y5
olympien Y5
ombelle C8
ombilical P3
omble, *m* Z16
ombrageux Q13
ombre, *m* 60 Z16
ombre, *f* 60 Z16
ombrelle C8
ombrette C11
ombrien Q25

ombrine	M3	opéré	8 Q1	ordinateur	Q28
omelette	M1	opérette	C11	ordonnance	P12
omission	P4	ophidien	Q25	ordonnateur	Q28
omnibus	R3	ophite, *m*	J3	ordure	H6
omniscient	S3	ophite, *f*	N6	orée	U4
omnium	Z16	ophiure, *f*	J3	oreille	L8
omnivore	H4	ophtalmie	J3	oreillette	C11
omoplate, *f*	P4	opiniâtre	W1	orémus, *inv.*	R3
on	16 Z16	opinion	O6	ores	64 R11
onagre, *m*	M3	opium	O6	orfèvre	V4
onagre, *f*	M3	opopanax, *m*	R4	orfraie, *f*	B1
onanisme	P5	opoponax, *m*	R4	orfroi	A10
once, *f*	S11	opossum	Z4	organdi	A3
oncial	Q21	oppidum	O5	organique	K2
oncle	Z16	opportun	Q24	organisateur	Q28
on(c)ques	Z16	opportunément	F13	orgasme, *m*	Z16
onction	T16	opposition	O5	orgeat	B15
onctueux	Q13	oppression	O5	orgelet	F5
ondée	U4	opprobre, *m*	O5	orgiaque	K2
ondin	Q1	opsomanie	B9	orgie	B9
ondoiement	B13	optatif	Q9	orgue, *m*	Z16
ondoyant	Y7	opticien	Q25	orgueil	L13
ondulatoire	H8	optimisme	M1	orgueilleux	Q13
onéreux	Q13	optimum	Z16	orgues	R11
onglé	43 Q1	option	T15	oribus	R3
onglet	43 F5	optionnel	Q22	orient	D11
onguent	D11	optique	K2	oriental	Q21
oniromancie	B6	optomètre	V4	orière	V15
onlay	Y2	opulence	D7	orifice, *m*	S8
onomastique	K2	opus	R3	oriflamme, *f*	I19
onomatopée	U4	opuscule	L2	origan	D9
onset	Z16	or	64 G9	originaire	H5
ontique	K2	oracle, *m*	I17	original	Q21
ontogénèse	U7	orage, *m*	I17	originel	Q22
ontologique	L12	orageux	R2	orillon	Y16
onychophage	K8	oraison	S2	orin	C17
onyx	Y1	oral	Q21	oripeau	A5
onze	S1	oralement	F12	orlon	Z16
oolite	X5	orange	D12	ormaie	82 B1
oolithe, *m*	X5	orangeade	B15	ormeau	A5
oothèque	V14	oratoire	H9	ormet	82 F5
opacité	U3	oratorio	A4	ornement	D11
opale, *f*	O6	orbicole	L2	ornière	V15
opaque	O6	orbière	V15	ornithologie	X1
ope, *m* ou *f*	60 O4	orbite, *f*	N6	ornithorynque	Y1
open, *inv.*	C4	orchestre	K8	orobanche	I20
opéra	A1	orchidée, *f*	K8	orogénèse	U7
opérateur	Q28	ordalie	B9	orographie	P7
opérationnel	Q22	ordinaire	H5	orpailleur	Y16
opératoire	H8	ordinand	29 F18	orphelin	Q24
opercule, *m*	L2	ordinant	29 D10	orphique	J3

orpiment D11
orque, *m* K2
orseille L8
orteil, *m* L7
orthodoxe X1
orthogonal X1
orthographe, *f* . . . J3
orthopédie B9
ortie B9
ortolan D9
orvet F5
orviétan D9
oryx R4
oryza A1
os *sg* [os] **60** R3
 pl. [o] . . . **58 75** R3
oscar G1
oscillatoire H8
oscillomètre L11
oseille L8
osier S2
osmium Z16
osmose P1
ossature H6
osselet F5
ossements R10
osseux Q13
ossuaire H5
ostéite X5
ostensible D8
ostentatoire H8
ostéoblaste X5
ostéogénèse U7
ostéoplaste X5
ostéose P1
ostiole, *m* L2
ostracé Q1
ostracisme S4
ostréiculteur Z15
otage N6
otalgie N6
otarie B9
otite, *f* N6
otolithe, *m* X1
otorragie P14
otorrhée X1
ottoman Q24
ou **60** A8
où **60** V2
ouaille L6
ouais ! E4

ouananiche Z16
ouaouaron Z16
ouate **77** P8
oubli **47** A3
oublie **47** B9
oubliette C11
oublieux Q13
ouche Z16
oued, *m* J4
ouest, *m* N3
ouf ! J2
ougrien Q25
oui, *inv.* **47** A3
ouïe, *f* **47 60** X6
ouille ! **60** Y16
ouill(i)ère **60** V15
ouistiti A3
ouragan D9
ouralien Q25
ourdi **60** Q1
ourlet F5
ours R3
oursin C17
ourson Z16
oust(e) ! N3
outeau A5
outil Z16
outillage Y14
outlaw Z16
output Z16
outrageant B15
outrageux Q13
outrance D3
outrecuidance . . . D3
outremer, *m, inv.* . G5
outrigger J8
outsider, *m* G5
ouverture H6
ouvragé Q1
ouvreau A5
ouvrier Q4
ovaire, *m* H5
ovalbumine, *f* . . . Z15
ovale L2
ovation T12
overdose S2
overdrive Z16
ovibos R3
ovicule, *m* L2
ovidé U1
ovin Q2

ovipare Z7
ovoïde X6
ovoscope O4
ovovivipare Z15
ovulaire P3
ovule, *m* L2
oxalate, *m* L12
oxhydrique Y5
oxydation T12
oxyde, *m* Y1
oxygène V12
oxymoron Y1
oxysel Y1
oxysulfure Z15
oxyton N6
oyat Y11
ozène, *m* V12
ozone, *m* S1

pacage K6
pacemaker K12
pacha A1
pachyderme X1
pack K5
pacotille L4
pacte K6
pactole L2
paddock J6
paella, *f* A1
paf ! J2
pagaïe B1
pagaille L6
pagaye Y11
page, *m* Z16
page, *f* Z16
pagode J7
pagure, *m* H6
paie **66** B1
paiement B10
païen Q25
paierie **42** B9
paillardise Y16
paillasson S6
paille L6
paillote Y16
pain **59** C12

pair 19 63 Q2
paire 19 63 H5
pairie 42 B9
pairle, m 40 Z16
paisible S2
paisseau A5
paix 66 E8
pal, m 74 R8
palabre, f ou m . . . L12
palace S7
paladin C17
palafitte, m Z8
palais 42 E4
palan D9
palancre D12
palangre D12
palanque K2
palanquin C17
palastre, m L12
palatin Q24
palâtre, m W1
pale, f 74 P1
pal(l)e, f 74 Z16
pâle 74 W1
palé 42 P1
palefrenier M3
palefroi A10
palémon Z3
paléocène U7
paléogène U7
paléolithique . . . Z15
paléontologie . . . B9
paleron Z3
palestre, f P3
palet, m 42 F5
paletot F9
palette C11
palétuvier U6
pâleur G14
pali 48 P1
palier 7 P3
palilalie Z7
palinodie B9
palis 48 E6
palissade S6
paliure, m H6
palissandre D12
palladium P10
palliatif P10
pallium L11
palmaire 40 H5

palmarès V21
palmas R11
palmer, m . . . 40 G5
palmeraie B1
palmier Z16
palmipède V8
palmure H6
palois Q11
palombe P3
palonnier P12
pâlot Q20
palourde L12
palpitation . . . T12
palplanche . . . Z16
palsambleu! . . . A2
paltoquet F5
paludéen Q25
paludisme . . . P3
palustre L12
palynologie . . . Y1
pâmoison . . . W1
pampa, f . . . A1
pamphlet . . . F5
pamphlétaire . . N6
pampille, f . . . L4
pamplemousse, m S18
pampre, m . . . D12
pan 17 28 D9
panacée, f . . . U4
panache, m . . P5
panade M3
panama A1
panaris E6
pancardite . . . K6
pancarte . . . D12
panchronique . . K8
pancrace, m . . S7
panda A1
pandémie . . . B9
pandémonium . . U6
pandit D12
pandore, m . . H4
pandore, f . . . H4
pandour . . . G11
pané 71 Z1
panel L1
panégyrique, m . Y5
paneton . . . 71 Z3
pangolin . . . C17
panicaut . . . F2
panicule . . . 77 L2

panier P5
panique K2
panka, m . . . A1
panne . . . 23 M4
panné . . . 71 Z2
panneau . . . A5
panneton . . 71 Z5
pannicule . . 77 L2
panonceau . . P5
panoplie, f . . B9
panorama, m . A1
panse D4
pantalonnade . M4
pante . . . 30 D2
pantène . . . V12
pantenne . . . C10
panthère . . . X1
pantin . . . C17
pantoire . . . H10
pantois, m . . E5
pantomime . . Z7
pantoufle, f . . J2
paon . . . 23 28 Q25
papal Q21
papauté . . . U3
papaver . . . G5
papaye, f . . . Y11
papelard . . . Q2
paperasse . . S12
papeterie . . Z7
papille . . . P6
papillon . . . Y16
papillote . . Y16
papou . . . Q1
paprika, m . A1
papuleux . . Q13
papyrus . . . R3
pâque . . . W1
paquebot . . F9
pâquerette . W1
paquet . . . F5
par . . . 21 62 G1
parabellum . Z8
parabole . . L2
parachute . N6
parade . . . I17
paradière . . V15
paradigme . I17
paradis . . . E6
paradisier . . S2
paradoxal . . Q21

parafe, *m*	J2	pariétaire	H5	passable	S6
paraffine	Z9	parigidité	U3	passacaille	L6
parafiscal	K6	paripenné	Z8	passade	S6
parage, *m*	I17	paritaire	Z7	passage	S6
parages	R10	parité	U3	passager	Q4
paragraphe	J3	parjure	H6	passant	8 D10
parallaxe, *f*	P10	parka, *m*	A1	passe	S12
parallèle	Z9	parlant	8 D10	passé	8 Q1
paralogisme	L12	parlementaire	H5	passéisme	X5
paralysie	Y5	parmentier	D13	passepoil	L1
paralytique	Y5	parmenture	H6	passeport	I6
paramètre	V4	parmesan	D9	passereau	A5
paramnésie	B9	parmi	A3	passerelle	Z12
parangon	D12	parnassien	Q25	passerose	Z11
paranoïa, *f*	X5	parodie	B9	passible	S6
parapet	F5	parodonte, *m*	Z7	passif	Q9
paraphasie	J3	paroi	A10	passiflore, *f*	H4
paraphe	J3	paroissien	Q25	passim	S6
paraphrase	J3	parole	I20	passion	11 S6
paraplégie	B9	paronomase	Z15	passionnel	Q22
parapluie	I17	paronyme	Y1	pastel	L1
parasite	S2	parotide	I20	pastèque, *f*	V14
parasol	L1	parousie	B9	pasteur	G13
paravent	D11	paroxysme, *m*	Y1	pastiche	Z16
parbleu!	A2	parpaing	Z16	pastille	L4
parc	K1	parquet	F5	pastoral	Q21
parcelle	C8	parrain	I12	pat, *inv.*	24 Z16
parchemin	C17	parricide	I12	patache, *f*	P8
parcimonieux	Q13	parsec	K1	pataquès	V21
parcmètre	K6	part, *m*	21 62 I4	patata..., *inv.*	A3
parcomètre	V4	part, *f*	21 62 I4	patate	Z3
parcours	I9	partager	Q27	patati..., *inv.*	A1
pardessus, *m*	R3	partageux	Q13	patatras!	E1
pardi!	A3	partance	D3	pataud	Q2
pardon	Z16	parterre, *m*	I13	patchouli, *m*	A3
pareil	Q22	parthénogénèse	U7	patchwork, *m*	K4
parement	D11	parti	19 47 A3	pâte	24 W1
parenchyme	Y1	parti	19 Q1	pâté	39 U1
parenté	I18	partial	Q21	pâtée	39 U4
parentéral	Q21	participial	Q21	patelin	Z3
parenthèse	V16	particule	L2	patent	Q2
paréo	A4	particulier	Q4	patente	D6
parère, *m*	V15	partie	19 47 B9	pater	34 G5
paresseusement	F12	partiel	Q22	patère	34 V15
parfaitement	F12	partisan	Q2	paternité	U3
parfois	E5	partitif	Q9	pâteux	Q13
parfumerie	B9	partition	T10	pathétique	X1
par(h)élie, *m*	B9	partout	F3	pathogène	V12
pari	A3	parure	I21	pathologie	X1
paria	A1	parution	T9	patibulaire	H5
pariade	P7	parvis	E6	patiemment	F17

patience	. . . . .	D7
patin	. . . .	P8
patinage	. . . . .	M3
patio	. . . . .	A4
pâtisserie	. . . . .	W1
patois	. . . . . .	E5
patraque	. . . . .	K2
pâtre	. . . .	W1
patriarche	. . . .	Z14
patricien	. . . . .	Q25
patrie	. . . . . .	B9
patrimoine	. . . .	M1
patrimonial	. . . .	Q21
patriote	. . . . . .	N6
patristique	. . . .	K2
patrologie	. . . .	B9
patron	. . . . . .	Q25
patronat	. . . . .	P5
patronnesse	. . . .	P12
patronyme	. . . .	Y1
patrouille	. . . . .	Y16
patte	 24	N5
pattern, *m*	. . . . .	Z16
pattu	. . . .	Q1
pâturage	. . . . .	W1
pâture	. . . . . .	W1
paturon	. . . . .	P1
pauciflore	. . . . .	S4
paulinien	. . . . .	Q25
paume, *f*	 54	M1
paumelle	. . . . .	C8
paupière	. . . . .	V15
pause	. . . . . 12 53	S2
pauvreté	. . . . .	U3
pavé	 39	U1
pavillon	. . . . . .	Y16
pavlovien	. . . . .	Q25
pavois	. . . . . .	E5
pavot	. . . . . .	F9
payant	. . . . . .	Q19
paye	. . . . 12 66	Y11
payeur	. . . . . .	Y8
pays	. . . . . .	R3
paysager	. . . . .	Y1
paysan	. . . . . .	Q25
péage	. . . . . .	X5
péan	. . . . . .	X5
peau	 53	A5
peaucier	 70	S4
peaufinage	. . . . .	Z7
peaussier	 70	S6
pec	. . . .	K1
pécari	. . . . . .	A3
peccadille	. . . . .	K7
peccant	. . . . . .	K7
pechblende, *f*	. . .	C15
pêche	. . . .	W2
péché	. . . . . .	U5
pêcher	 7	W2
pécheur	. . . . .	Q29
pêcheur	. . . . .	Q27
pécore, *f*	. . . . .	H4
pectoral	. . . . .	Q21
pécule, *m*	. . . . .	L2
pécuniaire	. . . .	H5
pédagogie	. . . . .	B9
pédalier	. . . . . .	L12
pédanterie	. . . .	D2
pédérastie	. . . . .	U5
pédestre	. . . . .	U6
pédiatre	. . . . .	P1
pédicelle, *m*	. . . .	C8
pédicule	. . . . .	L2
pédicure	. . . . .	K6
pedigree	. . . . .	Z16
pédologie	. . . . .	U6
pédoncule	. . . . .	L2
peeling	. . . . .	Z16
pégase	. . . . . .	S2
pegmatite, *f*	. . .	P8
pègre, *f*	. . . . . .	V4
pékinois	. . . . .	Q11
peigné	 12	C5
peignoir	. . . . .	G2
peille	 15	L8
peine	. . . 12 19 74	C6
peint	. . . . . 19 59	C16
peinture	. . . . .	H6
péjoratif	. . . . .	Q9
pélage	. . . . . .	L12
pélagien	 23	Q25
p(e)lain	. . . . . .	C12
péléen	. . . . .	Q25
pélasgien	. . . 23	Q25
pèlerinage	. . . . .	V10
pélican	. . . . . .	D9
pelisse	. . . . . .	S15
pellagreux	. . . . .	Q13
pelleron	. . . . .	Z5
pelletée	 45	U4
pelliculeux	. . . .	Q13
pelote	. . . .	N6
pelouse	. . . . . .	S2
pelté	 45	Q1
peluche	 45	L12
pelure	. . . . . .	H6
pelvis	. . . . . .	R3
pénalement	. . . .	F12
pénalité	. . . . . .	U5
penalty	. . . . . .	Y4
pl. penalties		
pénates	. . . . . .	R10
penaud	. . . . . .	Q2
pendant	. . . . .	D10
pendentif	. . . . .	D13
penderie	. . . . .	D13
pendule, *m*	. . . . .	L2
pendule, *f*	. . . . .	L2
pêne	 75	W2
pénéplaine	. . . .	U5
pénétrant	. . . . .	U6
pénicilline	. . . .	P10
pénible	. . . . . .	M3
péniche	. . . . .	M3
pénis	. . . . . .	R3
pénible	. . . . . .	M3
pénitence	. . . .	S4
pénitentiaire	. . . .	S5
penne	 75	C10
pennon	 71	Z2
pennsylvanien	. . .	Q25
penny	. . . .	Y4
pl. pennies/pence		
pénombre, *f*	. . . .	M3
pen(n)on	 71	Z1
pensée	 9	U4
pensionnaire	. . . .	H5
pentacle, *m*	. . . .	C15
pentaèdre	. . . . .	V4
pentamère	. . . .	V15
pentagone	. . . . .	M3
pentathlon	. . . . .	X1
pente	 30	D6
pentecôtisme	. . .	W10
pent(h)ode, *f*	. . . .	C15
penture	. . . . . .	H6
pénultième	. . . .	U7
pénurie	. . . . . .	B9
péon	. . . . . .	X5
péotte, *f*	. . . . .	N5
pépé, *m*	 79	U1
pépée, *f*	 79	U4
pépiement	. . . . .	B11

pépin C17
pépinière V15
pépite, f P8
pepsine M3
peptide Z16
peptone P5
percale, f L12
perce 70 S4
percée U4
perceptible S4
perception T15
percevable S4
perchoir G2
perclus Q11
percolateur G13
percussion T4
perdition T10
perdreau A5
perdrix E8
père 19 63 V15
péremption T13
péremptoire H8
pérennité P12
perfection T16
perfidement F12
perforateur Q28
performance D3
perfusion S2
pergola, f A1
péri, m 42 A3
péri, f 42 A3
péricarde, m I19
périgée U2
péril L1
périlleux Y11
périmètre U7
périnatal Q21
périnée U2
périodicité U3
périodonte X5
péripétie, f B8
périphérie, f B8
périphrastique . . . K2
périscope K6
périssoire H10
péritoine, m Z7
perle 40 Z16
permanence D7
perméable X5
permis E6
permutation T12

pernicieux T20
péroné Z3
péroraison Z7
perpétuel Q22
perpétuité U3
perplexité U3
perré U1
perron P14
perruche I13
perruque I13
pers, m 19 63 E7
persan Q24
perse 15 70 Z16
persécution T9
persévérance D3
persicaire, f H5
persicot F9
persienne C10
persiflage P2
persillé Q1
persistance D3
personé Q1
personnage P12
personnalité U3
perspective K6
perspicace S7
persuasif Q9
pertinemment . . . F17
pertuis R3
perturbateur Q28
pervenche D13
pervers R1
perversion T2
perversité U3
pesamment F16
pesanteur G14
pessaire H5
pessimisme S6
pesticide S4
pestilence D7
pestilentiel Q22
pet 66 F5
pétale, m L2
pétanque D12
pétarade Z7
pétard I1
pétillement Y16
pétiole, m L2
petit Q2
petitesse S14
pétition T10

pétrel, m L1
pétrifié U5
pétrin C17
pétrochimie B9
pétrole L2
pétulance D3
pétunia, m A1
peu 19 46 A2
peuh ! 19 46 X8
peuple Z16
peuplier Z16
peur G14
peureux Q13
pfennig M4
pfft ! J1
phacochère K6
phaéton X5
phagocytose Y1
phalange J3
phalène, f V12
phalère, f V15
phalloïde X6
phallus R3
phanère, m V15
phanie B9
phantasme J3
pharamineux Q13
pharaonien Q25
phare 24 H1
pharisaïque X6
pharmacien Q25
pharmacopée, f . . U4
pharynx, m R4
phase J3
phasme Z16
phatique N6
phénicien Q25
phénol L1
phénologie L12
phénomène V12
phénoménologie . Z15
phényle, m Y1
phi, m 61 A3
philanthrope X1
philatélie P3
philippine Z9
philippique K2
philistin C17
philodendron . . . C15
philologie B9
philosophe J3

philtre **61** J3
phlébite J3
phlegmoneux Q13
phlogistique K2
phlyctène V12
phobie B9
phocéen Q25
phoenix **44** R4
phonème V11
phonographe M3
phonolit(h)e, *m* ou *f* P5
phoque **38** K2
phosphate, *m* . . . J3
phosphore, *m* . . . H4
phosphorescence . S3
photocopie B9
photographie B9
photolecture Z15
photon Z1
phraséologie B9
phratrie B9
phréatique K2
phrénique U6
phrénologie L12
phrygien Q25
phtisique K2
phylactère V15
phylaxie P3
phyllie P10
phylloxéra P10
phylogenèse P3
phylogénétique . . . U6
phylum L12
pl. phylums *aussi* phyla
physicien Q25
physiognomonie . Y5
physiologie Y5
physionomie Y5
physique K2
physiquement . . . F12
phytophage J3
phytoplancton . . . Y1
pi **49** A3
piano A4
piastre Z16
pibal(l)e, *f* Z16
pic **19 38** K1
picador G9
picage **67** K6
picaillon K6
picard I1

picaresque I18
piccolo K7
pichenette C11
pichet F5
pickles R10
pickpocket K13
picolet F5
picotin C17
picrate, *m* K6
picrique K2
pictural Q21
pidgin Z16
pie **49** B9
pièce V6
pied F18
piège V9
piémontais Q11
pier Z16
piéride, *f* I19
pierraille L6
pierre I13
pierreries R11
pietà V1
piétaille L6
piété U3
piètement U6
piéton N6
piètre V4
pieu **46** A2
pieux **46** Q13
pieuvre Z16
piézographe S1
pif J2
pigeonnier B15
pigmentaire H5
pignon Z16
pilaf L12
pilage L12
pilastre, *m* L12
pileux Q13
pilier P3
pillage Y16
pilon P3
pilonnage P12
pilori A3
pilote **12** N6
pilotis E6
pilule L12
pimbêche, *f* W2
piment D11
pimpant Q2

pimprenelle C8
pin **19 59** C17
pinacle P5
pinasse S12
pince **12** S4
pinceau A5
pincée U4
pinçon **11 70** S4
pinéal Q21
pineau **53** A5
pinède V8
pingouin C18
pingre C17
pinnipède Z11
pinnule, *f* Z5
pinot **53** F9
pinson **11 70** C17
pintade C17
pinte **59** C17
pioche **12** Z16
pion Z16
pionnier Z2
pipe O4
pipeau **53** A5
pipéracée U5
piperade Z7
pipette Z4
pipistrelle C8
pipo **53** A4
piquage **67** K14
piquant K14
pique **19 38** K2
piquet **10** F5
piquette C11
piqûre W8
piraterie Z7
pire H2
pirogue I20
pirouette C11
pis **49** E6
piscicole S3
piscine S3
pisé U1
pissaladière V15
pissenlit F8
pistachier Z16
pisteur G13
pistil L1
pistole L2
pistolet F5
pitchpin Z16

piteux Q13
pithécanthrope . . X1
pithiviers R3
pitié U3
piton 51 P8
pitoyable Y11
pittoresque N7
pituite N6
pityriasis Y5
piu V2
pivert I5
pivoine M3
pivot F9
pizza A1
placage 67 K6
plaçage S4
placard I1
placenta, m A1
placet F5
placette C11
placidité U3
plaçure S4
plafonnier P12
plagiaire H5
plagiat F1
plaid . . . 15 19 40 Z16
plaidoirie B9
plaidoyer Y11
plaie 19 40 B1
plain 59 Q2
plaine 40 C1
plainte 59 C12
plaisamment F16
plaisance D3
plaisantin C17
plaisir G3
plan, m 28 D9
plan 28 Q2
planaire H5
planar G1
planchette C11
plancton D12
planéité U5
planétaire V12
planète, f V17
planèze, f V19
planisphère, m . . . J3
planning P12
planorbe, f M3
planque D12
plant 28 D12

plantain C12
plante D2
planton D12
plantureux Q13
plaquage 67 K14
plaqué Q1
plaquette C11
plasma, m A1
plasmodium Z16
plasmopara, m . . . A1
plastic, m . . . 67 K1
plastie B9
plastique 67 K2
plastron Z16
plat Q19
platane Z3
plateau A5
platée U4
platerie Z3
platforming Z16
platière V15
platine, m P8
platine, f P5
platonique M3
plâtras E1
plâtre W1
plausible Z16
plèbe, f V5
plébiscite, m S3
plectre Z16
pléiade X5
plein 40 59 Q24
plénier Q4
plénitude M3
pléonasme, m . . . X5
pléthore, f X1
pleureur Q13
pleurésie B9
pleutrerie B9
plèvre, f V4
plexiglas R3
plexus, m R3
pli 19 47 A3
plie 19 47 B9
plinthe 59 X1
pliocène V12
ploc ! K1
plomb Z16
plombier Z16
plombières, f R3
plongeon B15

plouf ! J2
pluches 45 R11
pluie B9
plumard I1
plumeau A5
plumée U2
plupart I4
pluralité U3
pluriel Q22
plurinominal Z15
plurivoque K2
plus 16 Z16
plusieurs E7
pluton N6
plutonium Z3
plutôt 83 W10
pluvian D9
pluvieux Q13
pluviosité U3
pneu R9
pneumatique K2
pneumonie B9
pneumothorax, m . . X1
pochard Q2
pochette C11
pochoir G2
podagre, f Z16
podaire H5
podestat F1
podium J5
podzol, m S1
poêle 27 W2
poêle 27 X6
poème V11
poésie U12
poète V17
poétesse U12
pogrom(e), m . . . P4
poids 61 E7
poignant Q2
poignard I1
poignée 43 U4
poignet 43 F5
poil 27 L1
poilu Q1
poinçon S4
poing 59 Z16
point 59 C20
pointilleux Q13
pointu Q1
pointure H6

poiré 39 U1
poireau S2
poirée 39 U4
pois 61 E5
poison S2
poissard S6
poisson S6
poissonnerie Z13
poissonneux . . . Q13
poitrail L5
poitrinaire P5
poivré Q1
poivron Z16
poix 61 R4
poker G5
polaire P1
polarité U3
polaroïde X6
polatouche, m . . . L12
polder G5
pôle W10
polémique M1
polenta, f A1
poli Q1
police S8
policé Q1
polichinelle, m . . C8
poliment F14
poliomyélite, f . . . Y5
poliorcétique S4
polissoire . . . 34 H10
polisson Z4
politesse S14
politicard I1
politicien Q25
polit(ic)ologie . . . Z15
politique K2
polka, f A1
pollen C4
polluant Q2
pollueur Q27
pollution P10
poltronnerie P12
polychrome Y1
polyclinique Y5
polyèdre V4
polygamie Y5
polyglotte N5
polygone, m Y1
polymère V15
polymorphe J3

polynésien Q25
polynie Y5
polynôme W10
polyopie Y5
polype, m O4
polyphonie J3
polyploïde X6
polyptère V15
polysémie Y5
polysyllabe Y6
polytechnique . . . Y5
polythéisme X1
polyurie X5
polyvinylique Y6
poméranien Z7
pomiculture P4
pommade P11
pomme 54 M2
pomoculture P4
pompe O4
pompéien Q26
pompeux Q13
pompier Q4
pompon P6
ponant D10
ponce, f S11
ponceau A5
poncif S4
ponction T16
ponctualité U3
ponctuel Q22
pondaison S2
pondéré Q1
pondéreux Q13
poney Y3
pongitif Q9
pont F7
pontet F5
pontificat F1
po(i)ntil L1
pontonnier M4
pool 57 L1
popote N6
populace S7
popularité U3
population T12
populeux Q13
porc 52 Z16
porcelaine C2
pore 52 H4
poreux Q13

pornographie . . . J3
porphyre, m J3
porque, f K2
porridge I15
port 52 I6
portail L5
portance D3
portatif Q9
porte 12 Z16
portée 8 U4
portefaix E8
portefeuille, m . . . L10
porte-monnaie, m . B1
portillon Y16
portion T7
portique K2
portland Z16
portrait F4
portugais Q11
portulan D9
portune, m M3
pose 12 53 S2
posément F13
positif Q9
position T10
positivité U3
posit(r)on S2
posologie S2
possédé Q1
possession T3
possessionnel . . . Q22
postérieur G12
postériorité U3
postface, f Z16
posthume X1
postiche, m Z16
postiche, f Z16
postillon Y16
postulat F1
posture H6
pot 53 F9
potable N6
potache P8
potage N6
potager P8
potamochère . . . V15
potasse S12
potazote, m S1
poteau A5
potée U4
potelé Q1

potence	. . . . . .	D7
potentialité	. . . . .	S5
potentiel	. . . . . .	Q22
potentille	. . . .	L4
potentiomètre	. . .	Z15
poterie	. . . .	B9
poterne	. . . .	N6
potestatif	. . . . . .	Q9
potiche, *f*	. . . . . .	P8
potier	. . . .	P8
potinier	. . . .	Q4
potion	. . . .	T14
potiron	. . . .	Z3
potlatch, *m*	. . . . .	Z16
potomane	. . . .	Z7
potomètre	. . . .	P8
pottique	. . . . .	P15
pou	 57	R7
pouah !	 61	X8
poubelle	. . . . . .	C8
pouce	 70	S4
poucettes	 82	R11
poucier	 70	S4
poudingue	. . . . .	J5
poudreux	. . . . . .	Q13
poudrier	. . . . . .	Z16
poudroiement	. . .	B13
pouf	 15	Z16
pouh !	. . . .	X8
pouilles	. . . . . .	R11
pouilleux	. . . . . .	Q13
pouillot	. . . .	F9
pouilly	. . . .	Y4
poujadisme	. . . . .	Z16
poulailler	. . . . . .	Y16
poulain	. . . .	C12
poule	 57	L2
poulette	. . . . . .	C11
pouliche	. . . . . .	L12
poulie	. . . .	B9
poulier	. . . .	P3
poulpe, *m*	. . . . .	Z16
pouls	 57	Z16
poumon	. . . . . .	M1
poupard	 62	I1
poupart	 62	I4
poupée	. . . .	U4
poupin	. . . .	C17
pouponnière	. . . .	V15
pour	. . . .	G11
pourboire	. . . . . .	H9
pourceau	. . . . . .	A5
pourcentage	. . . .	P8
pourcompte, *inv.*	. .	Z16
pourparlers	. . . . .	R10
pourpoint	. . . . . .	C12
pourpre, *m*	. . . . .	Z16
pourpre, *f*	. . . . .	Z16
pourquoi	. . . . . .	A10
pourridié	. . . . . .	Z5
pourriture	. . . . . .	Z11
poursuite	. . . . . .	Z16
pourtant	. . . . . .	D10
pourtour	. . . . . .	G11
pourvoi	. . . .	A10
pourvu	. . . .	Q1
poussa(h)	. . . . .	S6
poussard	. . . . . .	I1
pousse	 70	S18
poussée	. . . . . .	U4
poussette	 82	C11
poussier	 70	S6
poussière	. . . . . .	V15
poussif	. . . .	Q9
poussin	. . . .	C17
poutassou	. . . . .	A8
poutrelle	. . . . . .	C8
pouture	. . . .	H6
pouvoir	. . . .	G2
pradelle	. . . . . .	C8
praesidium	. . . . .	S2
pragmatique	. . . .	K2
praire	. . . .	H5
prairie	. . . .	B9
pralin	. . . .	C17
praline	. . . .	Z3
praliné	. . . .	Q1
prandial	. . . . . .	Q21
prao	. . . .	A4
prase	. . . .	S2
praticable	. . . . .	K6
praticien	. . . . . .	Q25
praticulture	. . . . .	P8
pratiquant	. . . . .	K14
pratique	 12	K2
praxie, *f*	. . . . . .	B9
praxis, *f*	. . . . . .	R3
pré	 42	U1
préalable	. . . . . .	X5
préambule, *m*	. . .	X5
préau	. . . .	A6
préavis	. . . .	X5
prébende, *f*	. . . . .	D5
précaire	. . . .	H5
précarité	. . . . . .	U3
précatif	. . . .	Q9
précaution	. . . . .	T13
précautionneux	. .	Q13
précédemment	. .	F17
précédent	 9	D11
précellence	. . . . .	D7
précepteur	. . . . .	Q28
précession	. . . . .	T3
prêche, *m* 12	W2
précieux	. . . .	Q13
précipice, *m*	. . . .	S8
précipitamment	. .	F16
préciput	. . . . . .	S4
précis	. . . .	Q11
précisément	. . . .	F13
précoce	. . . .	S9
préconisation	. . .	T12
précurseur	. . . . .	G13
prédécesseur	. . .	G13
prédial	. . . .	Q21
prédicable	. . . . .	K6
prédicament	. . .	K6
prédicat	. . . .	F1
prédiction	. . . . .	T16
prédilection	. . . .	T16
prédominance	. . .	D3
prééminence	. . . .	U5
préemption	. . . . .	X5
préface	. . . .	S7
préfectoral	. . . . .	Q21
préfecture	. . . . .	H5
préférence	. . . . .	D7
préférentiel	. . . . .	Q22
préfet	. . . .	F5
préfète	. . . .	V17
préfix	 32	Q2
préfixe	 32	Z16
prégnance	. . . . .	D3
préhensible	. . . . .	X2
préjudice, *m*	. . . .	S8
préjudiciel	. . . . .	Q22
préjugé	 8	U1
prélart	. . . .	I4
prélat	. . . .	F1
prèle, *f*	. . . .	V10
ou prêle, *f*	. . . .	W2
prélèvement	. . . .	U7
préliminaire	. . . .	H5

prélude, *m* L1	presto A4	priorat F1
prématuré Q1	présumé M1	prioritaire H5
prémices 72 R11	présure H6	priorité U3
premier Q4	prêt 22 42 W2	pris 20 Q11
prémise S2	prétantaine D12	priseur Q27
prémisse, *f* . . 72 S15	prétendant Q2	prismatique K2
prémonition T10	prétendument . . . F15	prisonnier Q4
prémontré Q1	prétentaine D13	privatif Q9
prémunition T10	prétentieux Q13	privation T12
preneur Q27	prétention T6	privauté U3
préoccupant Q2	prétérit I19	privilège V9
préparation T12	prétérition T10	privilégié U12
prépondérance . . D3	prétexte Z16	prix 16 20 R4
préposition T10	prétoire, *m* H9	probable Z16
prépuce, *m* S10	prêtre W2	probant 8 Q19
préputial Q21	prêtrise W2	probatoire H8
prérogative I20	preuve Z16	probité U3
près V20	preux R4	problématique . . . U12
présage S2	prévarication T12	problème V11
présalaire H5	prévenant Q2	procaïne X6
presbyacousie . . . X15	prévention T6	procaryote Y1
presbyte Y1	préventorium . . . U13	procédé U5
presbytère V15	préverbiage Z16	procédurier Q4
presbytie B8	prévisionnel Q22	procès V20
prescience S3	prévôt W10	processeur G13
prescription T15	prévoyance D3	processif Q9
préséance D3	priapique K2	procession T3
présence D7	prière V13	processus R3
présent Q2	prieur G13	prochainement . . F12
présentateur Q28	prieuré U1	procidence D7
présentement . . . F12	primaire H5	proclamation T12
présentoir D7	primat F1	proclitique K2
préservateur Q28	primate Z3	procombant Q2
présidence D7	primauté U3	procrastination . . P5
président 9 Q19	prime P4	procréateur Q28
présidentiel Q22	primerose Z7	procurateur G13
présidium S2	primesautier Q4	procuration T12
présomptif Q9	primeur G14	procureur G13
présomption T15	primevère M1	prodigalité U3
présomptueux . . . Q13	primipare Z7	prodige Z16
presque K2	primitif Q9	prodigieux Q13
presqu'île, *f* W3	primo A4	prodigue Z16
presse 12 S14	primogéniture . . . H6	prodrome, *m* P1
pressentiment . . . S6	primordial Q21	production T16
pression T3	princeps, *inv.* R1	productivité U3
pressurisé Z11	princesse S14	produit 17 F8
prestance D3	principal Q21	proéminence X5
prestation T12	principalement . . . F12	profane M3
prestement F12	principauté U3	profès V20
prestidigitation . . . T12	printanier Q4	*f* professe S14
prestigieux Q13	printemps R3	professionnel . . . Z10

professorat F1
profil L1
profit F8
profiterole I20
profond O2
profondément . . . F13
profondeur G14
profusément F13
progéniture H6
progestatif O9
prognathe X1
progradation . . . T12
programmateur . . O28
programmeur . . . O27
progrès V20
progressif O9
progression T3
prohibitif O9
prohibition X2
proie B2
projectile L2
projection T16
projecture H6
projet F5
prolactine, f M3
prolamine, f Z7
prolan D9
prolapsus R3
prolégomènes . . . R10
prolepse Z16
prolétaire H5
prolétariat F1
prolifère V15
prolifique K2
prolixité U3
prologue L12
promeneur O27
promesse S14
prométhéen O25
prometteur O27
promiscuité U3
promontoire H9
promoteur O28
promotion T14
prompt N2
promulgation . . . T12
pronateur O28
prône 12 W10
pronominal O21
prononciation . . . S4
pronostic K1

pronunciamiento . A4
propagande D1
propagation T12
propane, m Z3
propanol L1
propédeutique . . . K2
propension T1
properdine, f O6
propergol L1
prophase J3
prophète V17
prophétie U12
prophylaxie Y5
propice S8
propitiatoire S5
proportion T7
proportionnalité . . P12
proportionnel . . . O22
propos E4
propositionnel . . . O22
propreté U3
propriété U3
proprioceptif O9
propulseur G13
propulsion T11
propyle Y1
propylée U2
propylène, m V12
prorata A1
prorogatif O9
prosaïque X6
proscenium S3
proscrit K6
prose S2
prosélytisme Y5
prosodème V13
prosodie B9
propopopée U4
prospect N1
prospecteur O28
prospectif O9
prospection T16
prospective K6
prospectus R3
prospère V15
prospérité U3
prostate N6
prosternation . . . T12
pro(s)thèse V16
prostitution T9
prostration T12

prostyle Y1
protagoniste M3
protalisation L12
protamine Z7
protandrie D12
protase, f S2
prote N6
protéase X5
protecteur O28
protectionnisme . . M4
protectorat F1
protée U2
protéide X5
protéine, f M3
protèle, m V10
protéose X5
protérandrie U6
protéroglyphe . . . Z15
protestant O2
protestataire H5
protestation T12
protêt W2
prothèse V16
prothrombine . . . X2
protide P8
protocole, m L2
proton N6
protoneurone . . . Z15
protophyte J3
protoplasme N6
prototype, m . . . Y1
protozoaire, m . . . H5
protraction T16
protubérance . . . D3
prou 57 A8
proudhonien . . . O25
proue 57 B3
prouesse S14
provenance D3
provençal O21
provende D5
proverbial O21
providence D7
providentiel O22
provin C17
provincial O21
proviseur G13
provisionnel O22
provisoire H8
provisorat F1
provitamine Z15

provocant Q2
provocateur Q28
provocation T12
proxénète U7
proximité U3
proyer Y11
pruche, *m* Z16
prudemment F17
prudence D7
prud'homie P4
prud'homme P11
prudhommerie . . . Z9
pruine M3
prune M3
pruneau A5
prunelle C8
prurigineux Q13
prurigo, *m* A4
prurit, *m* I19
pruta(h) X8
   pl. prutot
prytanée U2
psallette Z6
psalliote Z5
psalmodie B9
psaltérion U6
psammophyte . . . P11
psaume M1
pseudonyme Y1
psi A3
psilosis R3
ps(it)t ! Z16
psittacisme P15
psittacose P15
psoas R3
psophomètre . . . J3
psoque, *m* Z16
psore, *f* Z16
psoriasis, *m* R3
psychagogie K8
psychanalyse . . . Y6
psychasthénie . . . Y5
psyché U3
psychè Y1
psychédélique . . . U5
psychiatre P1
psychisme Y5
psychodrame . . . K8
psychomoteur . . . K8
psychopathe X1
psychopompe . . . K8

psychose, *f* Y1
psychosédatif . . . Q9
psychotechnique . . K8
psychothérapie . . . X1
psychromètre . . . V4
psychrophile J3
psyllium L11
ptéranodon M3
ptéridium I19
ptérion I19
ptérodactyle Z15
ptéropode I20
ptérylie Y5
ptôse W10
ptyaline Y5
ptyalise Y5
puanteur G14
pubère V16
pubertaire H5
puberté U3
pubescent Q19
pubis R3
public Q5
publicataire H5
publication T12
publicité U3
publiquement . . . F12
puccina, *m* A1
puccinie, *f* B9
puce 15 S10
puceau A5
puceron P7
pudding J6
puddlage J6
pudeur G14
pudibonderie B9
pudicité L1
puériculture Z15
puéril Q21
puerpéral Q21
puffin P9
pugilat F1
pugnace S7
puîné W3
puis 49 E6
puisard I1
puisatier Z16
puisque K2
puissamment . . . F16
puissance D3
puissant Q2

puits 49 E7
pull 57 L11
pullman L11
pullorose Z11
pullulation T12
pullulement Z11
pulmonaire H5
pulpeux Q27
pulque, *m* K2
pulsar G1
pulsation T12
pulsion T11
pulsionnel Q22
pulsomètre V4
pulvérateur Q28
pulvérisateur Q28
pulvinar G1
puma, *m* A1
pumpernickel . . . K13
puna, *f* A1
punaise C3
punch, *m* Z16
punctiforme Z16
punctum Z16
punique M3
punitif Q9
punition T10
puntarelle C8
pupe O4
pupille [pypil] . . . L3
pupille [pypij] . . . L4
pupitre P1
pupivore Z7
pur Q1
pureau 53 A5
purée U4
pureté U3
purgatif Q9
purgatoire H9
purgeage B15
purification T12
puriforme P7
purin C17
purisme I19
puritanisme M3
purot 53 F9
purpura, *m* A1
purulence D7
pus 20 E2
pusillanimité Z15
pustuleux Q13

puszta, *f* A1
putain C12
putatif Q9
putéal Q21
putois E5
putrescence S3
putridité U3
putrescible S3
putsch X4
putto A4
pl. putti
puy **49** Y4
puzzle, *m* Z16
pyarthrose X1
pycargua K6
pycnique Y5
pycnose P1
pycnostyle, *m* . . . K6
pyélite X5
pyélostomie L12
pygmée Y1
pyjama A1
pylône W10
pylore H4
pyobacillose X5
pyodermite X5
pyohémie Y1
pyorrhée X1
pyramide Y1
pyrannose, *m* . . . P12
pyranomètre P5
pyrite, *f* P8
pyrogravure Z15
pyrolyse Y6
pyromanie Y5
pyroscope K6
pyrosis R3
pyrostat F1
pyrotechnie K6
pyrotechnique . . . K8
pyroxyle, *m* Y6
pyrrhonien Q25
pyrrol(e), *m* P14
pythagoricien . . . Q25
pythie Y5
python **51** X1
pythonisse S15
pyurie X5
pyxide Y5

quadragénaire . . . H5
quadrangle D12
quadrant **28** D10
quadrature H6
quadrette, *f* C11
quadriceps S4
quadrichromie . . . K8
quadrilatère V15
quadrillage Y14
quadrille L4
quadriparti Q1
quadripartie Z15
quadrupède V8
quadruple Z16
quadruplex R4
quai A9
quaker G5
f quakeresse
qualificatif Q9
qualifié Q1
qualitatif Q9
qualité U3
quand **28** F18
quant **28** D10
quanta R10
quantième V11
quantification . . . T12
quantifié Q1
quantique **67** K2
quantitatif Q9
quantité U3
quantum D12
quarantaine C2
quarantenaire . . . H5
quark K4
quart **24** I4
quarte **67** K10
quartefeuille, *f* . . . L10
quartelette C11
quarteron I20
quartet F5
quartette, *m* C11
quartier **67** K10
quartile, *m* L2
quartique K2
quarto A4
quartz R5

quartzeux Q13
quasar G1
quasi K10
quasiment F14
quater G5
quaternaire H5
quaterne, *m* N6
quatorzième V11
quatrain C12
quattrocento P15
quatuor G9
quat'zarts R10
que Z16
québécois Q11
quel **84** Q22
quelconque K6
quelque **84** Q16
quelquefois E5
quelqu'un Q2
quémandeur Q13
quenelle C8
quenotte N5
quenouille Y16
quérable I17
quercinois Q11
quercitrin, *m* C17
quercitrine, *f* M3
quercitron S4
querelle C8
querelleur Q27
quérulence D7
questionnaire . . . P12
questure H6
quête W2
quêteur Q27
quetsche Z16
queue **46** B4
queusa A1
queusot F9
queux **46** E8
qui **67** A3
quia A1
quiche Z16
quichenotte N5
quiconque Z16
quid J4
quidam J5
quiddité J6
quiescent S3
quiétude U12
quignon Z16

quille L4
quillier Y16
quillon Y16
quinaud O2
quincaillier Q4
quinconce, *m* . . . S4
quine, *m* M3
quinine, *f* M3
quinquagénaire . . K14
quinquennal Q21
quinquet F5
quinquina, *m* A1
quintal L1
quinte C17
quintessence D7
quinzaine C2
quiproquo A4
quittance N7
quitte N5
quitus R3
quoi **67 81** A10
quoique **84** Z16
quolibet F5
quorum Z15
quota, *m* A1
quotidien Q25
quotient K10
quotité U3

r

ra **68** A1
rabâchage W1
rabais E4
raban D9
rabane, *f* M3
rabatteur Q27
rabattu **8** Q1
rabbi A3
rabbin C17
rab(e), *m* Z16
rabelaisien Q25
rabiot F9
râble W1
rabot F9
raboteux Q13
racaille L6
rac(c)a ! A1

raccord K7
raccourci A3
raccroc K7
race S7
rachat F1
rachidien Q25
rachis E6
racine S4
racinien Q25
racket **67** K13
raclée U4
raclette C11
racolage K6
racontar G1
racoon K6
radar G1
radeau A5
radiaire H6
radian **28** D9
radiant **28** Q19
radiateur G13
radiation T12
radical Q21
radicelle C8
radicule L2
radiesthésie X1
radieux Q13
radin O2
radio A4
radioactivité Z15
radiodiffusion . . . Z15
radiographie J3
radiologie B9
radioscopie B9
radiothérapie X1
radis E6
radium Z16
radius R3
radome M1
  aussi radôme
radotage N6
radoub Z16
rafale L2
raffinat Z5
raffiné J1
raffut P1
raffûtage W9
rafle J2
rageur Q13
raglan D9
ragondin C17

ragoût W7
ragtime Z16
rai **66** A9
raid **32** J4
raide **32** C1
raie **66** B1
raifort I6
rail L6
rainette **42** C1
rainure H6
raiponce S4
raisin C17
raison S2
raisonnable P12
raisonnement . . **42** Z9
raki A3
raku A7
râle, *m* **12** W1
râleur W1
ralingue P3
ralliement D11
rallye P10
ramadan D9
ramage M1
ramassis E6
rambarde Z16
ramdam Z16
rameau A5
rameur Q27
rameux Q13
rami **47** A3
ramie **47** B9
ramille L4
rampeau A5
rampon(n)eau . . . A5
ranatre, *f* P1
rancard **62** I1
rancart **62** I4
ranch D12
rancœur, *f* D12
rançon S4
rancunier Q4
randonnée U4
rang Z16
rangée U4
rapace S7
râpe **12** W1
raphia A1
rapiat F1
rapidité U3
rapin C17

rapine Z3
rappointis R3
rapt N2
raquette 67 C11
rarissime Z9
ras 68 Q11
rasade S2
rascasse S12
rasoir G2
raspoutitsa, f . . . A1
rassis Q2
rastaquouère V15
rastel L1
rat 68 F1
ratafia, m A1
ratage N6
rataplan D9
ratapoil L1
ratatiné Z7
râteau W1
râtelier W1
ratification T12
ratine Z3
ration T12
rationalisme P5
rationnel Q22
ratissage P1
ratissure H6
raton Z1
rattachement . . . P15
rattrapage P6
rature H6
rauque 19 67 K2
ravalement Z7
ravenelle Z8
ravier Z16
ravigote N6
ravin C17
ravioli R10
ravissant Q2
ravoir G2
rayère V15
rayon Y11
rayonnage M4
rayonne M4
raz 68 R5
razzia, f A1
ré 66 U1
réal Q21
réalgar G1
réalité U3

rebec K1
rebelle C8
rébellion U13
rebours I9
rebouteur Q27
rebouteux Q13
rebuffade Z9
rébus R3
rebut F10
recalescence D7
recel L1
récemment F17
récension T1
récent Q2
récépissé U5
réceptacle K6
récepteur Q28
recès V20
récessif Q9
recette C11
receveur Q27
recez R5
réchampis R3
rechapage P6
réchaud F18
rêche W2
récidive S4
récif S4
récipiendaire H5
récipient D11
réciproque K2
récit F8
récital R8
réclame K6
reclus Q2
réclusion S2
récollet F5
récolte K6
record 64 I2
recors 64 E7
recours I9
récréatif Q9
recréation T12
récréation U5
recru 17 56 P1
recrû 17 56 W8
recrudescence . . . S3
recrue B5
recta, inv. A1
rectangle D12
rectangulaire H5

recteur G13
rectiligne L12
rectitude K6
recto A4
rectorat F1
rectum K6
reçu A7
recueil L13
récurrence D7
récursif Q9
recyclage S4
rédactionnel Q22
redan D9
reddition J6
rédempteur Q28
redent, m D11
redevance D3
redite J5
redoul L1
redoute N6
redoux E8
réducteur Q28
réduit Q2
réduplicatif Q9
réduve Z16
réécriture U5
réédition U5
réel Q22
réélection U5
réfaction T16
réfection T16
réfectoire H9
référence D7
referendum Z7
    aussi référendum
référentiel Q22
réfléchissant U5
reflet F5
reflex 32 Z16
réflexe 32 Z16
réflexion T17
reflux R4
réformateur Q28
réfractaire H5
refrain C12
réfringence D7
réfugié 8 Q1
refus E2
réfutation T12
reg Z16
regain C12

régal 33 R8
régale 33 L2
régalec K1
régalien Q25
regard I1
régate P8
régence D7
régénéré U5
régénérescence . . S3
regeste, *m* Z16
régicide S4
régimbeur Q27
régime M1
régiment D11
régional Q21
régisseur G13
registre Z16
règle V3
règlement V3
réglementation . . U13
réglette U12
réglisse S15
règne Z16
regord I2
régosol L1
regrattier Q4
régression T3
regret F5
regros E3
régularité U3
réhabilitation . . . X2
rehausse X2
rehaut F2
réification Z15
rein C14
reine 41 C6
reinette 41 C5
reître W5
rejet F5
réjouissance . . . D3
réjouissant Q2
relâche W1
relais E4
relance D3
relaps R1
relativité U3
relaxation T12
relaxe L12
relayeur Y8
relégation T12
relent D11

relève V18
relief L12
religieux Q13
reliquaire K14
reliquat F1
réluctance D3
rem Z16
remake K12
rémanence D7
remaniement . . . Z7
remarquable . . . K14
remblai A9
remblaiement . . B10
rembrayure Y11
remède V8
remérage I17
remerciement . . B11
réméré U5
réminiscence . . . S3
remis Q2
remise S2
rémission T5
rémittent Q2
remontoir G2
remontrance . . . D3
rémora, *m* A1
remords E7
remorqueur . . . G13
rémoulade Z7
rémouleur G13
remous Z1
rempart I4
remplaçant . . . 8 Q19
rempli A3
remue B5
remuement B14
remugle, *m* . . . M1
rémunérateur . . Q28
rémunération . . T12
rémunératoire . . H8
renaissance . . . D3
rénal Q21
renard I1
rencart 62 I4
renchérisseur . . Q13
rencontre K6
rendu Q1
rêne 41 W2
renégat Q2
rénette 42 P5
renfort I6

rengaine C2
reniement M3
renifleur Q27
rénine, *f* Z3
rénitent Q2
renne 41 C10
renom M3
renommée P11
renonciation . . . T12
renoncule, *f* . . . L2
renouée U4
renouveau A5
rénovateur Q28
renseignement . . C5
rente D6
rentrée U4
renvoi A10
rep Q1
repaire 40 H5
répandu Q1
repartie B9
repas E1
repassage S6
repêchage W2
repentir G3
répercussion . . . T4
repère 40 V15
répertoire H9
répétition T10
repic K1
répit F8
replain C12
replat F1
replet Q19
réplétion U5
repli A3
réplication K6
réplique K2
répons R3
réponse Z16
report I6
reporter G5
repos E3
repoussoir G2
répréhensible . . X2
répression T3
réprimande . . . D1
repris R3
reprise S2
reproche O6
reprographie . . . J3

reps R3
reptation T12
reptile L2
républicain Q24
république K2
répugnance D3
répulsion T11
réputation T12
requête W2
requiem, m Z16
requin C17
requinquant Q2
réquisition T10
rescapé Q1
rescisoire S3
rescousse S18
rescrit F8
réseau A5
résection T16
réséda, m A1
réserpine S2
réservation T12
réserve S2
réservoir G2
résidant 85 Q19
résident 85 Q19
résidu A7
résiliation T12
résilience D7
résille, f L4
résine M3
résineux Q13
résipiscence S3
résistance D3
résolument F15
résolution T9
résonance P5
résonnement . . 42 P12
résorption T15
respect N1
respectueux Q13
respiratoire H8
resplendissant . . . Q2
responsabilité . . . U3
resquilleur Q27
ressac K1
ressaisissement . . S6
ressasseur Q27
ressaut F2
ressayage Y9
ressemblance . . . D3

ressort I6
ressource S6
ressuage S6
ressui S6
restant 8 Q19
restauration T12
restitution T9
restreignant Q2
restreint C16
restriction T16
restringent Q2
résultat F1
résumé U5
résurgence D7
retable N6
retardataire H5
rétention T6
retenue B5
réticence D7
réticule Z7
réticulum Z16
rétif Q9
retors Q2
rétorsion T2
retouche N6
retour G11
rétractation T12
rétraction T16
retrait F4
retraite Z16
rétribution T9
rétro A4
rétroactif Q9
rétrospective Z15
retroussis R3
retrouvailles R11
rétroviseur G13
rets 66 E7
réunion X5
réussite S6
revanchard Q2
rêve W2
revêche W2
réveil 15 L7
réveillon Y16
révélation U5
revendicatif Q9
revenu 56 A7
revenue 56 B5
réverbère U7
révérencieux Q13

révérend Q2
revers I7
réversal Q21
réversible U6
réversion T2
rêveur W2
revif Z16
revirement Z7
révisionnel Q22
reviviscence S3
révocation T12
revoilà V1
revolin C17
révolte U6
révolu Q1
révolution T9
revue B5
révulsif Q9
révulsion T11
rewriter G5
rezzou A8
rhabdomancie . . . X1
rhagade X1
rhapsodie B9
rhé U6
rhématique U12
rhème V11
rhénan Q2
rhéostat F1
rhésus R3
r(h)étique K2
rhétorique X1
rhinanthe D2
rhinencéphale . . . D13
rhingrave C17
rhinite M3
rhinocéros R3
rhinoscopie M3
rhinotomie M3
rhizosphère S1
rhizostome S1
rhô W10
rhodanien Q25
rhododendron . . . C15
rhodoïd J4
rhombe, m . . . 37 X1
rhubarbe X1
rhum X1
rhumatisme M1
r(h)umb 37 Z16
rhume M1

rhyolite			Y5	ritournelle			C8	romance
ria, *f.*			A1	rituel			Q22	romanche
ribonucléique			X5	rivage			Z16	romancier
ribord			I2	rival			Q21	romand
riccie			B6	rivalité			U3	romanesque
richesse			S14	riverain			Q2	romanichel
ricin			C17	rivesaltes			R3	romanticisme
rickettsie			K13	rivet		10	F5	romantique
ricochet		10	F5	rivière			V15	romantisme
rictus			R3	rivulaire			H5	romarin
ridé			Q1	rixdale, *f*			Z16	rombière
rideau			A5	rixe			Z16	rompu
ridelle			C8	riz		16 49	R5	romsteck
ridicule			L2	rizière			S1	ronce
riemannien			Q25	rob		32	Z16	rond
rien			C15	robe		32	Z1	rondeau
riesling			Z16	robine			Z3	rondel
rieur			Q27	robinetterie			N7	rondelle
rififi			Z16	robinier			M3	rondin
rift			J2	roboratif			Q9	rondo
rigidité			U3	robot			F9	röntgen
rigollot		77	L11	robustesse			S14	roque
rigolo		77	A4	roc		19 67	K1	roquefort
f rigolote				rocade			K6	roquelaure, *f*
rigorisme			I19	rocaille			L6	roquentin
rigotte			N5	rocambolesque			K2	roquet
rigueur			G14	rocher		43	Z16	roquetin
rillettes			R11	rochet		43	F5	roquette, *f*
rimaye			M1	rocheux			Q13	rorqual
rimbaldien			Q25	roc(k)		67	Z16	ros
rime		12	Z1	rock		67	K5	rosace
rinceau			A5	rococo			K6	rosaire
ring			Z16	rodage			P1	rosat, *inv.*
ringard			I1	rodeo			A4	rosâtre
riomètre			V4	rodéo			U6	rosbif
ripaille			L6	rôdeur			W10	rosé
ripicole			L2	rodomont			Z3	rosée
ripolin			C17	rogatoire			H9	roséole
riposte			O6	rognonnade			M4	roseraie
ripuaire			H5	rognure			H6	rosette
rire			H2	rogue			Z16	rosière
ris		49	E6	rohart			X2	rosse
risban			D9	roi			A10	rossignol
risberne, *f*			Z16	roitelet			F5	rossolis, *m*
risée			U4	rôle			W10	rostre
risible			S2	rollmops			L11	rot
risorius			R3	rollot			F9	rôt
risotto			A4	romagnol			L1	rotacé
risque			K2	romain			Q24	rotacteur
rissole			Z5	roman		85	D9	rotary
ristourne			Z16	roman		85	Q24	rotation

romance D3
romanche D12
romancier Q4
romand 85 Q2
romanesque M3
romanichel L1
romanticisme S4
romantique K2
romantisme M1
romarin C17
rombière V13
rompu Q1
romsteck K5
ronce S4
rond 16 Q2
rondeau 53 A5
rondel 36 L1
rondelle 36 C8
rondin C17
rondo 53 A4
röntgen C4
roque 19 67 K2
roquefort I6
roquelaure, *f* H3
roquentin C17
roquet F5
roquetin C17
roquette, *f* C11
rorqual L1
ros E3
rosace S7
rosaire H5
rosat, *inv.* F1
rosâtre W1
rosbif Z16
rosé 39 U1
rosée 39 U4
roséole L2
roseraie B1
rosette C11
rosière V15
rosse S16
rossignol L1
rossolis, *m* R3
rostre Z16
rot 32 53 P1
rôt 53 W10
rotacé Q1
rotacteur K6
rotary Y4
rotation T12

rotatoire H8
rote 32 N6
rôti 17 47 W10
rôtie 17 47 B9
rotin C17
rôtisseur Q27
rôtissoire H10
rotondité U3
rotor G9
rotule L2
roturier Z3
rouable, m Z16
rouage Z16
rouan Q24
roublard Q2
rouble, m Z16
roue 19 57 B3
rouelle C8
rouergois Q11
rouet 10 F5
rouf J2
rougeâtre B15
rougeole L2
rougeoyant Y7
rougeron P7
rouget F5
rouille 12 Y16
rouillure H6
rouissoir G2
roulade L12
rouleau L12
roulis E6
roulotte N5
roumi A3
round J4
roupie B9
rouquin Q2
rousseau A5
rousselet Z5
rousserolle Z12
roussette Z6
roussin C17
routage N6
route Z1
routier Q4
routine M3
rouvieux Q13
rouvraie B1
roux 19 57 Q16
royalement Y11
royalties R11

royaume Y11
royauté U3
ru 56 A7
ruade Z16
ruban D9
rubasse, f S12
rubato A4
rubéfiant Q2
rubéole L2
rubescent S3
rubican D9
rubicond Q2
rubidium Z16
rubiette C11
rubigineux Q13
rubine Z3
rubis E6
rubrique K2
rudbeckia, m A1
rudbeckie, f B9
rudenture D6
rudesse S14
rudimentaire H5
rudoiement B13
rue 56 B5
ruée U4
ruelle C8
ruf(f)ian D9
rugby Y4
rugine M3
rugissant Q2
rugueux Q13
ruineux Q13
ruisseau A5
rumba, f A1
rumeur G14
ruminant Q1
rumsteck K5
runabout Z16
runique M3
ruolz R5
rupestre O6
rupicole L2
rupture H6
rural Q21
rush X3
russule, f Z5
rustaud Q2
rustine M3
rustique K2
rustre Z16

rutabaga, m A1
rutacée U4
ruthène V12
ruthénium U12
rutherford J4
rutilant Q19
rythme X1
rythmicien Q25
rythmique Y5

S

sa 24 A1
sabayon Y10
sabbatique K2
sabelle C8
sabir G3
sablière V15
sablonneux Q13
sabord I2
sabot F9
sabotage N6
sabra A1
sabretache N6
saburral Q21
sac K1
saccade K7
saccageur K7
saccharine X1
saccharose X1
saccule K7
sacerdoce S9
sacerdotal Q21
sachée 43 U4
sachem Z16
sachet 43 F5
sacoche K6
sacome P1
sacramentaire . . . H5
sacramental Q21
sacramentel Q22
sacrement D11
sacrément F13
sacrifice S8
sacrificiel O2
sacrifié 8 Q1
sacrilège V9
sacripant D10

sacristain C12
sacristie B9
sacrum Z16
sad(d)ucéen Q25
safari, *m* A3
safran D9
safre J2
safrol(e) J2
saga, *f* A1
sagace S7
sagacité U3
sagaie B1
sagesse S14
sagittaire P15
sagittal Q21
sagouin C19
saharien Q25
saie, *f* 17 B1
saïga X6
saignée U4
saigneur 40 C1
saillie B9
sain . . . 19 59 70 Q24
sainbois E6
saindoux E8
sainfoin C18
saint 19 59 Q19
sainteté U3
saisi Q1
saisissement Z9
saisonnier Q4
saké, *m* U1
saki, *m* A3
salace S7
saladier L12
salaire H5
salaison C1
salamalec, *m* K1
salamandre D12
salami A3
salanque K2
salariat F1
salaud F18
sale 71 Z1
salé Q1
saleté U3
salicacée U4
salicaire H5
salicorne, *f* L12
salicylique Y5
salien Q25

salière V15
saligaud F18
salin Q2
salissure S6
salive L12
salle 71 L3
salmigondis E6
salmis E6
salmonelle C8
salmonidé U1
saloir G2
salon P3
salon(n)ard Q2
saloon Z16
salopard I1
salopette Z8
salpêtre W2
salpicon K6
salse Z16
salsepareille, *f* . . . L8
salsifis E6
salsola, *m* A1
salsugineux Q13
saltimbanque . . . K2
salubrité U3
salut F10
salutaire H5
salve Z16
samaritain Q24
samba, *f* A1
samizdat F1
samovar, *m* G1
sampan(g) Z16
sana(torium) M3
sanctification . . . T12
sanction T16
sanctuaire, *m* . . . H5
sanctus R3
sandale L2
sandow, *m* Z16
sandre, *m* ou *f* . 29 D12
sandwich Z16
sanforisage D12
sang 19 Z16
sanglant D12
sanglier D12
sanglotement . . . N6
sangria, *f* A1
sangsue B5
sanguin Q24
sanguinolent D11

sanhédrin X1
sanitaire H5
sans 19 Z16
sanscrit Q19
sanskrit Q19
sansonnet P12
santé U3
santon 86 D12
saoudien Q25
saoul 57 Z16
sa(pa)jou A8
sape 12 O4
saperde P6
saperlotte ! N5
sapeur G13
saphique J3
saphir G3
sapidité U3
sapience D7
sapiental Q21
sapin C17
sapinière V15
saponification . . . Z15
sappan D9
sapristi ! A3
sapropel L1
sapropèle V10
saprophage J3
saprophyte Y1
sarabande D1
sarbacane, *f* P5
sarcasme K6
sarcastique K2
sarcelle C8
sarcloir G2
sarcophage J3
sardanapalesque . Z15
sarde Z16
sardinier Q4
sardonique M3
sargasse, *f* S12
sari, *m* A3
sarigue I19
sarment D11
sarong Z1
saros R3
sarracénique . . . I12
sarrasin Q24
sarrau R9
sarrette C11
sarriette C11

sarrois		Z2
sartière		V15
sas	24	R3
sassafras		E1
sassenage		M3
satanique		K2
satellite		Z9
satiation		S5
satiété		S5
satin		C17
satinette		C11
satire, f	50	H2
satirique	50	K2
satisfaction		T16
satisfecit, inv.		Z16
satrape		O4
saturation		T12
saturnien		Q25
saturnin		Q24
satyre, m	50	Y1
satyrique	50	Y5
sauce		S11
saucière		V15
saucisse		S15
saucissonné		Q1
sauf		Q9
sauge, f		Z16
saugrenu		Q1
saugue		Z16
saulaie		B1
saule	54	L2
saumâtre		W1
saumoné		Q1
saumure		H6
sauna, m ou f		A1
saupiquet		F5
saupoudroir		G2
saur, m	19 52	G10
sauret		F5
saurien		C15
saurin		C17
sauris		E6
saurisserie		B9
saussaie		B1
saussurien		Q25
saut	53	F2
sautade		N6
saute	54	Z1
sautelle		C8
sautereau		A5
sauterelle		C8

sauternes		R3
sauteur		Q27
sautillant		Y12
sautoir		G2
sauvageon		Q25
sauvagin		Q24
sauvegarde		Z16
sauveterrien		Q25
sauveteur		G13
sauvette		C11
sauveur		G13
sauvignon		Z16
savamment		F16
savane		M3
savant		Q19
savantasse		S12
savarin		C17
savart		I4
savate		N6
savetier		N6
saveur		G14
savoir		G2
savon	11	Z16
savonneux		Q13
savoureux		Q13
savoyard		Q2
saxe		Z16
saxhorn		X1
saxifrage		Z16
saxon		Q25
saxophone		J3
saye		Z16
sayette		C11
saynète		Z16
sayon	40	Y11
sbire		H2
scabellon		P10
scabreux		Q13
scaferlati		A3
scalaire		H5
scaldique		K2
scalène		V12
scalp		O1
scalpel		L1
scandale		D12
scandaleux		Q13
scandinave		D12
scandium		D12
scansion		T1
scaphandre		D12
scapin		C17

scapulaire		H5
scarabée		U2
scare, m		P7
scarification		T12
scarlatine		N6
scarole		Z3
scatologie		B9
sceau	53	A5
scélérat		Q19
scellé		U1
scellement		Z5
scénario		A4
scène	70	V12
scénique		U12
scepticisme		S4
sceptique	70	K2
sceptre		Z16
schah	61	X8
schappe, m ou f	61	O3
scheik	61	K4
schéma		X4
schème		V11
schéol, m		L1
scherzo		K8
schibboleth, m		X8
schiedam		J5
schilling	61	P10
schisme		X4
schisteux		Q13
schizoïde		K8
schizophrène		V12
shizophrénie		U12
schlague		Z16
schlamm, m		Z16
schlass, inv.		Z16
schlich		Z16
schlitte, f		N5
schlot		Z16
schnaps		R3
schnauzer		G5
schnock		K5
schnoque		K2
schnorchel		L1
schnorkel		L1
schooner		G5
schorre, m		I15
schuss, m		Z16
sciatique		K2
scie	12 51	B9
sciemment		F17
science		D13

sciène, f 70 V12
scientifique K2
scierie B9
scieur 70 G13
scille, f 49 L3
scinque 70 K2
scintillant Y12
scintillement L4
scion, m 70 Z16
sciotte, f N5
scirpe, f Z16
scission T5
scissiparité U3
scissure S6
sciure H6
sciuridé U1
scléranthe X1
sclérenchyme . . . Y1
scléreux Q13
sclérose P1
sclérotique K2
scolaire H5
scolarité U3
scolastique K2
sc(h)olie, m B9
sc(h)olie, f B9
scoliose, f P1
scolopendre, f . . . D13
scoop O1
scooter G5
scorbut Z16
score P7
scorie, f B9
scorpène, f V12
scorpion Z16
scotch Z16
scotisme P8
scout Q19
scratch Z16
scribe Z16
scribouillard Q2
script, m Z16
script, f Z16
scriptural Q21
scrofule L2
scrofuleux Q13
scrogneugneu ! . . A2
scrotum N6
scrubber Z2
scrupuleux Q13
scrutateur Q28

scrutin C17
sculpteur G13
sculpture H6
scutellaire L11
scythe 51 Y1
se 69 Z16
séance D3
séant 69 Q19
seau 53 A5
sébacé Q1
sébaste, m U6
sébifère U7
sébile L2
séborrhée U4
sec Q7
sécable K6
sécant Q2
sécateur G13
sécession T3
sécessionniste . . . M4
séchage U12
sèche 41 V7
sèchement V7
sécheresse U13
séchoir G2
second Q2
secondaire H5
secourisme I19
secours I9
secousse S18
secret Q19
secrétaire H5
secrétariat F1
secrètement F12
secréteur G13
sécréteur Q27
   aussi Q28
sécrétion T8
sectaire H5
sectateur Q28
secte Z16
section T16
sectionnement . . . M4
sectoriel Q22
séculaire H5
séculier Q4
secundo A4
sécurité U5
sedan D9
sédatif Q9
sédentaire H5

sédentarité U3
sédiment D11
sédimentaire H5
sédimentation . . . T12
séditieux T18
sédition T10
séducteur Q28
sefar(ad)di A3
   pl. sefar(ad)dim
ségala, m A1
segment D11
segmentation . . . T12
ségrais E4
ségrégationniste . . M4
seiche, f 41 C5
séide X5
seigle C5
seigneur 40 G13
seigneurie B9
seille, f L8
seillon 40 Y16
seime, f 41 C5
sein 19 59 C14
seine 70 C6
seing 19 59 Z16
séisme X5
s(é)ismique K2
seize C7
séjour G11
sel 21 41 L1
sélacien Q25
sélaginelle C8
select, inv. N1
sélect Q2
sélectif Q9
sélectionneur . . . Q13
sélénique K2
sélénium L12
self, f Z16
selle 21 41 C8
sellerie, f . . . 69 B9
sellier 69 L11
selon Z1
seltz Z16
semailles R11
semainier Q4
sémantème V12
sémantique Q2
sémaphore H4
semblable D13
semblant D10

sème 41 V11
sém(é)iotique . . . K2
semelle Z4
semence D7
semestre U6
semestriel Q22
semeur Q27
sémillant Q19
sémillon Y16
séminaire H5
séminal Q21
séminariste I19
sémique K2
semis E6
sémitique K2
semoir G2
semonce S11
semoule L2
sempiternel . . . Q22
semple, m Z16
sen 70 C4
sénat F1
sénatorial Q21
senau A6
séné U5
sénéchal U5
séneçon S4
sénégalais Q11
sénescence D7
sénevé, m U5
sénile L2
senior G9
senne 70 C10
sénonais Z3
sens 69 R3
sensationnel . . . Q25
sensé 69 Q1
sensément F13
sensibilité U3
sensiblement . . . F12
sensitif Q9
sensoriel Q25
sensorimoteur . . . Q28
sensualité U3
sensuel Q25
sentence D7
sentencieux T20
senteur G14
senti Q1
sentier D13
sentiment D11

sentine D13
sentinelle Z8
sep 41 O1
sépale, m L2
séparation T12
séparément . . . F13
sépia, f A1
sépiole, f L2
seps, m R3
sept 79 Z16
septante D12
septénaire H5
septennal Q21
septennat P12
septentrion D13
septicémie B9
septicité U3
septique 70 K2
septmoncel . . . L1
septolet F5
septuagénaire . . . H5
septum Z16
    pl. septums,
    aussi septa
septuor G9
septuple Z16
sépulcral Q21
sépulcre Z16
sépulture H6
séqué Q1
séquelle C8
séquence D7
séquentiel . . . Q22
séquestration . . . T12
sequin C17
séquoia, m A1
sérac K1
sérail L5
séran(çoir) D12
séraphin C17
serein 59 Q2
sérénade U5
sérénité U5
séreux Q13
serf 41 J2
serfouette C11
serge, f Z16
sergent D11
sériation T12
séricine S4
séricite S4

série B9
sériel Q22
sérieux Q13
sérigraphie I19
serin 59 C17
sérine Z3
seringue I19
serment 45 D11
sermonnaire H5
sérologie B9
sérosité U3
sérothérapie X1
serpent D11
serpentaire H5
serpentin Q24
serpette C11
serpillière Z16
serpolet F5
serpule L2
serrage I13
serran D9
serrate Z5
serration T12
serratule Z11
serre 41 I13
serré Q1
serrement . . . 45 I13
serrément F13
serrure Z5
serte 69 Z16
sertissure S6
sérum Z1
serval R8
servant D10
servante D12
serveur Q27
serviabilité U3
service S8
serviette C11
servilité U3
servitude N6
servocommande . . Z15
servofrein C14
servomécanisme . Z15
ses, pl. 69 Z16
sésame, m M1
sesquialtère . . . V15
sesseyement . . . S6
sessile Z5
session 69 T3
sesterce S4

seston	. . . .	Z16
set	 79	Z16
sétacé	 69	Q1
setier	. . . .	P8
seton	. . . .	Z1
setter	. . . .	G5
seuil	. . . .	L9
seul	. . . .	Q21
seulement	. . . . .	F12
seulère, m	. . . . .	V1E
sève	. . . .	V18
sévère	. . . . . .	U7
sévérité	. . . . . .	U5
sévices	. . . .	R10
sèvres	. . . .	R3
sexagénaire	. . . .	H5
sexidigitaire	. . . .	Z15
sexe	. . . .	Z16
sexpartite	. . . . .	Z16
sextant	. . . . . .	D10
sexto	. . . .	A4
sextolet	. . . .	F5
sextuor	. . . . . .	G9
sexualité	. . . . . .	U3
sexuel	. . . . . .	Q22
sexy, inv.	. . . . . .	Y4
seyant	. . . .	Y7
sforzando	. . . . .	A4
sfumato, m	. . . . .	A4
sgraffite, m	. . . . .	J1
shah	 61	X8
shaker	. . . . . .	G5
s(c)hako	. . . . . .	A4
shama	. . . .	M1
shamisen	. . . . . .	C4
shampooing	. . . .	X3
shaving	. . . .	Z16
shed	. . . .	J4
shelter	. . . .	Z16
shérif	 61	I19
sherpa	. . . .	A1
sherry	 44	I13
shetland	. . . . . .	Z16
shifting	. . . .	Z16
shilling	 61	P10
shimmy, m	. . 61	Y4
shinkyo	. . . .	Y1
shintô	. . . .	W10
shintoïsme	. . . . .	X6
shipchandler	. . . .	G5
shipper	. . . .	P13
shire	. . . .	I18
shocking	. . . . . .	K13
shott	. . . .	Z16
shop(p)ing	. . . .	O5
short	. . . .	Z16
show	. . . . 19 61	Z16
shrapnel(l), m	. . .	L1
shunt, m	. . . . . .	Z16
shuttle	. . . .	P15
si	 51	A3
sial	. . . .	L1
sialagogue	. . . . .	L12
sialidé	. . . .	U1
sialogène	. . . . . .	V12
sialorrhée	. . . . . .	X1
siamois	. . . . . .	Q11
sibilant	. . . . . .	Q2
sibylle	. . . .	Y5
sibyllin	. . . .	Q24
sic	. . . .	K1
sicaire	. . . .	K6
siccateur	. . . . . .	G13
siccatif	. . . .	Q9
siccité	. . . .	U3
siccomètre	. . . . .	K7
sicomore	. . . . . .	Z7
sidéral	. . . . . .	Q21
sidérite	. . . .	Z7
sidérolit(h)e	. . . .	U6
sidérose	. . . . . .	S2
sidérurgie	. . . . . .	B9
siècle	. . . .	V3
siège	. . . .	V9
siemens	. . . . . .	R3
sien	. . . .	Q24
siennois	. . . . . .	Q11
sierra, f	. . . . . .	I13
sieste	. . . .	Z16
sieur	 70	G13
sifflement	. . . . .	P9
sifflet	. . . .	P9
sifflotement	. . . .	J1
sifflotis	. . . .	R3
sifilet	. . . .	F5
sigillaire, f	. . . . .	L11
sigisbée	. . . .	U2
sigle	. . . .	Z16
sigma, m	. . . . . .	A1
sigmoïde	. . . . . .	X6
signal	. . . .	L1
signalement	. . . .	P3
signalétique	. . . .	K2
signataire	. . . . . .	H5
signature	. . . . . .	H6
signe	. . . . 18 51	Z16
signet	 10	F5
signifiant	. . . . . .	Q19
significatif	. . . . .	Q9
signification	. . . .	T12
signifié	. . . .	Q1
sikh	. . . .	X1
sil	 49	L1
silane, m	. . . . . .	Z3
silence	. . . .	D7
silencieux	. . . . .	T20
silène	. . . .	V12
silentbloc	. . . . . .	K1
siléroïde	. . . . . .	X6
silex	. . . .	R4
silhouette	. . . . .	X1
silicate	. . . .	Z7
silice, f	 69	S8
siliceux	. . . . . .	Q13
silicié	. . . .	Q1
silicium	. . . . . .	Z16
silicone, f	. . . . .	P5
silicose, f	. . . . .	S2
silicyle	. . . .	Y5
silionne	. . . . . .	P12
silique	. . . .	P3
siliqueux	. . . . . .	Q13
sillage	. . . .	Y14
sillet	. . . .	F5
sillon	. . . .	Y16
silo	. . . .	A4
silphe	 50	J3
silt	. . . .	Z16
silure	. . . .	H6
silvaner	. . . . . .	G5
sima, m	. . . .	A1
simagrée, f	. . . . .	U4
simarre, f	. . . . .	I12
simaruba, m	. . . .	A1
simbleau	. . . . . .	A5
simien	. . . .	Q25
simiesque	. . . . .	K2
similaire	. . . . . .	H5
simili	. . . .	A3
similigravure	. . . .	Z15
similitude	. . . . . .	P3
similor	. . . .	G9
simoniaque	. . . . .	K2

simonie	B9	
simoun	M1	
simplement	F12	
simplexe, *m*	Z16	
simplicité	U3	
simulacre	P1	
simulation	T12	
simulie	B9	
simultanéité	U5	
simultanément	F13	
sinanthrope	X1	
sinapis	R3	
sinapisé	Q1	
sinapisme	M3	
sincère	V15	
sincèrement	F12	
sincérité	U5	
sincipital	Q21	
sinciput	S4	
sinécure	H6	
sinémurien	Q25	
sinfonietta, *f*	A1	
singalette	C11	
singerie	B9	
single	Z16	
singleton	N6	
singularité	U3	
singulet	F5	
singulier	Q4	
sinisant	Q2	
sinistre	Z16	
sinistré	Q1	
sinistrement	F12	
sinistrose	P1	
sinologie	M3	
sinon	Z16	
sinueux	Q13	
sinus, *m*	R3	
sinusité	U3	
sinusoïde	X6	
sioniste	M3	
sioux, *inv.*	E8	
siphomycète	Y5	
siphon	J3	
siphonogamie	J3	
siphonné	Q1	
sire	64	H2
sirène	V12	
sirénien	Z3	
sirex	R4	
sirli, *m*	A3	

siroc(c)o	I20	
sirop	O2	
siroteur	Q27	
sirupeux	Q13	
sis	51	Q11
sisal	L1	
sismal	Q21	
s(é)ismologie	B9	
sisson(n)e, *m ou f*	S6	
sistre	69	Z16
sisymbre, *m*	Y5	
site	15 51	Z1
sitelle	C8	
sitiomanie	N6	
sitiophobie	J3	
sitogoniomètre	X15	
sitomètre	V4	
sitôt	83	W10
sittèle	V10	
situation	T12	
sium	Z16	
six	51	R4
sixième	V11	
skaï	X6	
skatebord	Z16	
sketch	Z16	
ski	A1	
skiatron	P1	
skieur	Q27	
skif(f)	K12	
skioptique	K2	
skip	O1	
skipper	P13	
slab	Z16	
slalomeur	Q27	
slang	Z16	
slapstick	K5	
slave	Z16	
slavisant	Q19	
slavon	Q25	
sleeping	Z16	
slice	Z16	
slikke	Z2	
slime	Z16	
slip	O1	
slogan	D9	
sloop, *m*	O1	
slop	O1	
sloughi	X1	
slovaque	K2	
slovène	V12	

slow	Z16	
smala(h), *f*	A1	
smalt	Z16	
smaragdin	Q24	
smaragdite, *f*	I17	
smart	Z16	
smash	X3	
smectite	N6	
smegma, *m*	A1	
smicard	Q2	
smigard	Q2	
smilax	R4	
smille, *f*	L4	
smog	Z16	
smoking	Z16	
smorzando	A4	
snack	K13	
snob	Z16	
sobrement	F12	
sobriété	U3	
sobriquet	F5	
soc	38	K1
sociabilité	U3	
socialement	F12	
socialisme	L12	
sociétaire	H5	
société	U3	
sociodrame	M1	
sociogramme	M2	
sociologie	B9	
socle	Z16	
socque	38	Z16
socquette	C11	
socratique	N6	
soda	A1	
sodalique, *f*	Z7	
sodd(y)ite, *f*	Z16	
sodium	Z16	
sodoku, *m*	A7	
sodomi(ti)que	K2	
sœur	G4	
sofa	A1	
soffite, *m*	J1	
soffre, *m*	J1	
software, *m*	Z16	
soi	19 27	A10
soie	19 27	B2
soierie	B9	
soif	J2	
soiffard	Q2	
soigneux	Q13	

soir 14 G2
soirée U4
soit 27 F6
soixantaine C2
soixante D2
soja A1
sol 54 L1
solaire H5
solarium L12
soldanelle C8
soldat F1
soldatesque K2
solde, m Z16
solde, f Z16
soldes R10
sole 54 P3
soléaire H5
solécisme S4
soleil L7
solen, m C4
solennel Q22
solennité U3
solénoïde X6
solfatare, f H1
solfège V9
solidago, m A4
solidaire H5
solidement F12
solidité U3
soliflore, m L12
solifluction T16
solifluidal Q21
solifluxion T17
soliloque, m L12
solipède V8
solipsisme L12
soliste L12
solitaire H5
solitude P8
soliveau A5
sollicitation P10
solliciteur Q27
sollicitude S4
solmisation T12
solo A4
solognot Q29
solonetz R5
solstice, m S8
solubilité U3
solucamphre J3
soluté U1

solution T9
solutizer, m S1
solutréen Q25
solvabilité U3
solvant D10
soma, m A1
somation 71 P4
somatique K2
somatotonie Z15
sombrero A4
sommaire H5
sommation . . . 71 P11
somme, m . . . 11 M2
somme, f 11 M2
sommeil L7
sommeilleux Q13
sommelier Q4
sommet 10 F5
sommier M2
sommière V15
sommité U3
somnambule L2
somnifère V15
somnolence D7
somnolent 9 Q19
somptuaire H5
somptueux Q13
somptuosité U3
son 16 Z16
sonagramme M3
sonagraphe J3
sonar G1
sonate Z3
sonatine Z7
sondeur G13
sondeuse Z16
songerie B9
sonique P5
sonnaille L6
sonnerie P12
sonnet 10 F5
sonnette C11
sonneur P12
sonomètre P5
sonore P5
sonorisation Z15
sonorité U3
sonothèque X1
sophisme J3
sophistiqué Q1
sophologie J3

sophora, m A1
sopor, m G9
soporifique K2
soprano A4
sorbet F5
sorbetière V15
sorbier Z16
sorbonnard Q2
sorcellerie B9
sorcier Q4
sordidité U3
sore 19 52 H4
sorgho, m A4
sorite, m Z3
sornette C11
sororal Q21
sort 19 52 I6
sorte Z16
sortie B9
sortilège V9
sosie, m B9
sostenuto A4
sot 53 54 Q20
sotch Z16
soteria Z3
sot(t)ie B9
sottise N7
sou 57 A8
souabe Z16
souahéli X2
soubassement . . . Z9
soubise S2
soubresaut C11
soubrette C11
souche Z16
souchet F5
souci A3
soucieux T20
soucoupe O4
soudain Q24
soudaineté U3
soudanais Q11
soudard I1
soude 22 Z16
soudure H6
soue 57 B3
soufflage P9
souffle 12 P9
soufflerie B9
soufflet F5
souffleur Q27

spirocercose	S4	staff	J1	stèle, *f*	V10
spirochète, *m*	V17	stagflation	T12	stellage	P10
spirographe	J3	stagiaire	H5	stellaire	P10
spiroïdal	X6	stagnation	T12	stellite	Z5
spirorbe	I20	stakhanovisme	X1	stemmate	Z5
splanchnique	K8	stakning	K12	stencil, *m*	L1
spleen	Z16	stalactite, *f*	L12	sténodactylo	Z15
splendeur	G14	stalag	Z16	sténopé, *m*	U5
splendidement	F12	stalagmite, *f*	L12	sténose, *f*	P1
splénite	Z3	stalle, *f*	L3	stentor	G9
spoiler	P3	staminal	Q21	steppe	O3
spoliation	T12	stampien	Q25	stercoraire	H5
spondée, *m*	U2	stamping	Z16	stercoral	Q21
spondias, *m*	R3	stance, *f*	D3	stère, *m*	V15
spondyle, *m*	Y1	stand, *m*	J4	stéréophonie	J3
spongiaire	H5	standard	I1	stéréoscope	O4
spongiculture	Z15	standing	Z16	stérilement	F12
spongieux	Q13	stannique	P12	stérilet	F5
spongiosité	U3	stant	Z16	stérilisation	T12
spontané	Q1	staphylococcie	B9	stérilité	U3
spontanéité	U5	staphylocoque	Y1	sterlet	F5
spontanément	F13	star, *f*	G1	sterling	Z16
sporadique	K2	staroste	I20	sterne, *f*	Z16
spore, *f* 64	H4	starlette	C11	sternum	Z16
sporozoaire	H5	starter	G5	stérol	L1
sport 64	I6	stase, *f*	S2	stertoreux	Q13
sportif	Q9	statesthésie	X1	steward	J4
spot	Z16	stathmétique	X1	sthène, *m*	V12
spoutnik	K4	statice, *m*	S8	stibié	Q1
sprat	Z16	statif	Q9	stick	K5
springbok	K4	station	T12	stigmate, *m*	N6
sprinkler	K11	stationnaire	P12	stillation	P10
sprint	Z16	stationnement	M4	stimulant	D10
sprinter	G5	statique	K2	stimulation	T12
sprue	B5	statisticien	Q25	stimulus, *m*	R3
spumescent	S3	stator	G9	stipendié	Q1
spumeux	Q13	statoréacteur	Z15	stipulation	T12
squale, *m*	K14	statu(quo) 56	A7	stochastique	K8
squame, *f*	K4	statuaire	H5	stock	K5
squameux	Q13	statue 56	B5	stockfish	K13
square	H1	statuette	C11	stoïcien	Q25
squatina, *m*	A1	stature	H6	stoïque	X6
squatter	G5	statut 56	F10	stolon	Z1
squelette	C11	staurotide	Z7	stomacal	Q21
squille, *f*	L4	steak	K4	stomatite, *f*	M1
squirr(h)eux	Q13	steamer	G5	stomoxe	M1
stabilisateur	Q28	stéarine, *f*	X5	stop	O1
stabilité	U3	stéatite, *f*	X5	stoppeur	O5
stabulation	T12	stéatose	X5	store, *m*	H4
staccato	A4	stégomyie	Y5	strabisme	Z16
stade	Z16	steinbock	K5	stradivarius	R3

stramoine, *f* Z3
strangulation T12
strapontin C17
strass **88** Z16
strasse **88** S6
stratagème, *m* . . . V11
strate, *f* N6
stratège, *m* V9
stratégie, *f* U12
stratifié Q1
stratosphère, *m* . . V15
stratus R3
streptococcie . . . B9
streptocoque, *m* . . K2
streptomycine, *f* . . Y5
stress Z16
strette N5
strict Q19
striction T16
stridence D7
strident Q19
stridulant Q19
strie B9
strié Q1
strix R4
strobile Z3
stroboscope K6
strombolien Q25
strontiane, *f* M3
strontium, *m* Z16
strophe, *f* J3
structural Q21
structuration T12
structure I18
structuré Q1
strychnine Y5
stuc K1
studieux Q13
studio A4
stupéfaction T16
stupéfait Q19
stupéfiant Q19
stupeur G14
stupidité U3
stupre, *m* Z16
style Y1
stylet F5
stylisticien Q25
stylo A4
stylographe J3
styptique Y5

styr(ol)ène, *m* . . . V12
su Q1
suage Z16
suaire, *m* H5
suave Z16
suavité U3
subaigu Q3
subéreux Q13
subi **49** Q1
subit **49** Q19
subito A4
subjacent Q19
subjectif Q9
subjectivité U3
subjonctif Q9
subjugation T12
sublimation T12
sublimement F12
sublunaire M3
submersion T2
subordination . . . P5
subordonné Q1
subornation T12
suborneur Q27
subrécargue K6
subreptice S8
subrogation T12
subrogatoire H8
subséquemment . . F17
subséquent Q19
subside Z16
subsidiaire H5
subsistance D3
subsomption . . . T15
subsonique M3
substance D3
substantiel Q22
substantivation . . T12
substitut F10
substitution T9
substrat F1
subterfuge, *m* . . . Z16
subtil Q23
subtilement F12
subtilité U3
subulé Q1
subvention T16
subventionnel . . . Q25
subversif Q9
suc K1
succédané U5

succès V20
successeur G13
successif Q9
succession T3
successoral Q21
succin **59** C17
succinct **59** Q19
succinctement . . . F12
succulence D7
succulent Q19
succursale K7
succussion Z16
sucette S4
suçoir G2
suçon S4
sucre Z16
sucré Q1
sucrerie B9
sucrin C17
sud J4
sudation T12
sudorifique Z15
sudoripare H1
suède, *m* V8
suédé Q1
suédois Q11
suée U4
sueur G14
suffisamment . . . Z12
suffisance D3
suffisant J1
suffixe P9
suffocant **9** Q19
suffragant Q19
suffrage P9
suffragette G11
suffusion J1
suggestif Q9
suggestion J8
suggestivité U3
suicidaire H5
suicide S4
suidé U1
suie **17** B9
suif J2
suiffeux Q13
suin(t) Z16
suisse S6
suite N6
suivant Q19
suivi Q1

sujet	Q20	supra	A1	surplis	E6
sujétion	T8	supranational	Z15	surplomb	Z16
sulfamide, *m*	M1	supraterrestre	Z15	surplus	E2
sulfatage	N6	suprématie	B8	surpopulation	Z15
sulfate, *m*	N6	suprême	W2	surprise	S2
sulfateur	Q27	suprêmement	W2	surréel	Q22
sulfite, *m*	N6	sur	73 G7	surrégénérateur	Z15
sulfosel	L1	sûr	73 G8	surrénal	I16
sulfure, *m*	H6	surabondance	D3	sursaut	F2
sulfureux	Q13	suraigu	Q3	sursis	E6
sulfurique	K2	sural	Q21	sursitaire	H5
sulky, *m*	Y4	suranné	Q1	surtout	F3
sultan	D9	surate, *f*	Z3	surveillance	D3
sultanat	F1	surchauffe, *f*	J1	survenue	B5
sumac	K1	surchoix	R4	survie	B9
sumérien	Q25	surcompensation	Z15	survivance	D3
summum	M2	surcroît	W6	survol	L1
sunlight	Z16	surdité	I13	sus	Z16
sunnite	P12	sureau	53 A5	susceptible	S3
super	34 G6	surelle	C8	suscription	T15
superbe	O6	sûrement	W8	susdit	O2
supercherie	B9	surenchère	V15	susmentionné	Q1
supère	34 V15	suréquipement	Z15	susnommé	Q1
superfétatoire	H8	surérogatoire	H8	suspect	Q19
superficie	B6	suret	Q20	suspendu	Q1
superficiel	Q22	sûreté	W8	suspens	D13
superflu	Q1	surexcitation	Z15	suspense, *m*	C4
supérieur	G12	surf	Z16	suspense, *f*	D8
supériorité	U3	surface	S7	suspensif	Q9
superlatif	Q9	surfait	40 Q19	suspension	T1
superposition	Z15	surfaix, *m*	40 E8	suspente	D6
supersonique	Z15	surfin	Q24	suspicieux	Q13
superstitieux	T18	surgeon	B15	suspicion	S4
superstition	T10	surhaussement	X1	sustentateur	Q28
superstrat	F1	surhomme	X1	susurrement	I12
superstructure	Z15	suri	Q1	susvisé	Q1
supin	C17	surimposition	Z15	suture	Z3
suppléance	D3	surin	C17	suzerain	Q24
supplément	D11	surintendance	Z15	suzeraineté	U3
supplémentaire	H5	surlendemain	C12	svastika, *m*	A1
supplétif	Q9	surmenage	M3	sveltesse	S14
supplication	T12	surmulet	F5	swahéli	X2
supplice	O5	surmulot	F9	swahili	A3
supplique	K2	surmultiplication	Z15	swastika, *m*	A1
support	I6	surmultiplié	8 Q1	sweater	Z16
supposition	T10	surnaturel	Q22	sweepstake	Z16
suppositoire	H9	surnom	S16	swing	Z16
suppôt	W10	surnombre	Z16	sybarite	Y5
suppression	P13	surnuméraire	H5	sycomore, *m*	H4
suppuration	I17	suroît	W6	sycophante, *m*	D2
supputation	P13	suros	53 E3	sycosis, *m*	Y5

syllabaire	H5	synodal	Q21	tabernacle	Z16
syllabe	Y1	synode	M3	tabès	V21
syllabus	R3	synonyme	Y6	tablature	N6
syllepse, *f*	Y1	synonymie	Y6	tableau	A5
syllogisme	Y5	synopse, *f*	Y1	tablée	U4
sylphe 50	J3	synopsie, *f*	B9	tabletier	Q4
sylphide	Y5	synopsis, *f ou m*	R3	tabletterie	C11
sylvain	C12	synoptique	Y5	tablier	Z16
sylvestre	Y1	synovie, *f*	B9	tabor	G9
sylvicole	L2	synovite, *f*	Y5	tabou	A8
sylviculture	Z15	syntacticien	Q25	tabouret	F5
symbiose	Y5	syntactique	K2	tabulaire	P3
symbole	L2	syntagmatique	K2	tabulateur	G13
symbolique	Y5	syntagme	Y1	tabulatrice	S8
symétrie	P4	syntaxe	Y1	tac	K1
symétrique	M1	syntaxique	K2	tacca, *m*	A1
sympathie	X1	synthèse	V16	tacet, *m*	S4
sympathique	K2	synthétique	X1	tache 23 74	P1
sympathisant	Q19	synthétisant	Q19	tâche 23 74	W1
symphonie	Y5	syntone	P5	taché	Q1
symphonique	K2	syntonie	B9	tachéographe	K9
symphyse, *f*	Y6	synusie	Y5	tachéométrie	U5
sympode	Y1	syphilis	Y5	tâcheron	W1
symposium, *m*	Z16	syphilitique	N6	tacheté	Q1
symptomatique	P1	syriaque	Y5	tachine, *m ou f* 15	K8
symptôme	W10	syrien	Q25	tachisme	P1
synagogue	Y1	syrinx, *m ou f*	R4	tachycardie, *f*	Y5
synalgie	Y5	syrphe, *m*	J3	tachymètre	K8
synallagmatique	Z15	syrte, *f*	Y1	tacite	S4
synapse, *f*	Y1	systématicien	Q25	taciturne	N6
synarchie	Y5	systématique	U12	tacle, *m*	L2
synarthrose	X1	systématisation	Z15	tacon	K6
synase, *f*	S2	systématisé	Q1	tacot	F9
synchrone	Y1	système	V11	tact	N1
synchronique	M3	systémique	K2	tacticien	Q25
synchronisme	K8	systole, *f*	L2	tactile	L2
synclinal	Q21	systolique	K2	tactique	K2
syncopal	Q21	systyle	Y6	tænia, *m*	A1
syncope	O4	syzygie, *f*	Y6	taffetas	E1
syncopé	Q1			tafia, *m*	J2
syncrétisme	Y5			tagliatelle	R11
syndétique	Y5			tahitien	Q25
syndic	K1			taïaut !	X6
syndical	Q21			taïga	X6
syndicat	F1			taillage	Y14
syndrome	P1	ta 23	A1	taille	L6
synecdoque, *f*	Y1	tabac	Z16	tailleur	G13
synérèse	U7	tabagie	B9	taillis	E6
synergie	B9	tabatière	V13	tain 59	C12
synesthésie	X1	tabellaire	P10	talc	K1
syngnathe, *m*	X1	tabellion	N7	talent	D11

talentueux Q13
talion P3
talisman D9
talitre, m L12
talle 86 L3
talmud Z16
taloche L12
talonnette Z10
talonneur G13
talus E2
tamanoir G2
tamarin C17
tamaris E6
tambo, m A4
tambour G11
tambourin Z3
tamia, m A1
tamier M1
tamil L1
tamis E6
tamoul L1
tamplco A4
tamponnoir G2
tan 19 28 D9
tanagra, m ou f .. A1
tanaisie B9
tanche D12
tandem, m D12
tangage D12
tangence D7
tangentiel Q22
tangibilité U3
tango A4
tangon D12
tanguière V15
tanière V15
tan(n)in C17
tank K4
tanka, inv. A1
tanker G5
tannage M4
tanné Q1
tannerie B9
tanneur G15
tant 19 28 D10
tantale L2
tante 30 D12
tantième V11
tantinet F5
tantôt W10
tantrisme D12

taôisme W10
taoïsme X6
taon 19 78 Z16
tapageur Q27
tape O4
tapi 16 49 Q1
tapinois E5
tapioca A1
tapir G3
tapis 49 E6
tapisserie Z9
taquet F5
taquin Q24
taquinerie B9
taquoir G2
tarabiscoté Q1
taranche D12
tarare, m H1
tarasque, t I17
taratata! Z7
taraud 53 F18
tarbouch(e) Z16
tard 81 F18
tardif Q9
tardillon Q25
tardyon Y1
tare, f 81 H1
taré Q1
tarente, f D6
tarentelle C8
tarentule L2
taret F5
targette C11
tari Q1
tarière V15
tarif J2
tarifaire H5
tarification T12
tarin C17
tarissement Z9
tarot 53 F9
tarpan D9
tarpon Z16
tarse, m Z16
tartan D9
tartane M3
tartare H1
tartarinade Z15
tartelette C11
tartine M3
tartre, m Z16

tartreux Q13
tartrique K2
tartuf(f)e Z16
tas 23 R3
tasse S12
tassé 8 Q1
tasseau A5
tassili A3
tatar Q2
tâteur W1
tatillon P1
tâtonnement W1
tâtons R10
tatou A8
tatouage X5
tau 53 A6
taud 53 F18
taudis E6
taule 53 L12
taupe O4
taupière V15
taupinière V15
taure 19 64 H3
taureau A5
taurides 72 R11
taurillon Y16
tauromachie B9
tautologie B9
taux 53 E8
tavaïolle X6
tavelure H6
taverne Z16
tavernier Q4
taxation T12
taxe Z16
taxidermie B9
taxinomie B9
taxiphone J3
taxonomie B9
tayaut! Y11
taylorisme Y2
tchèque V14
tchernozium Z16
te Z16
té 44 U1
té! 44 U1
technicien Q25
technicité U3
technocratie ... B8
technologie K8
te(c)k Z16

teckel	K13	
tectonique	M3	
tectrice	S8	
tégénaire, *f*	H5	
tégulaire	H5	
tégument	D11	
teigne	C5	
teigneux	Q13	
t(e)ille	Y16	
teint, *m* 21 59	C16	
teint 21 59	Q19	
teinte 20	C16	
teinté	Q1	
teinture	H6	
teinturier	Q4	
tel 41	Q22	
télé	U5	
télécommande	Z15	
téléférique	U5	
téléguidage	Z15	
télémètre	U7	
télépathie	X1	
téléphérique	J3	
téléphonique	Z15	
télescope	O4	
télescopique	K2	
téléscripteur	U6	
télésiège	U7	
téléspectateur	U6	
téléviseur	G13	
télévisuel	Q22	
télex	R4	
tell 41	Z16	
tellement	F12	
tellure, *m*	P14	
tellurique	L11	
téméraire	H5	
témérité	U5	
témoignage	M1	
témoin	C18	
tempe	O4	
tempérament	D11	
tempérance	D3	
température	Z15	
tempéré	U5	
tempête	W2	
tempétueux	P1	
temple	D13	
tempo	A4	
temporaire	Z7	
temporal	Q21	
temporalité	U3	
temporel	Q22	
temporisation	T12	
temps 19 28	E7	
tenable	M3	
tenace	S7	
ténacité	U3	
tenaille	L6	
tenancier	Q4	
tenant	Q19	
tendance	D3	
tendanciel	Q22	
tendancieux	Q13	
tender	G5	
tendeur	Q27	
tendoir	G2	
tendon	D13	
tendre	D13	
tendresse	S14	
tendreté	U3	
tendron	D13	
tendu	Q1	
ténèbres	R11	
ténébreux	Q13	
teneur	G14	
ténia, *m*	A1	
tennis	R3	
tenon	M3	
ténor	G9	
tenseur	G13	
tension	T1	
tensoriel	Q22	
tentaculaire	H5	
tentacule, *m*	L2	
tentant	Q19	
tentateur	Q28	
tentation	T12	
tentative	D13	
tente 30	D13	
tenture	H6	
tenu	Q1	
ténu	Q1	
tenue	B5	
ténuité	U3	
tenure, *f*	H6	
tenuto	A4	
teocal(l)i, *m*	A3	
tépale, *m*	Z3	
téphrite	J3	
téphrosie	J3	
ter 19 36	G15	
tératogène	U7	
tercet	F5	
térébelle	C8	
térébenthène	U7	
térébenthine	X1	
térébinthe	X1	
térébrant	O2	
tergal	L1	
tergiversation	Z15	
terme 75	Z16	
terminaison	C1	
terminal	Q21	
terminologie	B9	
terminus	R3	
termite, *m* 61	N6	
termitière	V15	
ternaire	H5	
terne	Z16	
ternissure	S6	
terpène	V12	
terrafungine, *f*	I13	
terrain	C12	
terramare, *f*	H1	
terrarium	Z5	
terrassement	Z13	
terre 19 36	I13	
terreau	A5	
terrefort	I6	
terreur	G14	
terri(l)	I13	
terrible	I13	
terrien	Q25	
terrifiant	Q19	
territoire	H9	
territorialité	Z15	
terroir	G2	
terrorisme	I13	
tertiaire	D13	
tertio	A4	
tertre	Z16	
tes, *pl.*	Z16	
tessellé	Z6	
tesson	S6	
test	N3	
testament	D11	
testamentaire	H5	
testateur	Q28	
testicule, *m*	L2	
testimonial	Q22	
têt 40	W2	
tétanos	R3	

têtard	. . . .	W2
tête	. . . . . . **74**	W2
tétée	. . . .	U5
tétine	. . . .	M3
téton	. . . .	M3
tétrachlorure	. . . .	Z15
tétraèdre	. . . . . .	U7
tétragone, *f*	. . . .	M3
tétras	. . . .	E1
tette	. . . . **74**	C11
têtu	. . . .	W2
teugue, *f*	. . . . . .	Z16
teuton	. . . .	Q25
teutonique	. . . . .	P5
tex	. . . .	R4
texan	. . . .	Q24
texte	. . . .	Z16
textile	. . . .	L2
textuel	. . . .	Q22
texture	. . . .	H6
thaï	. . . .	X6
thalamus	. . . . . .	R3
thalassothérapie	. .	Z15
thaler, *m*	. . . . . .	G5
thalidomide	. . . .	M1
thalle	. . . . . . **86**	X1
t(h)alweg	. . . . . .	Z16
thanatologie	. . . .	M3
thaumaturge	. . . .	X1
thé	. . . . **44**	U1
théâtral	. . . .	Q21
théâtre	. . . .	W1
thébaïde	. . . . . .	X6
théier	. . . .	Q4
théiste	. . . .	X1
thélémite	. . . . . .	U5
thématique	. . . . .	K2
thème	. . . .	V11
théocratie	. . . . .	B8
théodicée	. . . . .	U24
théodolite, *m*	. . .	L12
théogonie	. . . . .	B9
théologal	. . . . . .	Q21
théologien	. . . . .	C15
t(h)éorbe, *m*	. . . .	Z16
théorème	. . . . . .	V11
théorétique	. . . . .	K2
théoricien	. . . . .	Q25
théorie	. . . .	B9
théorique	. . . . . .	K2
théosophe	. . . . .	J3
thérapeutique	. . .	Z15
thérapie	. . . . . .	B9
thermal	. . . .	Q21
thermes	. . . . . **75**	R10
thermie	. . . .	B9
thermique	. . . . .	K2
thermite, *f*.	. . . . **61**	X1
thermodynamique	.	Z15
thermonucléaire	. .	Z15
thermos, *m ou f*	. .	R3
thermostat	. . . . .	E1
thésaurisation	. . .	T12
thésaurus	. . . . .	R3
thèse	. . . .	V16
thêta	. . . .	W2
thétique	. . . . . .	U12
thibaude, *f*	. . . . .	X1
thiocétone	. . . . .	S4
thiosulfate	. . . . .	N6
thlaspi, *m*	. . . . . .	A3
thomise, *m*	. . . . .	S2
thon	. . . . **61**	X1
thonier	. . . .	M3
thora(h), *f*	. . . . .	X8
thorax	. . . .	R4
thrène,	. . . . . **40**	V12
thrill	. . . .	Z16
thriller	. . . .	L11
thrips, *m*	. . . . . .	Z16
thrombine, *f*	. . **61**	M3
thrombose	. . . . .	S2
t(h)une, *f*.	. . . . .	X1
thuriféraire	. . . . .	H6
thuya, *m*	. . . . . .	Y11
thyllose	. . . . . .	L11
thym	. . . . . **21 59**	Y1
thymus	. . . .	R3
thyroïde	. . . . . .	X6
tiare, *f*	. . . .	H1
tibétain	. . . .	Q24
tibia, *m*	. . . .	A1
tic	. . . . . . **19 38**	K1
ticket	. . . .	K13
tiède	. . . .	V8
tiédeur	. . . .	U12
tien	. . . . **11**	Q25
tierce	. . . .	S4
tiercé	. . . .	Q1
tiercelet	. . . .	F5
tiers	. . . .	I7
f tierce		
tige	. . . .	Z16
tignasse	. . . . . .	S12
tigresse	. . . . . .	S14
tikker	. . . .	Z2
tilaka, *m inv.*	. . . .	A1
tilbury	. . . .	Y4
tilde, *m*	. . . .	Z16
tilia, *m*	. . . .	A1
tille	. . . .	L4
tilleul	. . . .	Y16
timbale	. . . .	L2
timbre	. . . .	Z16
timidité	. . . .	U3
timonerie	. . . . . .	Z7
timoré	. . . .	Q1
tin	. . . . **59**	C17
tincal	. . . .	K6
tinctorial	. . . . . .	Q21
tinette	. . . .	C11
tintamarre	. . . . .	I10
tintement	. . . . . .	C17
tintinnabulant	. . .	P12
tinto	. . . .	A4
tintouin	. . . .	C19
tique	. . . . **19 38**	K2
tir	. . . . **34**	G3
tirage	. . . .	I17
tirailleur	. . . .	Y13
tirant	. . . . **28**	D10
tirasse	. . . .	S12
tire	. . . . . . **22 34**	H2
tirelire, *f*	. . . . . .	H2
tiret	. . . . **10**	F6
tirette	. . . .	C11
tiroir	. . . .	G2
tisane	. . . .	M3
tisonnier	. . . . . .	M4
tissage	. . . .	S6
tisserand	. . . . . .	Q2
tissu	. . . .	A7
tissulaire	. . . . . .	L12
titan	. . . .	D9
titanesque	. . . . .	K2
titanique	. . . . . .	K2
titre	. . . .	Z16
titubant	. . . .	Q19
titulaire	. . . .	H5
toast, *m*	. . . . . .	N3
toboggan	. . . . . .	Z16
toc	. . . . **88**	K1
tocante	. . . .	K6

tocard Q2
toccata, f A1
tocsin C17
toge Z16
togolais Q11
toi 27 A10
toile L2
toilette C11
toise S2
toison S2
toit 27 F6
toiture H6
tokay Y2
tolamite Z7
tôle 53 W10
tolérance D3
tôlerie W10
tôlier Q4
tollé Z2
tolu, m A7
toluène, m V12
tomahawk Z16
tomate Z3
tombal Q21
tombe Z16
tombeau A5
tombereau A5
tombola, f A1
tome, m 71 P4
tomenteux Q13
tomme, f 71 P11
tom(m)ette C11
tommy Y4
   pl. tommies
tomographie P4
ton 61 Z16
tonal Q21
tonalité U3
tondage P12
tondeur Q27
tondo, m A4
tondu Q1
tonicité S4
tonifiant Q19
tonique P5
tonitruant 8 X5
tonka, f A1
tonne 12 M4
tonneau A5
tonnelet F5
tonnellerie Z13

tonnerre Z6
tonométrie P5
tonotactisme P5
tonsure H6
tonus R3
top 32 54 O1
topaze, m S1
topaze, f S1
tope ! 32 54 O4
tophus R3
topinambour G11
topique K2
topo, m A4
topographie J3
topologie B9
toponyme Y1
toquade K14
toquante D2
toquard Q2
toque 88 K2
torche Z16
torchère V15
torchis E6
torchon Z16
tordant Q19
tordoir G2
tordu Q1
tore 64 H4
toréador G9
torero A4
toreutique, f K12
toril L1
tormentille L4
tornade Z16
toron I20
torpédo A4
torpeur G14
torpille L4
torpilleur Y13
torréfaction I15
torrent D11
torrentiel Q22
torride 72 I15
tors, m 19 64 R3
tors 19 64 Q11
torsarde Z16
torse, m Z16
torsion T2
tort 19 64 I6
torticolis E6
tortillard I1

tortionnaire P12
tortu Q1
tortue B5
tortueux Q13
torture H6
torve Z16
tory Y4
   pl. tories
toscan Q24
tôt 53 83 W10
total Q21
totalement F12
totalisateur Q28
totalitaire H5
totalité U3
totem Z16
totémique U12
totipotent Z7
toton Z1
touareg X5
toubib Z16
toucan D9
touchant Q19
touchau, m A6
touche Z16
toue B3
touffe P9
touffu Q1
toujours I9
toundra, f A1
toupet F5
toupie B9
touque, f K2
tour, m 65 G11
tour, f 65 G11
touraille L6
tourangeau Q18
tourbe, f Z16
tourbeux Q13
tourbier Q4
tourbillon Y16
tourbillonnement . M4
tourd 65 F18
tourelle C8
touret F5
tourillon Y16
tourin C17
tourisme I19
touristique K2
tourlourou A8
tourmaline, f L12

tourment D11
tourmenté Q1
tourmentin C17
tournaille L6
tournant Q19
tourne, *f* Z16
tourné Q1
tournebride Z16
tournebroche, *m* . Z16
tournedos, *m* . . . E3
tournée U4
tournemain C12
tournesol L1
tourneur G13
tournevis R3
tourniole, *f* L2
tourniquet F5
tournis, *m* E6
tournoi 87 A10
tournoiement . . . B13
tournois 87 E5
tournoyant Y7
tournure H6
tourte Z16
tourteau A5
tourtereau A5
tourterelle C8
tourtière V15
tous, *m pl.* . . 14 79 Z16
toussotement . . . Z11
tout 79 F3
toutefois E5
toutes, *f pl.* Z16
toutou A8
toux 79 E8
toxémie B9
toxicomane Z15
toxicose, *f* S2
toxine, *f* M3
toxique K2
traboule, *f* L2
trac 38 K1
traçage S4
tracas E1
tracasserie Z9
tracassin C17
trace S4
tracé 8 U1
traceur Q27
trachéal K8
trachée U4

trachéite, *f* K8
trachyte, *m* Y1
traçoir G2
tract N1
tractation T12
tracteur G13
traction T16
tradition T10
traditionaliste . . . P5
traditionnaire . . . P11
traditionnel Q22
traducteur Q28
traduction T16
traduisible S2
trafic 15 K1
trafiquant K14
trafiqueur Q27
tragédie B9
tragédien Q25
tragiquement . . . F12
trahison X2
traille L6
train 59 C12
traînant Q19
traînard Q2
traîne 40 W4
traîneau A5
traînée U4
traîneur Q27
training M3
trait 40 F4
traitable N6
traite 12 Z16
traité U1
traitement Z3
traiteur G13
traître W4
traîtresse S14
traîtreusement . . . F12
traîtrise S2
trajectoire H10
trajet F5
tralala, *m* A1
tram, *m* 32 Z16
trame, *f* 32 M1
traminot F9
tramontane, *f* . . . P5
tramp, *m* 37 Z16
tramway Y2
tranchant Q19
tranche D12

tranché Q1
tranchée 8 U4
tranchefile, *f* L2
tranchet 10 F5
tranchoir G2
tranquille L3
tranquillement . . . F12
tranquillisant Q19
tranquillité U3
transaction T16
transactionnel . . . Q22
transafricain Q24
transalpin Q24
transat, *m* Z16
transatlantique . . . K2
transbordeur G13
transcendance . . . D3
transcendant Q19
transcendantal . . . Q21
transcontinental . . Q21
transcripteur G13
transcription T16
transe D4
transept, *m* N2
transfèrement . . . V15
transfert, *m* I5
transfigurateur . . . Q28
transfini Q1
transfixion T17
transformateur . . . Q28
transformation . . . T12
transfuge Z16
transfuseur G13
transfusion S2
transgresseur . . . G13
transgression . . . T3
transhumance . . . X1
transhumant Q19
transi Q1
transistor G9
transit 13 Z16
transitaire H5
transitif Q9
transition T10
transitoire H8
translatif Q9
translation T12
translit(t)ération . . Z15
translucide S4
translucidité U3
transmetteur G13

transmigration . . . T12
transmissibilité . . . U3
transmission T5
transmuable X5
transmutabilité . . . U3
transmutation . . . T12
transocéanien . . . Q25
transocéanique . . K2
transpercement . . S4
transpiration T12
transplant D10
transplantation . . T12
transplantement . . D11
transplantoir G2
transport I6
transporteur G13
transposition T10
transsaharien . . . Q25
transsibérien Q25
transsonique . . . M3
transsubstantiation Z15
transsudation . . . T12
transuranien Q25
transvasement . . . S2
transversal Q21
transversalement . F12
transverse Z16
transylvain Q24
trapèze, *m* V19
trapéziste U12
trapézoèdre U7
trapézoïdal X6
trappe O3
trappeur P13
trap(p)illon Y16
trappiste P13
trapu Q1
traque, *f* **38** K2
traquenard I1
traquet F5
traqueur G13
trattoria, *f* A1
traulet F5
trauma, *m* A1
traumatisant Q19
traumatisme N6
traumatologie . . . B9
travail L6
 pl. aussi travails
travaillé Q1
travailliste Y16

travée U4
travel(l)ing Z16
travers, *m* E7
traverse Z16
traversée U4
traversier Q4
traversin C17
travesti Q1
travestissement . . Z15
traviole L2
trayeur Q27
trébuchant Q19
trébuchet F5
tréfilage L12
tréfilerie P3
trèfle V3
tréfonds, *m* E7
treillage Y16
treillageur Y16
treillagiste Y16
treille L8
treillis E6
treize C7
treizième V11
treizièmement . . . V11
trélingage C17
tréma, *m* A1
trématage N6
tremblaie B1
tremblant Q19
tremble, *m* . . . **12** Z16
tremblement M1
tremblotant Q19
tremblote N6
tremblotement . . . N6
trémelle C8
trémet F5
trémie B9
trémière, *f* V15
trémois E5
tremolo A4
trémolo A4
trémoussement . . . Z9
trempe **37** O4
trempé Q1
trempette C11
tremplin C17
trémulation T12
trenail L5
trentain, *m* C12
trentaine, *f* C2

trente D6
trentenaire H5
trépan **85** D9
trépanation M3
trépang **85** Z16
trépas E1
trépidant Q19
trépidation T12
trépied Z16
trépignement . . . D11
trépointe, *f* Z16
tréponème, *m* . . . V11
très **40** V20
trésaille L6
trésor G9
trésorerie B9
trésorier Q4
tressage S6
tressaillement . . . Y16
tressautement . . . S6
tresse S14
tresseur Q27
tréteau A5
treuil L9
trêve W2
trévire, *f* H2
tri **13** A3
triacide X5
triade X5
triage X5
triangle X5
triangulaire H5
triangulation T12
trias, *m* Z16
triasique K2
triatomique X5
tribal **36** Q21
tribalisme L12
triballe **36** P10
tribart I4
triboluminescence . Z15
tribord I2
tribordais E4
triboulet F5
tribu **56** A7
tribulation T12
tribun Z16
tribunal L1
tribune M3
tribut **56** F10
tributaire H5

tricennal	Q21	trinquart	I4	tristesse	S14
tricentenaire	H5	trinquet	F5	tris(s)yllabe	Y1
tricéphale	J3	trio	A4	tritium	N6
triceps	Z16	triomphal	Q21	triton	N6
triche, f	Z16	triomphalement	F12	triturateur	G13
tricherie	B9	triomphant	Q19	trituration	T12
tricheur	Q27	triomphateur	Q28	triumvirat	F1
trichiasis	K8	triomphe, m	J3	trivalent	Q19
trichinal	Q21	triomphe, f	J3	trivial	Q21
trichine	K8	tripaille	L6	trivialement	F12
trichloracétique	Z15	tripale	L2	trivialité	U3
trichloréthylène	Z15	tripang	Z16	troc	15 38 K1
tricholome, m	K8	triparti	Q1	trocart	I4
trichophyton	Y5	tripartite	N6	troche	75 Z16
trichromie	B9	tripartition	T10	trochée, m	U2
trick	38 K5	tripatouilleur	Q27	trochée, f	U4
triclinique	M3	tripe	O4	troches	75 R11
tricolore	Z7	triperie	B9	trochet	F5
tricot	F9	tripette	C11	troène, m	X5
tricoteur	Q27	triphasé	Q1	troglodyte, m	Y1
trictrac	K1	triphtongue, f	J3	troglodytique	Y5
tricycle, m	Y5	tripler	U4	trogne, f	Z16
tridactyle	Y5	triplace	S4	trognon	Z16
trident, m	D11	triplan	D9	troïka, f	X5
tridimensionnel	Q22	triplement	F12	trois	E5
triduum	Z16	triplées	R11	troisième	V11
trièdre	X5	triplés	R10	troisièmement	F12
triennal	Q21	triplette	C11	troll	33 Z16
trière	V15	triplex	Z16	trolle	33 L3
trieur	Q27	triplicité	U3	trolley	Y3
triforium	Z16	triplure	H6	trolleybus	R3
trigle, m	Z16	tripode	O6	trombe	Z16
triglyphe, m	Y5	tripoli, m	A3	trombidion	Z16
trigonométrie	Z15	triporteur	G13	trombine	61 M3
trijumeau	A5	tripot	F9	tromblon	Z16
trilatéral	Q21	tripotage	N6	trombone, m	M3
trilingue	L12	triptyque, m	Y5	trommel, m	L1
trille, m	L4	trique, f	38 K2	tromperie	B9
trillion	L11	triqueballe, m	L3	trompette, m	C11
trilogie	B9	triquet	F5	trompette, f	C11
trimbal(l)age	Z16	trirègne	I18	trompettiste	N7
trimestriel	Q22	trirème, f	V11	trompeur	Q27
trimmer	G5	trisaïeul	Q21	trompeusement	F12
trimoteur	Z3	pl. -ïeuls ou -ïeux		trompillon	Y16
trin	59 Q25	trisannuel	Q22	tronc	Z16
tringle	C17	trisecteur	Q28	troncature	H6
tringlot	F9	trisection	T16	tronchet	F5
trinitaire	Z7	trisme	Z16	tronçon	S4
trinité	U3	trismus	R3	tronçonique	P5
trinitrotoluène	V12	trisoc	K1	tronçonnage	P12
trinôme	W10	triste	Z16	tronçonneur	G13

tronçonneuse . . . S4
trône W10
tronqué Q1
trop 53 O2
trope, *m* O4
trophée, *m* U2
trophique J3
trophonévrose . . . Z15
tropical Q21
tropique K2
tropisme O6
tropopause, *f* . . : O6
troposphère, *f* . . . V15
troque 38 K10
troquet F5
troqueur Q27
trot 53 F9
trotskyste Y1
trotte N5
trotteur Q27
trottin C17
trottinette Z12
trottoir G2
trou 13 A8
troubadour G11
troublant Q19
trouble Z16
troublé Q1
troué Q1
trouée U4
troupe O4
troupeau A5
troupier P6
troussage S6
trousse S18
trousseau A5
troussequin C17
trouvaille L6
trouvé Q1
trouvère, *m* V15
troyen Q25
truand X5
truanderie B9
trublion Z16
truc 67 K1
trucage K6
truck 67 K5
trucmuche K6
truculence D7
truculent Q19
truelle X5

truellée U4
truffe J1
truffé Q1
trufficulture Z15
truffier Q4
truie B9
truisme X5
truité U1
trumeau A5
truquage A5
truqueur Q27
trusquin C17
trust N3
trusteur G13
trypanosome M3
trypsine, *f* Y5
tryptophane, *m* . . J3
tsar G1
tsarévitch Z16
tsarine M3
tsigane P5
tsunami, *m* A3
tu A7
tuable X5
tuant Q19
tub Z16
tuba, *m* A1
tube Z16
tubéracé Q1
tubercule, *m* L2
tuberculeux Q13
tuberculine, *f* . . . M3
tuberculose Z15
tubéreux Q13
tubérosité U3
tubifex R4
tubipore, *m* H4
tubitèle, *m* V10
tubulaire H5
tubuleux Q13
tubuliflore H4
tubulure H6
tudesque Q2
tuerie B9
tueur Q27
tuf J2
tuf(f)eau A5
tufier Q4
tuilage L12
tuile L2
tuileau A5

tuilerie B9
tuilier L12
tularémie B9
tulipe O4
tulipier O4
tulle, *m* L3
tullier Q4
tulliste L11
tuméfaction T16
tuméfié Q1
tumescence S3
tumescent Q19
tumeur G14
tumoral Q21
tumulaire H5
tumulte P4
tumultueux Q13
tumulus R3
tungar, *m* G1
tungstate, *m* N6
tungstène, *m* . . . V12
tungstique K2
tunique M3
tunisien Q25
tunnel P12
turban D9
turbe, *f* Z16
turbidité U3
turbin C17
turbinage P5
turbine M3
turbith, *m* X8
turbo, *m inv.* . . 53 A4
turbocompresseur . Z15
turbopropulseur . . Z15
turboréacteur . . . Z15
turbot 53 F9
turbotière V15
turbotin C17
turbulence D7
turbulent Q19
turc Q5
turf Z16
turfiste Z16
turgescence S3
turgescent Q19
turgide Z16
turion I19
turkmène V12
turlupin C17
turlupinade M3

turlurette	C11	typomètre	V4	un	60	Q24
turlutaine	C2	typtologie	B9	unanime		Z3
turlutte	N5	tyramine, *f*	Y5	unanimement		F12
turlututu !	A7	tyran	28	D9	unanimité		U3
turne	Z16	tyranneau	A5	unau		A6
turonien	Q25	tyrannicide	S4	unciforme		S4
turpidement	F12	tyrannie	P12	underground		J4
turpitude	N6	tyrannique	Y5	unguifère		V15
turquerie	B9	tyranniquement	F12	unguis, *m*		R3
turquin	C17	tyrolien	O25	uni		Q1
turquoise	K14	tyrosinase	Z15	uniate		N6
turriculé	Q1	tyrosine	Y5	uniaxe		X5
turritelle, *f*	C8	tyrothricine	Y5	unicaule		K6
tussah, *m*	X8	tzar	G1	unicellulaire		Z15
tussor(e), *m*	S6	tzigane	M3	unicité		U3
tutélaire	P3			uniformément		F13
tutelle	C8			uniformité		U3
tuteur	Q28	# u		unilatéralement		F12
tut(h)ie, *f*	B9			uniment		F14
tutoiement	B13			unionisme		P5
tutti, *inv.*	A3			unipare		Z7
tutu	A7	ubac	K1	unique		K2
tuyau	Y11	ubiquinone, *f*	M3	unisson		S6
tuyautage	Y11	ubiquité	K14	unitaire		H5
tuyauterie	B9	ubuesque	X5	unité		U3
tuyauteur	Q27	uchronie	K8	univers		I7
tuyère	V15	uhlan	D9	universalité		U3
tweed	J4	ukase	S2	universaux		R10
twist	N3	ulcération	T12	universel		Q22
tylenchus	K8	ulcère, *m*	V15	université		U3
tympan	D9	ulcéré	Q1	univocité		U3
tympanal	Q21	ulcéreux	Q13	univoltin		Q24
tympanique	Y1	ulcéroïde	X6	univoque		K2
tympanon	M3	uléma, *m*	A1	uppercut		O5
tyndallisation	Z15	uligineux	Q13	upsilon, *m*		L12
type	Y1	ulmaire	H5	upwelling		L11
typé	Q1	ulotrix, *m*	R4	uraète		X5
typesse	S14	ulster	G5	uranifère		V15
typha, *m*	A1	ultérieur	G12	uranium		I17
typhique	Y5	ultimatum	Z16	uranoscope		K6
typhoïde	X6	ultime	M1	urbain		Q24
typhomycine	Y6	ultimo	A4	urbanisme		M3
typhon	J3	ultra	A1	urbanité		U3
typhose	J3	ultracentrifugation	Z15	urcéolé		Q1
typhus	R3	ultramoderne	Z15	urée		U4
typique	Y5	ultramontain	Q24	uretère, *m*		V15
typiquement	F12	ultrason	Z16	urètre		V4
typochromie	B9	ultraviolet	Q20	urgence		D7
typographe	J3	ultravirus	R3	ur(h)idrose		P1
typolithographie	Z15	ululement	P3	urinaire		H5
typologie	Y5	ulve	Z16	urique		I19

urologie I20
ursidé U1
ursigramme M2
urticaire, *f* H5
uruguayen Q25
us R10
usage S2
usinage M3
usité Q1
ustensile D13
usuel Q22
usufruit F8
usuraire H5
usurpation T12
ut 60 Z16
utérus R3
utilement F12
utilisateur Q28
utilité U3
utopie B9
utricule, *m* L2
uval Q21
uvée, *f* U4
uvule, *f* L2

vacance D3
vacant Q19
vacation T12
vaccaire K7
vaccination T12
vacher Q4
vacherin C17
vachette C11
vacuité U3
vacuole X5
vagabondage . . . Z15
vaginal Q21
vaguelette C11
vaguemestre Z16
vahiné, *f* X2
vaillamment F16
vain 21 40 59 Q24
vainqueur G13
vair 63 G6
vairon C1
vaisseau A5

vaisselle C8
val L1
   pl. vals *et* vaux
valablement F12
valadée U4
valais E4
valence D7
valentiel Q22
valériane P5
valet 43 F5
valeureux Q13
validité U3
valine Z3
valise S2
valkyrie Y5
vallée 43 U4
vallonné Q1
vallonneux Q13
valorisation T12
vamp, *f* O1
vampire, *m* H2
van 30 D9
vanadium M3
vandale L2
vandoise D12
vanel L1
vanesse S14
vanille L4
vaniteux Q13
vannage P12
vanneau A5
vannerie B9
vannet F5
vantail 30 P6
vantard Q2
vapeur G14
vaporeux Q13
var G1
varan 28 D9
varappe O3
varech K3
vareuse P7
varheure X2
varia R10
variante D2
variation T12
varicelle C8
variété U3
variole L2
variqueux Q13
varlope O4

varron I12
vasculaire H5
vaseline Z7
vaseux Q13
vasistas Z16
vasotomie S2
vasque K2
vassalité U3
vastitude N6
vatication S4
vauclusien Q25
vaudeville L3
vaudois Q11
vaudou A8
vaurien C15
vautour G11
veau 19 53 A5
vecteur Q28
vectoriel Q22
veda, *inv.* A1
vedette C11
védique U6
végétal Q21
végétarien Q25
végétatif Q9
véhémence X2
véhicule X2
veille Y16
veilleur G13
veilleuse Z16
veillotte N5
veine 40 C6
veinule L2
vêlage W2
vélaire H5
vélani, *m* A3
veld(t) 41 Z16
vélie B9
véliforme L12
vélin C17
velléité U5
vélo A4
véloce S9
vélodrome P1
velours I9
velouté U1
velu Q1
velum L12
velvet F5
velvote N6
venaison S2

vénalité		U2	vergette		C11	version		T2
vendangeur		Q27	vergeure		H6	verso	53	A4
vendéen		Q25	verglacé		Q1	verste, *f*		Z16
vendetta		A1	verglas		E1	vert	63	Q19
vendeur		Q27	vergne		Z16	vertèbre, *f*		V4
venelle		C8	vergogne		Z16	vertébré		U5
vénéneux		Q13	verguette		C11	vertical		Q21
vénérien		Q25	véricle, *m*		K6	verticalité		U3
veneur		G13	véridique		I18	verticilliose		L11
vengeance		B15	vérificateur		Q28	verticité		U3
vengeur		Q29	vérification		T12	vertigineux		Q13
véniel		Q22	vérin		C17	vertigo, *m*		A4
venimeux		Q13	vérisme		I19	vertu		A7
venin		C17	véritable		I19	vertueux		Q13
vénitien		Q25	vérité		U3	vertugadin		C17
vent	30	D11	verjus		E2	verveine		C6
ventage		D13	vermée		U4	verveux		Q13
ventail	30	R6	vermeil		Q22	vésanie		S2
vente		D6	vermicelle, *m*		C8	vesce	70	S14
venteux		Q13	vermiculaire		H5	vésicant		Q2
ventilateur		G13	vermiculé		Q1	vésicule		L2
ventouse		D13	vermilingue		Z16	vesou, *m*		A8
ventre		D13	vermille		L4	vespéral		Q21
ventregris I		E6	vermillon		Y16	vespertilio, *m*		A4
ventricule, *m*		L2	vermine		M3	vespertilion		L12
ventrière		V15	vermis		R3	vespidé		U1
ventriloque		K2	vermisseau		A5	vesse	70	S3
ventripotent		D11	vermoulu		Q1	vessie		B9
venu	56	Q1	vermout(h)		Z16	vestale		L2
venue	56	B5	vernaculaire		H5	vestiaire		H5
vénus		R3	vernal		Q21	vestibule		L2
vêpres		R11	vernation		T12	vestige		Z16
ver	63	G5	verni	49	Q1	vestimentaire		H5
véracité		I18	vernier		Z16	vêtement		W2
véraison		C1	vernis	16 49	E6	vétéran		D9
véranda		A1	vernissé		Q1	vétérinaire		H5
verbeux		Q13	vérole		L2	vétille		L4
verbiage		X5	verrat	14	F1	veto		A4
verbomanie		B9	verre	63	I13	vétuste		N6
verboquet		F5	ver(r)ine		M3	vétusté		U5
verdâtre		W1	verrou		I13	veuf		Q9
verdeur		G14	verrouillage		I13	veulerie		L12
verdict		N1	verrucaire, *f*		H5	veuvage		Z16
verdoyant		Y7	verrue		B5	vexation		T12
verdure		H6	vers	63	R3	vexille, *m*		L3
vérécondieux		Q13	versant		D10	vexille, *f*		L3
vérétille, *m*		L4	versatilité		U3	viabilité		U3
véreux		Q13	verseau	53	A5	viable		Z16
vergé	44	Q1	verset		F5	viaduc		K1
verger	44	Z16	versiculet		F5	viager		Q4
vergeté		Q1	versificateur		Z15	viande		D1

viatique, *m* K2
vibices R11
vibor(d) Z1
vibraphone J3
vibration T12
vibrion Z16
vibrisse, *f* S15
vicaire H5
vicarial Q21
vicariant Q2
vice 21 37 S8
vicennal Q21
vicésimal Q21
vicieux T20
vicinal Q21
vicinité U3
vicissitude S6
vicomte K6
victime K6
victoire H10
victorieux Q13
victuailles R11
vidange D12
videlle C8
videur Q27
vidimus, *m* R3
vidoir G2
vidrecome M1
viduité U3
vie B9
vieil Q18
vieillard I1
vieillesse S14
vieillot Q20
vielle L11
viennois Q11
vierge Z16
viète V17
vietnamien Q25
viette N5
vieux Q18
vif Q9
vigie B9
vigilamment F16
vigilance D3
vigile L2
vigneau 78 A5
vigneron Q25
vignetage P8
vignettage P15
vignette C11

vignot 78 F9
vigogne Z16
vigoureux Q13
viguerie B9
vigueur G14
viguier Z16
viking K12
vil 36 Q21
vilain Q24
vilebrequin Z16
vilenie B9
villa A1
villageois Q11
villanelle L11
ville 36 L3
villégiature H6
vin 21 59 C17
vinaigrette C11
vindas E1
vindau A6
vindicatif Q9
vindicte Z16
vingt 21 59 Z16
vingtaine C2
vinicole L2
vinylique Y5
viol 33 L1
viole 33 L2
violement M1
violemment . . . F17
violence D7
violet Q20
violette C11
violon L12
viloncelliste . . . Z15
viorne, *f* Z16
vipère V15
vipérine Z7
virage I17
virago, *f* A4
viral Q21
virée U4
virescence S3
virginal Q21
virginité U3
virgule L2
virien Q25
virilement F12
virilité U3
virilocal Q21
virocyte, *m* Y5

virole Z3
virologie I20
virtualité U3
virtuel Q22
virtuosité U3
virulence D7
virus R3
vis 21 37 Z16
visa 14 A1
visage S2
viscère, *m* V15
viscosité U2
visé 39 U1
visée 39 U4
visibilité U3
visière V15
vision S2
visionnaire P12
visitandine D12
visiteur Q27
visqueux Q13
visserie S6
visuel Q22
vitalité U3
vitamine, *f* Z7
vite Z1
vitellus R3
vitelotte N5
vitesse S14
viticole L2
vitrail R6
vitrescible S3
vitreux Q13
vitrifiable Z15
vitrine M3
vitriol L1
vitulaire H5
vitupérateur . . . Q28
vivace S7
vivandier Q4
vivarium I19
vivat F1
vivement F12
viveur Q27
vividité U3
vivificateur Q28
vivipare H1
vivisection T16
vivoir G2
vivres R10
vivrier Z16

vizir G3
v(')lan ! D9
vloo ! Z16
vobuloscope L12
vocable K6
vocabulaire H5
vocalique K2
vocalisateur Q28
vocatif K6
vocation T12
vocero, m A4
vocifération T12
vocodeur G13
vodka, f A1
vœu 16 Z16
vogue Z16
voici A3
voie . . . 19 22 27 B2
voilà V1
voilette C11
voilier L12
voilure H6
voire 14 Z16
voirie B9
voisé U4
voisinage M3
voiturette Z8
voix 19 27 C8
vol 33 L1
volage L12
volaille L6
volant D10
volapük Z16
volatil 33 Q23
volatile 33 L2
volcan D9
volcanique M3
volcanologue . . . M3
vole 33 L2
volée U4
volémie B9
volet 10 77 F5
volettement Z9
voleur Q27
volière V15
voligeage B15
volis E6
volition T10
volley 77 Y3
volontaire H5
volonté U3

volontiers E7
volt 88 Z16
voltaïque X6
voltairien Q25
voltamètre V4
voltampère V15
volte 88 Z16
voltige Z16
volubilité U3
volucelle, f C8
volume Z3
volupté U3
voluptueux Q13
volvation T12
volvoce, m S9
volvox, m R4
volvulus R3
vomer G3
vomique M1
vomitif Q9
vomitoire H9
voracement F12
voracité U3
vortex R4
vorticelle, f C8
vorticité U3
vos, pl. . . . 19 53 Z16
vosgien Q25
votation T12
vote 12 Z1
votif Q9
votre 54 P1
vôtre 54 W10
vouge, m Z16
vouivre, f X5
vouloir G2
voulu Q1
vous Z16
voussoir G2
voussure S6
voûte W7
voûté W7
vouvoiement B13
vouvray Y2
voyage Y9
voyageur Q27
voyance D3
voyelle Y11
voyeur Q27
voyou A8
vrac K1

vrai Q1
vraiment D11
vraisemblance . . . D3
vrille L4
vrombissant Q2
vu 88 A7
vue 88 B5
vulcain C12
vulcanal Q21
vulcanien Q25
vulcanisation T12
vulgaire H5
vulgarisation T12
vulgarité U3
vulgate P8
vulgo A4
vulnérabilité U3
vulnérable I17
vulnéraire H5
vulpin C17
vultueux Q13
vulvaire H5
vulvite, f P8
vumètre V4

W

wagage Z16
wagnérien Q25
wagonnet F5
walkyrie Y1
wallace, f P10
wallon Q25
wapiti A3
warrant 28 D10
wassingue, f S6
watergang D12
wateringue C17
waterproof N7
watt, m 77 Z16
wattman N7
    pl. wattmen
welter G5
wengé U1
wergeld, m J4
western, m Z16
westphalien Q25
wharf X1
whig Z16

whip O1
whipcord J4
whisker K12
whisky 51 Y5
  pl. whiskies
whist N3
widia, *m* A1
wigwam, *m* . . . Z16
wildcat K6
winch Z16
wintergreen . . . Z16
wisigoth Q2
wiski 51 A3
witloof Z16
wolfram, *m* Z16
worsted J4
wurtembergeois . . Q11
wyandotte N6

X

xanthie, *f* X1
xanthome X1
xanthopsie B7
xénomorphe . . . M3
xénon M3
xénophobie . . . J3
xéranthème . . . U7
xérès V21
xérodermie B9
xérographie . . . I20
xérophtalmie . . . J3
xérostomie I20
xérothérique . . . X1
xérus R3
xi A3
ximenia, *m* A1
ximénie, *f* U6
xiphoïde X6
xoanisant Q2
xoanon X5
xylane Z3
xylène, *m* V12
xylite Y5
xylocope K6
xylographe J3
xylologie Y1
xylophage J3

xylophone Y1
xylose P1
xyste, *m* Y1

y

y 49 Z16
yacht Z16
ya(c)k Z16
yagé U1
yang Z16
yankee K12
yaourt Z16
yard J4
yatagan D9
yawl, *m* L1
yayamadou A8
yearling Z16
yen 41 C4
yeti, *m* A3
yeuse S2
yeux *pl.* T20
yiddish X3
  aussi yiddisch
yin Z16
yod J4
yoga A1
yog(h)ourt Z16
yogi A3
yole L2
yougoslave Z16
yourte Z16
youyou A8
ypérite, *f* Y5
ypréau X5
ysopet F5
ytterbium P15
yttrium P15
yuan X5
yucca, *m* K7

z

zabre S1
zaibatsu, *m inv.* . . Z16

zain C12
zan(n)i, *m inv.* . . . A3
zazou A8
zèbre V4
zébrure H6
zébu A7
zédoaire, *f* H5
zée U2
zéolit(h)e X5
zélateur Q28
zèle V10
zélé Q1
zélote U12
zen C4
zénana, *f* A1
zend J4
zénith X1
zéphyr Y1
zeppelin O5
zéro I20
zérumbet I21
zeste, *m* Z16
zêta W2
zétacisme S4
zététique U5
zeugma, *m* A1
zeugme, *m* Z16
zézaiement B10
zibeline Z7
zigzag S1
zinc C17
zincage K6
zincifère S4
zingage Z16
zingueur G13
zinnia, *m* P12
zinzin S1
zinzolin C17
zippé Q1
zircon Z16
zizanie B9
zizyphe Y5
zloty Y4
zoanthropie X5
zodiacal Q21
zodiaque, *m* K2
zoé, *f* X5
zoïle X6
zombi(e), *m* A3
zona, *m* A1
zonage M3

zone P1	zoospore, *f* H4	zygène, *f* V12
zonule L2	zootaxie *f* B9	zygnéma, *m* A1
zonure P5	zootechnie K8	zygodactyle Y6
zoo S1	zoroastrien Q25	zygoma, *m* A1
zooïde X6	zorrino, *m* A4	zygomatique Y1
zoolâtre W1	zostère, *f* V15	zygomorphe J3
zoolit(h)e, *m* X5	zostérien Q25	zygomycète Y6
zoologie B9	zorille, *f* L4	zygopétale Z16
zoom Z16	zouave, *m* X5	zygote, *m* P8
zoomorphe J3	zozo S1	zymase, *f* S2
zoophilie J3	zozoteur Q27	zymogène V2
zoophobie B9	zuchette C11	zymotechnie B9
zoophyte Y1	zut ! Z16	zymotechnique . . K8
zooplancton D12	zwanze, *m ou f* . . D12	zymotique Y2
zoopsie B7	zwinglien Q25	zython Y1
zoosémiotique . . . Z15	zygène, *m* V12	zythum X1

LA RÉSERVE PERSONNELLE

Notez ici, **au crayon,** les mots qui vous créent des difficultés persistantes quant à l'orthographe d'usage malgré la consultation fréquente du Dictionnaire orthographique. Répartissez ces mots récalcitrants — **chacun a les siens** — selon les six rubriques prévues. Vous pourrez les effacer lorsque votre main et vos yeux en auront acquis l'orthographe.

I. Les lettres muettes	II. Les accents

III. Les consonnes à redoubler	IV. Les consonnes à ne pas redoubler

V. L'écriture de la finale	VI. Les homonymes

Imp. TARDY QUERCY S.A. Bourges - Dépôt légal : 3ᵉ trim. 1980. Édit. N° 4377 - Imp. N° 982

Imprimé en France